왕조 멸망의 예언가

동요를 통해 본 한제국 흥망사

왕조 멸망의 예언가

동요를 통해 본 한제국 흥망사

구시다 히사하루 지음

홍승현 옮김

경북대학교출판부

한국의 독자 여러분께

이번에 홍승현 선생의 후의와 노력으로 졸저『왕조 멸망의 예언가-고대 중국의 동요』(대수관서점)가 한국어로 번역되어 경북대학교출판부에서 출판되는 것은 저로서는 뜻밖의 기쁨입니다.

말할 것도 없이 일본이나 한국 모두 예로부터 중국 문명을 경모敬慕하여 그 문명을 받아들이려고 노력하였으며 국가 건설의 모범으로 삼아 왔습니다. 특히 유교는 좋은 측면으로든 나쁜 측면으로든 두 나라 국민의 피와 살이 되어, 서양문명에 완전히 젖어든 근대 이후에도 한국인과 일본인의 사유방식과 정신구조에서 사라지지 않고 지금에 이르렀습니다.

이 책에서 다루는 왕조 멸망을 '예언'하는 '동요'가 한국 역사에도 존재했었는지 저의 얕은 지식으로는 알 수 없습니다. 또한 오늘날 한국에서 불리는 동요가 일본의 동요와 마찬가지로 악의가 없는 것뿐인지도 과문寡聞하여 잘 알지 못합니다. 그러나 한국에 조선왕조기에 만들어진 예언서『정감록鄭鑑錄』이 있는 것은 일본에서도 유명합니다. 그리고 그것이 공교롭게도 유교를 수용한 한일 양국의 실태 차이를 여실히 말해 주는 것은 아닐까 생각합니다.

『정감록』에서 전개되는 예리한 사회비판과 정치비판, 그리고 왕조의 장래를 걱정하는 '예언'은 고대 중국의 '동요'의 근저에 있는 유교의 혁명사상과 재이사상—자연의 재해와 이변은 현실 정치에 대한 하늘의 경종警鐘이라고 보는 사고방식—이 반영되어 있다고 볼 수 있습니다. 그에 비해 혁명사상도 재이사상도 수용하지 않았던 일본에서는 현실사회의 여러 문제를 직시하여 국가의 장래를 '예언'하기보다 오로지 개인의 가까운 미래를 점치는 것에 관심이 있었던 것 같습니다. 그러므로 이 책의 내용을 일본 독자보다 한국 독자 여러분께서 보다 친밀감을 갖고 이해해 주시지 않을까 기대하는 바입니다.

2015년 3월

구시다 히사하루串田久治

일러두기

- 독자의 이해를 위해 부가 설명이 필요한 경우, 번역자가 주를 달아 설명하였다. 번역자의 주는 별도의 표기를 하지 않았다.
- 원문에 있던 세 개의 주는 특별히 *로 표시하고 [원주]라고 표기하여, 번역자의 주와 구별하였다.
- 일본의 경우 훈독이 있어, 책 원문에서는 훈독과 현대 번역을 병기하여 중국 고대 동요를 해석하였다. 그러나 한국의 경우 훈독이 없기 때문에 고문 원문과 현대 번역을 병기하였다. 현대 번역은 저자의 일문 해석을 번역하였기에 고문 원문과 다소 차이가 발생하였다. 차이가 크다고 여긴 경우, 주에서 자구 그대로의 해석을 소개하였다.
- 본문의 등장인물에 대한 재위연도와 생졸연도가 반복되는 경우에는 한 번만 기록하였다.
- 재위연도가 없는 황제의 경우, 번역의 통일성을 위해 번역자가 재위연도를 서술하였다.
- 부록의 〈등장인물 관계도〉와 〈주요 등장인물〉은 원서에는 없으나 독자의 이해를 돕기 위해 번역자가 추가한 것이다.

머리말

'구전 동요'라고도 불리는 일본의 동요를 생각하면 일반적으로 천진한 아이들이 부르는 노래를 떠올리기 마련이다. 천진난만하게 동요를 부르는 아이들의 모습은 때 묻은 어른들의 세계에 부드러운 공기를 보내주는 청량제와도 같다. 그러나 다른 한편 아이들은 매우 잔혹하다. 메뚜기의 머리를 뜯는다거나, 개구리의 가죽을 벗긴다거나, 뱀을 막대기로 두들긴다거나…….

유아기의 이러한 잔혹한 체험을 통해서 아이들은 많은 것을 배우게 된다. 사람이 얼마나 쉽게 폭력적이 되는지, 폭력이 얼마나 간단하게 살아 있는 것을 죽음에 이르게 하는지를 알게 되고, 일단 생명을 잃게 되면 결코 되돌릴 수 없다는 것을 배운다. 그리고 생명을 존중하는 마음과 자비로운 마음을 기르며 하나의 인격체로 성장해 간다.

일본의 동요는 순진무구한 아이들의 세계를 노래하는 것이 많고 유아기의 잔혹성을 반영한 동요는 그다지 많지 않다. 따라서 일본의 아이들이 부르는 동요는 잔혹성과 관계없다고 무심코 생각하기 쉽다. 그러나 일본의 동요도 잔혹한 것이나 의미가 분명하지 않은 것들이 있다.

예를 들면 〈데루테루보즈照る照る坊主〉[1]와 같은 동요는 소풍을 앞둔 어린

1 아사하라 교손(淺原鏡村) 작사·나카야마 신페이(中山晋平) 작곡의 동요. 데루테루보즈는 비가 오지 않기를 빌며 처마 끝에 매다는 종이 인형을 말한다.

아이가 날씨를 맑게 해 달라며 처마 끝에 종이 인형을 매달고 부탁하는 흐뭇한 광경을 떠올리게 한다. 그러나 날씨가 맑으면 은방울을 주겠다고 노래하는 흐뭇하기만 한 이 동요도 맨 마지막에는 만약 날이 흐리고 비가 내린다면 인형의 목을 잘라 버리겠다며 잔혹하게 변한다. 그래서 "〈데루테루보즈〉를 끝까지 부르면 저주받아 죽게 된다"는 말도 있다.

또 〈산사의 스님山寺の和尚さん〉[2]에서는 고양이를 종이 자루에 넣어 걷어차고, 〈참새의 학교すずめの學校〉[3]에서는 선생님이 채찍을 휘두르며, 〈매매 어린 산양めえめえ兒山羊〉[4]에서는 어린 산양이 작은 돌이나 그루터기에 부딪혀서 다리나 머리를 다치고 결국에는 목이 부러져 버릴 정도로 그 내용이 잔혹하다. 더욱이 〈즈이즈이즛코로바시ずいずいずっころばし〉[5](일설에는 에도江戶 시기 쇼군가將軍家에서 마시는 우지宇治 지방의 새 차를 운반하는 행렬이 쇼군가의 납품업자들을 등에 업고 횡포를 부리는 일이 많았기에, 그 피해를 입은 서민들의 애환을 노래한 것이라고 한다)라는 의미가 분명치 않은 노래도 있고, 지금까지도 사람들이 노래의 수수께끼를 풀려고 하는 〈가고메카고메かごめかごめ〉[6]는 기괴한 동요로 유명하다.

한편 고대 중국의 동요는 화성火星의 사자使者로서 동자童子가 지상에 강림하여 부르는 '예언의 노래'다. 그 내용은 일본의 구전 동요와 상당히 차이가 있고, 대체로 아이들에게 어울리지 않는 잔혹하고 염세적인 것이 대부분이라고 할 수 있다.

2 구보다 쇼지(久保田宵二) 작사·핫토리 료이치(服部良一) 작곡의 동요.
3 시미즈 가츠라(清水かつら) 작사·히로타 류타로(弘田龍太郎) 작곡의 동요.
4 후지모리 히데오(藤森秀夫) 작사·모토오리 나가요(本居長世) 작곡의 동요.
5 일본의 전래 동요. 놀이를 하면서 부르는 유희가(遊戲歌)로, 가사의 의미가 불분명하기로 유명하다.
6 일본의 동요. 놀이를 하면서 부르는 유희가. 술래의 눈을 가리고 아이들이 노래를 부르며 그 주위를 돌다가, 노래가 끝남과 동시에 멈추면 술래는 자신의 뒤에 서 있는 아이를 맞히는 놀이에서 불렸다. 기괴한 가사로 유명하다.

제비야 제비야, 너의 꼬리는 윤기가 흐르는구나.
장공자張公子님이 출타하실 때마다 만나는구나.
성의 화려한 장식에
제비가 날아와
황자皇子를 쪼는구나.
황자는 모두 죽고
제비는 찌꺼기를 쪼아 먹는다.

의미도 불분명하고 지리멸렬하다고밖에 생각할 수 없는 이 동요는 지금으로부터 2천 년 전, 무희 조비연趙飛燕 자매에게 농락당한 천자(성제成帝)를 경멸하며 성제와 무희 자매의 가련한 말로를 노래하고 있다. 이러한 잔혹한 동요를 아이들이 부르고, 그것이 역사책에 기록되어 지금까지 전해지고 있다. 성제의 아들이 살해되고, 무희 자매마저도 살해되는 처참한 현실이 '예언'으로 불렸기 때문이다. 그러나 염세적이고 잔혹한 중에도 유머와 위트가 풍부한 것이 중국의 동요다. "제비야 제비야"라고 반복함으로써 무희 자매를 표현하고, 머지않아 자매에게 벌이 내려질 것을 기대(예언)하며 "제비는 찌꺼기를 쪼아 먹는다"고 조비연 자매의 비참한 최후를 조롱하고 있다.

그 유머감각이 무엇보다도 작자의 높은 지성과 교양을 증명한다. 중국의 동요가 정치를 담당하고 사회를 이끌던 지식인에 의해 만들어졌기 때문이다. 그들은 부패한 정치의 쇄신을 요구하고, 권력의 횡포를 통렬히 비판하는 내용의 동요를 교묘히 만들어 의도적으로 유포시켰다. 그 때문에 동요는 당시의 권력자를 꾸짖고 무능한 천자를 조소하며, 권력에 사로잡힌 황후·외척·환관을 꼼짝 못하게 하였다. 일단 원한의 대상이 돼서 동요의 도마에 오르면 제아무리 권력자라 해도 소용이 없다.

무릇 중국의 지식인은 권력자에게 맨주먹으로 덤비는 경솔한 저항은 하지 않았다. 솔직함이 반드시 권력의 마력으로부터 사람을 구해 주지 못한다는 것도, '정의'는 종종 권력의 유혹 앞에 무릎 꿇는다는 것도 다 알고 있었기 때문이다. 격정에 치우쳐 신세를 망치게 된다면 아무 소용 없다. 그래서 책임의 소재를 위장할 수 있는 동요에 자신의 정치적 메시지를 집어넣어 불합리한 권력 기구에 대항하였다.

통렬한 야유로 장식된 동요는 잘 조합된 어조가 곁들여져 순식간에 인구에 회자된다. 그리고 동요에서 노래한 희망과 기대—폭군의 죽음, 권력항쟁의 종언, 새로운 지도자의 출현 등—가 실현될 때, 그러한 동요는 미래를 '예언'했다고 역사에 기록되어 지금까지 전해진다. 중국의 동요는 확실히 정치적인 '예언의 노래'다.

목차

제1장

민의民意와 동요

요람기

민의를 듣다

왜 고대 중국에 동요가 생겨났을까? 그리고 동요란 어떤 노래이며, 어떠한 사회적 의미를 담고 있었을까? 이것을 알기 위해서는 우선 고대 중국에서 위정자爲政者가 민의를 어떻게 파악하였는지, 다시 말해 고대 중국의 정치사상에 어떠한 이념이 있었는지를 이해할 필요가 있다.

공자孔子의 언행록인 『논어論語』에는 "소도小道라도 반드시 볼 만한 것이 있다. 원대한 목표를 달성하는 데 방해가 될까 두려워 군자君子는 이를 하지 않는다"(「자장子張」)라는 구절이 있다. 여기서 '소도'라는 것은 이단異端, 즉 정통의 학문을 통해 획득한 것이 아닌 지식이나 기술을 말한다. 또 중국의 가장 오래된 시가집詩歌集인 『시경詩經』에서는 "선현先賢께서 말씀하시기를 추요芻蕘에게도 물으라 하시니라"(「대아大雅·생민지십生民之什·판板」)고 하였다. 여기서 말하는 '추요'란 풀을 베거나 나무를 하는, 신분이 천한 자를 말한다.

『논어』에서 "소도라도 볼 만한 것이 있다"고 말하고, 『시경』에서 "나무꾼(추요)에게도 물으라"고 한 것은 모두 같은 의미다. 즉, 위정자는 정치에 관여하지 않는 보통의 사람들, 저변에서 살아가는 사람들의 목소리에 귀를 기울여야 한다는 것이다. 확실히 인간에게는 학문을 통한 지식이 아니라 경험에 의해 획득한 지혜나, 상황을 정확하게 판단할 수 있는 직감력 등이 있다. 물론 그것은 전문가의 의견이 아니기에 과대평가는 금물이지만, 문외한이기 때문에 오히려 사물의 본질을 꿰뚫어 볼 수 있는 경우도 적지 않다. 요컨대, 『논어』와 『시경』에서 말한 것은 위에서 아래를 내려다보면 사회의 진면목을 볼 수 없으니, 위정자는 시정市井의 소리에 진지하게 귀를 기울여야 한다는 점이다.

흔히 위정자는 독선에 빠지기 쉽다. 그런 정치의 세계에 새바람을 불어넣고 활력을 주는 것은 정치나 권력과는 무관한 보통의 사람들, 일반인인 경우가 많다. 이러한 민의의 중시는 결코 후세에 미화된 공리공론空理空論이 아니라, 고대 중국에서는 현실에서 행해졌던 정치학이었다.

여인輿人의 노래

공자가 편찬했다는 『춘추春秋』는 노魯나라 은공隱公 원년(기원전 722)부터 애공哀公 14년(기원전 481)까지, 242년간에 걸친 노나라의 역사서다.[1] 그 『춘추』의 해석서 중 하나인 『춘추좌씨전春秋左氏傳』(이하 『좌전』)에는 여러 차례 '여인輿人'이란 말이 보인다. '여인'은 서민을 의미하는 것으로, '여인의 노래', 즉 이름도 없고 지위도 없는 서민이 부르는 노래가 당시 통치자나 위정자들에게 커다란 시사를 주었다고 기록되어 있다.

노희공魯僖公 28년(기원전 632) 3월, 진晋나라 문공文公이 조曹나라를 공격하여 포위하였는데, 당시 진나라 군대는 많은 전사자를 내며 고전하고 있었다. 한편 조나라는 진나라 군대의 침공을 저지하기 위한 방책을 찾던 끝에, 진나라 전사자들의 시체를 성벽 위에 늘어놓아 진의 공격을 막고자 하였다. 아무리 전쟁이라도 자국의 전사자를 짓밟으면서까지 공격하지는 않을 것이라 생각했기 때문이었다.

진문공은 고심하였다. 그때, "군대를 조나라 묘지에 숙영宿營시키라"[2]

1 공자가 편찬한 『춘추』는 노나라의 역사서 『춘추』를 기본 텍스트로 삼은 것으로 알려져 있다. 노나라의 기년(紀年)을 사용하고, 노왕실의 기록을 중심으로 하였지만 내용 면에서 보면 단지 노나라에 한정된 것은 아니다. 책에 서술된 다양한 사건은 당시 대부분의 제후국의 일을 망라하고 있다. 따라서 그 서술된 분량의 많고 적음의 차이는 있지만 당시 중국 전 지역에 관한 기록으로 볼 수 있다.

2 『좌전』에는 "舍於墓", 즉 "묘지에 주둔하라"고 나와 있다. 그러나 『좌전』에 주석을 단 두예(杜預)는 '사묘(舍墓)'를 단순히 "무덤에 머무르다"가 아니라 '무덤을 파헤치려는 것'으로 해석하였다.

는 '여인의 노래'가 들렸다. 그 노래를 들은 문공은 그것을 하늘의 소리로 여기고 즉시 조나라 묘지로 군대를 이동시켰다. 그러자 조나라 군대는 이대로라면 진의 군사들이 조나라의 무덤을 엉망으로 만들 것이라고 두려워하여 진나라 전사자들의 시체를 성 밖으로 내보냈다. 이것을 좋은 기회로 여긴 진나라 군대는 조나라 군대 안에 퍼진 공포에 편승하여 조나라를 공격하였고 마침내 문공은 승리를 얻었다.

또 같은 해 4월, 문공은 초楚나라를 공격하였다. 초나라 군대는 험한 구릉을 등지고 숙영하며 진나라 군대에 유리하게 대치하고 있었다. 문공은 이렇게 불리한 정세에서 전쟁을 한다면 아무래도 이길 수 없을 것 같아 불안해 견딜 수 없었다. 그러던 그때, 문공은 또다시 '여인의 노래'를 들었다.

> 原田每每, 들판의 풀 파릇파릇하니,
> 舍其舊而新是謀. 묵은 뿌리 뽑아내고 새로이 파종하는 것이 좋겠구나.[3]

문공은 이 '여인의 노래'로부터 "진나라 군대는 봄날 들판의 풀처럼 무성하다. 이제까지 고전했던 것은 잊고 지금의 기회를 놓치지 말고 새로운 공업功業을 세우길 바란다"는 서민의 뜻을 읽었다. 여기서 힘을 얻은 문공은 결국 초나라와 전투하기로 결심하고, 과감하게 공격하였다. 과연 진문공은 초의 군대를 패퇴시키는 데 성공하였다.

이처럼 문공이 '여인의 노래'에 귀를 기울여 그 뜻을 정확하게 이해하고 승리했다는 일화는 민의를 중히 여기는 것이 뛰어난 위정자의 조건이라는 교훈을 준다. 왜냐하면 '여인의 노래'는 서민의 노래고, 그 당시 정

3 자구 그대로 해석하면 다음과 같다. "들판에 풀 무성하니, 옛것을 버리고 새것을 도모한다."

치를 민감하게 감지하여 생겨난 서민의 소리기 때문이다. '여인의 노래'에 귀를 기울이고 그 의미를 헤아리는 것은 『논어』와 『시경』의 '소도라도 볼 만한 것이 있다'는 말과 '나무꾼(추요)에게도 물으라'는 것처럼 민의를 중시하는 정치학에 다름 아니다.

정鄭나라 자산子産

같은 『좌전』 양공襄公 30년(기원전 543) 조에는 정나라 자산의 정치를 평하는 노래로 유명한 '여인의 노래' 두 수가 실려 있다.

춘추 시대 명재상이자 뛰어난 외교가로 이름이 높았던 정나라 자산(?~기원전 522)은 『논어』에 "행동에 있어서는 공손했고 윗사람을 섬김에는 공경히 했으며, 백성을 다스리는 데는 은혜로웠고 백성을 부림에는 의로웠다"(「공야장公冶長」)라고 묘사된 것처럼 군자 중의 군자로 칭송되던 인물로, 공자도 본받고자 할 정도로 뛰어난 정치가였다.

기원전 543년, 집정執政[4]의 자리에 오른 자산은 약체화된 정나라를 다시 일으켜 세우고자 개혁을 단행하였다. 우선 국정의 안정을 도모하기 위해서 수레와 의복을 구별하여 신분의 상하에 따라 엄격히 적용하였다. 그리고 농지의 경계를 분명하게 구획·정리하고, 농민의 상호부조를 촉진하여 세수의 증대를 도모하였다. 자산의 이러한 개혁은 귀족에 의한 통치의 안정과 국가 경제의 재건을 목표로 한 것으로, 처음에는 불만이 분출하였다. 자산이 정무를 맡은 지 1년째, 정나라의 백성들 사이에는 다음과 같은 '여인의 노래'가 유행하였다.

4 고대 중국에서 국가의 권력을 장악했던 이들을 일컫는 말로, 흔히 재상을 의미한다.

取我衣冠而褚之,	우리의 의관을 빼앗고,
取我田疇而伍之.	우리의 전답에 세금을 매겼네.
孰殺子産,	누군가 자산을 죽이려 한다면,
吾其與之.	나도 이 손을 빌려 주리라.[5]

자산이 추진하였던 개혁에 정나라 백성들은 곤혹스러웠다. 지금까지의 생활에 익숙해 있던 사람들에게 개혁은 원래의 생활을 정면으로 위협하는 것이었기 때문이다. 사람들은 자산을 원망하며, "누군가 자산을 암살한다면 협력을 아끼지 않겠다"고 노래하였다.

그런데 집정한 지 3년째 "자산이 죽었으면 좋겠다"고 바라던 정나라의 백성들 사이에서는 새롭게 자산을 노래하는 '여인의 노래'가 유행하였다.

我有子弟, 子産誨之.	우리의 자제들을 자산님께서 가르치시고,
我有田疇, 子産殖之.	우리의 전답을 자산님께서 증식하셨네.
子産而死, 誰其嗣之.	자산님께서 돌아가신다면 누가 그 뒤를 이을까.

일찍이 자산의 개혁에 당황하고 급격한 변화를 따라가지 못해 자산을 원망한 사람들도 앞날을 내다본 자산의 개혁으로 국정이 안정된 것을 느끼고, "모든 것이 자산님 덕분입니다"라고 자산에 대해 감사의 뜻을 노래한 것이다.

물론 『좌전』의 저자가 자산을 원망한 '여인의 노래'를 기록한 까닭은 민의가 정곡을 찌르지 못했음을 말하기 위한 것은 아니다. 그것은 오히

5 자구 그대로 해석하면 다음과 같다. "우리의 의관(衣冠)을 취해서 간직하고 우리의 전답을 취하여 오(伍)로 묶었네. 누가 자산을 죽여 준다면 내가 그를 도우리라." 여기서 '오'란 고대 중국의 호(戶) 편제 단위로, 다섯 집을 1오로 삼았다. 이렇게 묶인 다섯 집이 상호부조의 단위가 되었다.

려 자산이 강행한 개혁으로 불이익을 받은 사람들의 솔직한 소리였지만 불만은 일시적이었고, 후에 등장한 두 번째 '여인의 노래'를 돋보이게 한다. 즉, 장래를 예측한 자산의 개혁이 정말로 옳았었다고, 자산을 칭송하는 효과를 높이는 역할을 담당하고 있다.

어쨌든 『논어』에서 말한 '소도', 『시경』의 한 구절인 "추요에게 묻다", 『좌전』의 '여인의 노래'에서 볼 수 있는 것처럼 고대 중국의 위정자들은 정치에 관여하지 않는 이들의 식견을 무시할 수 없었다. 자산도 아마 자신을 원망하는 '여인의 노래'를 의식하며 개혁을 추진했을 것이다. 왜냐하면 세태를 알고 풍속을 알며 민의를 아는 것, 그것에 따라 백성의 소리를 자신의 정치에 반영하는 것, 그것이야말로 위정자의 책무라고 인식하고 있었기 때문이다. 그리고 가장 직접적으로 민의를 반영하고 있다고 여긴 것이 민간의 가요였다.

가요 수집의 목적

고대 중국의 의례儀禮의 자세한 규칙을 기술한 문헌으로 『예기禮記』가 있다. 『예기』는 유교 경전의 하나로, 다음과 같은 구절이 있다.

> 천자는 5년에 한 번 순수巡狩한다. 2월, 동쪽으로 순행하여 태산泰山에서 하늘에 제사하고 산천에 제사한다. 제후를 접견하고 각기 백 세 이상된 자가 있는지를 묻는다. 있다면 천자가 직접 만나 본다. 태사太師에게 명하여 그 지방의 시가詩歌를 모아 연주하게 함으로써 백성의 풍속을 살핀다.
>
> – 『예기』「왕제王制」

왕조를 통치하는 천자에게 제후국의 풍속을 아는 것은 불가결하다. 그 때문에 제후국을 시찰할 때, 천자는 제후와 회견하는 것만이 아니라 반드시 각 제후국의 장로長老와 만나 친히 이야기하며 장로들의 의견을 들었다. 더하여 여러 지역에서 불리고 있던 시가를 연주시켜, 그것을 듣고 국정을 파악하고자 하였다.

지역의 장로는 주민의 의견을 잘 알고 있기 때문에 그들의 의견은 경청할 만한 가치가 있었다. 각 제후국의 가요를 조사하여 어떤 내용의 가요가 불리고 있는지를 살피는 것도 같은 의미다. 지금의 정치가 어떻게 기능하고 있는지, 혹 역으로 기능하는 것은 아닌지, 위정자에게 부정은 없는지, 또 백성은 어떠한 불평불만을 가지고 있는지. 민간의 가요는 민의를 분명히 알기 위한 최적의 단서가 된다. 천자에게는 앞서 본 『좌전』의 '여인의 노래'와 같은 민간의 가요를 정치의 거울로 삼아 그것에서 교훈을 얻는 것이 요구되었다.

또 『맹자孟子』에서 "주周왕조의 전성기에는 천자가 천하를 순수하여 민간에서 가요를 수집하고, 그로부터 민정을 살펴 정치에 반영하였다. 그러나 주왕조가 동쪽으로 천도한 후, 천하 순수의 예가 폐지되어 천자의 수레 자취가 끊어지니 민간의 가요도 수집되지 않았다. 그런 까닭에 공자께서 『춘추』를 지으셨다"(「이루離婁 하」)라고 하는 것처럼, 가요를 수집하는 것은 역사를 기록하는 것과 동등한 행위였다.

훗날, 후한後漢의 학자 반고班固(32~92년)는 "옛날에는 시를 채록하는 관리가 있어 제후국에서 서민의 시가를 수집하였다. 제왕은 수집된 시가를 통해 각국의 풍속을 관찰하고 그 지역 정치의 득실을 알아 스스로의 생각을 바로 하는 근거로 삼았다"(『한서漢書』「예문지藝文志」 시서詩序)고 하였다. 이것은 민간에서 불리는 가요를 실제 정치에 이용하는 것이 위정자의 책무였음을 말하는 것이다.

가요를 이용한 비평

반고가 말한 '시를 채록하는 관'은 한대에 이미 소멸되었다. 그러나 민간의 가요를 현실 정치의 반성 재료로 삼는 것은 결코 태고의 이상에 그치는 것은 아니었고 후세에도 사라지지 않고 행해졌다. 여기서 역사에 기록된 몇 가지 예를 소개해 보면 다음과 같다.

전한前漢 소제昭帝(재위 기원전 87~기원전 74년) 시기, 영천군潁川郡(지금의 하남성河南省 허창현許昌縣)에는 무뢰배들이 횡행하여 군민들의 원한이 쌓이고 서로 불신의 늪에 빠져 상호 간에 죄를 폭로하는 것이 습성처럼 되어 있었다. 이때 대장군 곽광霍光에게 발탁되어 영천군에 부임하게 된 한연수韓延壽는 즉시 군의 장로들을 모아 술자리를 마련하여 장로들이 알고 있는 가요를 차례로 보고하게 하였다.

한연수가 들었던 가요가 어떤 것이었는지 현재 그 내용은 전해지지 않는다. 그러나 한연수는 장로들이 보고한 가요의 내용을 분석하여 군민의 고통과 원한을 파악하였고, 군민에게 기탄없이 의견을 펼치게 하여 관민일체官民一體로 문제 해결에 나섰다고 한다. 그 결과, 전부터 "다스리기 어렵다"고 정평이 나 있던 영천군에서 군민 사이의 증오와 원한이 서서히 옅어지고 뭐든지 의심하던 풍조가 사라져 잘 다스려졌다고 한다.(『한서』「한연수전」)

또 전한 말 평제平帝(재위 기원전 1~기원후 6년) 말년, 이미 안한공安漢公으로 확고한 지위를 가지고 있던 왕망王莽은 딸을 평제의 황후로 세우고 정권을 장악하는 한편, 8인의 대신들을 각 지역에 '풍속사자風俗使者'로 파견하여 지방의 풍속을 시찰하게 하였다. 여기서 말하는 '풍속'이란 그 지역에서 불리는 가요로, 각지의 유행가를 가리킨다. 이듬해 가을 귀국한 사자들이 왕망에게 각 지역의 가요를 보고하였다. 생각했던 대로 사자들이 보고한 가요는 모두 왕망을 칭송하는 가요였다고 한다.(『한서』「왕망전 상」)

말할 것도 없이 그것은 사자들이 왕망에게 아첨하기 위해 날조한 것이었다. 그 때문에 후술하는 것처럼 그 가요들은 중국 역사서에 남아 있지 않다. 그러나 왕망이 백성들의 가요를 조사시켰다는 사실은 그것이 천하를 다스리는 통치자로서 피할 수 없는 전통적인 행위였음을 말해 준다.

또 시대가 아래기는 하지만 4세기 초 동진東晋의 갈홍葛洪이 찬술한 『포박자抱朴子』에도 "성인은 실성한 사람이나 동요의 소리도 취할 만한 것은 취하고, 추요의 소리도 결코 무시하지 않는다"(「논선論仙」)거나, "무릇 동요는 성인의 눈과 귀를 돕는 것이다"(「욱학勗學」), "옛사람들은 정치를 베풀기 위해 추요에게 물었고, 널리 동요를 채집하고 미치광이의 말이라도 채택하였다"(「성번省煩」) 등과 같은 구절이 있어, 고대 중국에서는 민간의 가요 내용을 음미해서 그 당시 정치의 선악을 판단하는 것이 결코 특별한 일이 아니었음을 알 수 있다. 이렇듯 민간의 가요는 사회의 동향이나 정치의 지침에 적지 않은 영향을 미쳤다.

사람들이 현실 사회에 만족해서 위정자들을 칭송하는 노래를 부르기보다 현실 정치에 대한 불평불만을 노래를 통해 발산하는 것이 자연스럽다. 그런 만큼 정치에 종사하는 사람들에게 가요는 정치생명을 빼앗을 수 있는 위협이 되기도 한다.

사실, 후한後漢의 하급관료인 범방范滂은 민간의 가요 내용을 근거로 당시 관리나 권력자의 부정을 흔들리지 않고 탄핵하였는데, 그 엄격함에 환관들마저 두려워했다. 그러나 그 청렴결백이 원인이 되어 두 차례에 걸친 당고黨錮의 화禍[6]로 투옥되고, 결국 옥사하는 비극을 맞았다.(『후한서

6 후한 환제(桓帝) 연희(延熹) 9년(166)과 영제(靈帝) 건녕(建寧) 2년(169)에 발생한 사건으로, 사대부들이 붕당(朋黨)을 이뤄 조정을 위해하였다는 명목으로 정계에서 퇴출되어 관료가 될 수 없는 금고형(禁錮刑)을 받은 사건을 말한다.

後漢書』「범방전」 주) 또 후한 말, 고관 두 명이 민간의 가요에서 비난하는 관리에게 뇌물을 받고 그들 대신 다른 이들을 탐관오리로 적발하여 자신들의 부정을 은폐하려고 했다가 발각되어 당시 천자였던 영제靈帝에게 문책을 받았다.[7](『후한서』「유도전劉陶傳」) 이처럼 고대 중국에서 가요는 현실정치를 비판하기 위한 적당한 무기였다.

작은 이야기 소설小說

현재 문학의 한 장르로 정착한 '소설'이란 단어는 원래 중국에서 생겨난 한자어다. 그 의미는 문자 그대로 '작은 이야기'다. 『수서隋書』「경적지經籍志」는 '소설'을 다음과 같이 정의하였다.

> 소설은 거리나 뒷골목에서 만들어진 이야기다. 『좌전』이 '여인의 노래'를, 『시경』이 "추요에게 묻는다"고 한 것을 찬미한 것처럼 성왕聖王이 군림하고 있던 시대에는 사관史官이 군주의 언행을 기록하고 눈먼 악공이 시를 지어 풍자하며, 악인樂人이 간언을 낭송하고 지식인이 군주를 교도하며 서민이 정치를 비판하였다. 봄이 되면 성왕은 가요를 수집하면서 각지를 시찰하고 각각의 국풍國風을 이해하려고 노력하였다. 그 때문에 정치에 잘못이 있으면 즉시 바로잡고, 실책이 있다면 바로 고치는 것이 가능하였다. 그로 인해 사람들이 길가에서 말한 내용도 모두 기록된 것이다. …(중

7 광화(光和) 5년(182), 영제는 공경(公卿)에게 민간 가요에서 비난하던 백성의 이익을 침탈하는 자사(刺史)와 녹봉 이천석(二千石)의 고급 관리를 적발하라는 조(詔)를 내린다. 당시 태위(太尉)였던 허역(許馘)과 사공(司空) 장제(張濟)는 환관들에게 뇌물을 받고 그들의 인척과 빈객(賓客)들의 죄를 묵인하는 대신, 먼 변방의 청렴하고 교화에 힘썼던 26명의 관리를 탐관오리로 적발하였다가 발각된다.

략)… 공자께서 "비록 소도라도 반드시 볼 만한 것이 있지만, 원대한 목표를 달성하는 데 방해가 될까 두려워한다"고 한 것과 같다.

거리나 뒷골목에서 말해지던 '소설'은 대개 학술적인 설명도, 전문적인 논의도 아니다. 그 때문에 '소설'은 고대 중국의 지식인과는 관계없는 세계였다. 그러나 그 '소설'에서야말로 서민의 진의를 볼 수 있다는 사고방식도 한편으로 정착해 갔다. 그러므로 뛰어난 위정자는 태고의 성왕이 '여인의 노래'나 '나무꾼', '미치광이'의 의견에 귀를 기울였던 것과 마찬가지로 '소설'을 중시했다.

민간의 가요 또한 '소설'의 하나라고 할 수 있다. 위정자는 현실 정치를 비판하는 가요를 결코 무시할 수 없다. 그래서 박학다식한 지식인은 그 정치이념을 역이용하여 통렬한 정치비판을 담은 가요를 만들었다. '민가民歌'로 불리든 '민요民謠'로 불리든, 혹은 '아가兒歌'나 '동요童謠'라는 이름이 붙었든 간에 그것들이 당시 통치자와 권력 기구에 주는 충격이 결코 작지 않다는 것을 지식인들은 알고 있었기 때문이다.

'가歌'와 '요謠'의 차이

오늘날 중국, 일본 혹은 한국에서 '가歌'와 '요謠'는 일반적으로 두 글자가 합쳐져 '가요'라고 불리고 하나의 의미를 가진 단어로 통용되고 있다. 그러나 고대 중국에서 '가'와 '요'는 명확히 구분되었다.

중국의 가장 오래된 자전字典인 『이아爾雅』나, 후한 시기 허신許愼이 지은 한자의 글자 뜻을 설명한 『설문해자說文解字』 등에는 '요'를 '반주 없이 부르는 노래'로 설명하고 있다. 또 『시경』의 〈원유도園有桃〉[8]라는 시에서는 "마음이 울적하여 나는 노래 부르고[歌], 또 흥얼거린다[謠]"고 하고, 한의 모장毛萇은 그것에 대해 "악기에 맞추어 부르는 것을 '가'라 하고, 악기 반주 없이 부르는 것을 '요'라 한다"고 설명하였다. 요컨대, '가'는 반주가 있는 것이고, '요'는 반주가 없는 것이다.

그러나 『시경』의 동일한 시구에 대해 후한의 학자 정현鄭玄이 "나의 마음은 군주의 혹독한 정치를 근심하고 있다. 따라서 가요는 그 근심을 묘사하고 있다"고 해석한 것처럼, 근심을 투영하여 드러내고자 하는 목적과 근심을 해소하는 효과는 '가'나 '요' 모두 실질적으로 차이가 없었던 것 같다.

다만 고대 중국의 '가'와 '요'는 단순히 '근심'을 해소하는 도구만은 아니었다. 사람들은 권력자에 대한 원한과 괴로움, 정치와 사회에 대한 불평불만 등 말로 다할 수 없는 많은 '근심'을 교묘히 가요에 집어넣고 때로는 풍부한 유머로 '근심'을 공유하는 사람에게 말을 걸고 메시지를 보내려고 하였다. 이 경우 악기 반주가 필요 없는 '요'는 반주가 필요한 '가'보다 자유롭게 부를 수 있었기 때문에 인구에 회자되기 쉬었다. 그러나 제3장 이후에서 밝혀지지만 '가'와 '요'의 구별이 차츰 모호해져서, 둘은 같은 역할을 담당하게 된다.

8 『시경(詩經)』「국풍(國風)·위(魏)」 편에 수록되어 있다. 모두 2장으로, 각 장은 12구로 구성되어 있다. 군주의 덕교(德敎)가 없어 날로 나라가 쇠미해짐을 풍자한 시다.

제2장

동요의 기원

여명기

중국에서 가장 오래된 동요

전국戰國 시기 열어구列禦寇가 편찬했다고 전해지는 『열자列子』의 「중니仲尼」 편에는 선사 시대 동요가 기록되어 있는데, 문헌상 중국에서 가장 오래된 동요로 생각된다.

> 立我蒸民, 우리네 백성의 [편안한] 생활은
> 莫匪爾極. 당신의 은덕입니다.
> 不識不知, [자신도] 모르는 사이에
> 順帝之則. 자연의 섭리에 부합합니다.[1]

태고의 성왕 요堯임금이 천하를 다스린 지 50년, 요임금은 백성들이 자신의 통치에 대해 어떻게 생각하고 있는지 그 진실을 알고 싶어서 신분을 숨기고 거리로 나섰다. 거기서 그가 들은 것이 이 동요다(원문에는 〈아동의 노래〉라고 되어 있다).

"백성들의 생활은 모두 당신(요임금)의 규범에 기초한 것입니다. 우리도 모르는 사이에 하늘(자연)의 법칙에 따르고 있습니다"라는 의미로, 요임금 치하에서 백성들이 만족스럽고 풍요롭게 생활하고 있다는 내용이다. 이것을 들은 요임금은 자신의 정치에 문제가 없다고 확신하고 신하 중에서 가장 덕이 높은 순舜에게 천하를 물려주었다.

참으로 훌륭한 이야기다. 그러나 이것은 지금으로부터 수천 년 이상 과거의, 그것도 전설로 내려오는 성왕의 치세 이야기다. 만물을 사랑하고 예지 넘쳤던 요임금은 이상적인 정치를 베푼 성왕으로 숭상 받고 있다.

1 자구 그대로 해석하면 다음과 같다. "우리네 백성들이 살아감은 당신의 법도 때문입니다. 부지불식간에 임금님의 법칙을 따릅니다."

이 동요는 그 증거라고 할 수 있다.

그러나 통치자를 칭송하는 동요는 아무리 생각해도 조작된 것 같다. 통치자를 옹호하기 위해서 창작된 동요는 역사 시대에도 불렸지만, 역사에 기록되어 지금까지 남아 있는 것은 그다지 많지 않다. 현실에 만족하고 당시 통치자를 칭찬하기 위한 작위적인 동요는 결국 자연 소멸한다. 그런 의미에서 이 동요는 특이한 사례다.

역사 시대 가장 오래된 동요

춘추 시대 좌구명左丘明이 찬술했다고 전해지는 『국어國語』는 춘추 열국 중 주周·노魯·제齊·진晉·정鄭·초楚·오吳·조趙 여덟 개 나라의 사적을 국가별로 기록한 것으로, 시기적으로는 기원전 10세기부터 약 오백오십 년간을 다루었다. 그중 「정어鄭語」는 주나라 여왕厲王의 아들 환공桓公이 제후諸侯로 책봉된 정나라의 기록인데, 「정어」에 보이는 다음의 동요는 주왕조의 멸망을 예언하고 있다고 한다.

> 檿弧箕服, 뽕나무 활과 기풀 화살통이
> 實亡周國. 반드시 주왕조를 멸망시킬 것이다.

주왕조의 세력이 약해진 기원전 8세기, 주의 쇠퇴를 우려한 정나라 환공(재위 기원전 806~기원전 771년)은 사백史伯에게 "주는 멸망하게 되는 것이요?" 하고 물었다. 이 질문에 대해 사백은 "반드시 주는 멸망할 것입니다"라고 답했다. 사백이 그 근거로 인용한 것이 바로 당시에 유행하던 이 동요다. "뽕나무 활과 기풀로 만든 화살통이 주왕조를 멸망시킬 것이다"고 노래하는 동요가 구체적으로 무엇을 의미하는지, 사백도 그 당시에는 분명히 알지 못했다. 다만 그 동요가 주왕조의 미래를 암시하고 있다고 하였다.

그 무렵, 주왕조는 정나라 환공의 형인 선왕宣王(재위 기원전 827~기원전 782년)이 다스리고 있었다. 어느 날 선왕은 활과 화살통을 팔러 다니는 부부와 딱 마주쳤다. 선왕 역시 이 동요를 알고 있었기 때문에 나쁜 예감이 들어 사람을 보내 이 부부를 죽이려고 하였다. 그러나 부부는 위험을 알아채고 포褒나라로 도망쳤다. 부부는 도망 중에 길가에 버려진 여자아이를 보고 불쌍하게 생각하여 그 아이를 주워 데리고 갔다. 부부에게서 양육된 여자아이는 머지않아 아름답게 자랐고 주나라의 후궁으로 헌상되어 포사褒姒라고 이름 붙여졌다.

그 포사에게 열중한 이가 있었으니 그는 바로 선왕의 뒤를 계승한 유왕幽王(재위 기원전 781~기원전 771년)이었다. 그런데 유왕의 마음을 사로잡은 포사는 전혀 웃지 않았다. 포사를 기쁘게 하기 위해 산해진미를 차려 놓아도, 금은보화를 선물로 주어도 조금도 웃지 않았다. 이쯤 되면 어떻게 해서라도 웃는 얼굴을 보고 싶은 것이 사람의 마음이다. 마침내 유왕은 황후와 태자(의구宜臼)를 폐하고 포사를 황후로, 포사가 낳은 백복伯服을 태자로 세웠다. 그래도 포사는 기뻐하지 않았다. 전혀 웃을 기미가 없었다. 포사에게 몸도 마음도 모두 빼앗긴 유왕은 정사를 전혀 돌보지 않고, 방법을 바꿔 가며 물건을 바꿔 가며 포사를 기쁘게 하는 데만 열중하였다.

그런데 어느 날 그 포사가 웃었다. 봉화가 잘못 올랐을 때였다. 봉화는 외적이 침입했을 때 위급을 알리기 위해서 올리는 것이다. 봉화를 보고 놀란 제후들이 당황하여 수도인 호경鎬京으로 모여들었다. 어쩌면 제후들이 당황하여 허둥거리는 모습을 보고 포사가 웃었던 것은 아닐까. 처음으로 포사의 웃는 얼굴을 본 유왕은 무릎을 치면서 기뻐하였다. 이것으로 사랑하는 포사의 웃는 얼굴을 볼 수 있다.

기분이 좋아진 유왕은 포사를 웃게 하기 위해서 종종 봉화를 올렸다. 제후들이 급히 달려왔지만 그때마다 거짓 봉화였다. 제후들에게 신용을 잃은 유왕은 마치 『이솝우화』 속의 양치기 소년처럼, 후에 견융犬戎(고대 서방 이민족의 이름)에게 공격당했을 때 제후들에게 알리기 위해 봉화를 올렸지만 누구 한 사람 오지 않아 결국 견융에게 살해당했다. 기원전 771년, 태자에서 폐위되어 망명해 있던 의구는 천자에 즉위한 후(평왕平王) 견융의 난을 피해 동쪽의 낙양洛陽으로 천도하였다. 주왕조의 이 동천東遷은 적어도 정신적으로는 주의 멸망을 의미한다. 동천을 기점으로 이전을 서주, 이후를 동주로 부른다.

사백이 말한 것처럼 이 동요는 주왕조의 멸망을 '예언'한 셈이다. 게다가 "뽕나무 활과 기풀 화살통"이라는, 처음에는 잘 알 수 없었던 것이 포사의 등장으로 그 의미가 명확해지면서 그 동요에 감춰진 '예언성'은 더욱 선명해지고, 사람들의 기억에 강하게 남았다. 이처럼 고대 중국의 동요는 반드시 무엇인가 예언적인 메시지를 담고 있다. 그것이 중국 동요가 가진 커다란 특징 중 하나다.

전쟁의 승리를 예언하는 동요

제1장에서 본 것처럼 『좌전』에 기록된 '여인의 노래' 두 수는 모두 예언적인 메시지보다 "통치자는 민의를 중시해야 한다"는 교훈적인 의미가 농후하다. 그러나 같은 『좌전』에 기록된 다음의 동요는 전쟁의 길흉을 점친다는 점에서는 비슷하지만, 앞서의 '여인의 노래'와 비교하면 훨씬 구체적이고 예언성이 풍부하다.

노희공 5년(기원전 654) 8월, 진晋나라 헌공獻公이 괵虢의 수도 상양上陽을 포위하였다. 전쟁에 승리할 수 있을지 전황에 불안을 느낀 헌공은 복언卜偃에게 점을 치게 하였다. 그러자 복언은 “공략할 수 있습니다”라고 답했다. 헌공은 “언제 공격해 들어가면 공략할 수 있겠는가?” 하고 물었다. 복언은 당시 유행하고 있던 동요에서, 침공해서 승리할 수 있는 시기를 읽어 냈다.

> 丙子晨, 병자일 새벽녘
> 龍尾伏辰, 용미성이 동쪽으로 숨고
> 均服振振, 아름다운 군복이
> 取虢之旂. 괵의 군기軍旗를 빼앗는다.
> 鶉之賁賁, 순화성이 빛나고
> 天策焞焞, 천책성이 쇠한다.
> 火中成軍, 순화성이 남중할 때
> 虢公其奔. 괵공이 도망간다.[2]

동요의 내용 가운데 “병자일에 해가 용미성의 방위인 동쪽에, 달이 천책성의 방위인 서쪽에 있고 순화성이 남중할 때”는 정확히 하력夏曆[3] 9월과 10월의 경계인 병자일에 해당한다. 따라서 복언은 그날 새벽에 공격한다면 진나라 군대는 승리할 수 있다고 예측했다. 과연 12월(하력 10월) 초하루, 즉 병자일에 진은 괵을 멸망시키고 괵공 추醜는 주나라의 수도로 망명하였다. 이 동요는 진의 승리와 그 시기를 알려 준 것으로, 동요의 ‘예언’은 적중했다.

2 자구 그대로 해석하면 다음과 같다. “병자일 새벽녘에 용미성이 태양 가까이에 있어 보이지 않을 때에 군복을 씩씩하게 차려입고서 괵의 깃발을 빼앗는다. 순화성이 새의 깃처럼 펼쳐지고 천책성이 빛을 잃고 순화성이 남중할 때, 군대가 승리하여 괵공이 도망한다.”

3 하나라의 역법으로 인월(寅月)을 세수(歲首)로 삼았다. 주나라 3월은 하나라 정월에 해당한다.

재난을 예고하는 동요

소공昭公 25년(기원전 517), 노나라에 구관조가 날아와 둥지를 틀었다. 구관조는 중국에는 서식하지 않는 이국의 새다. 그런 구관조가 노나라에 날아와 둥지를 틀었다는 것은 상서로운 현상은 아니었다. 무언가 불길한 예감이 들었다.

그러자 노나라의 대부大夫 사기師己는 전해 들은 이상한 동요를 소공에게 소개하였다. 그것은 소공 전의 문공文公(재위 기원전 626~기원전 609년)·선공宣公(재위 기원전 608~기원전 591년)·성공成公(재위 기원전 590~기원전 573년) 시기에 유행했던 것이라 하였다.

鸜之鵒之, 公出辱之.	구관조가 오면 공은 국외에서 치욕스러울 것이다.
鸜鵒之羽, 公在外野,	구관조가 날면 공은 시골에서
往饋之馬.	말을 받는다.
鸜鵒跦跦, 公在乾侯,	구관조가 뛰면 공은 간후에서
徵褰與襦.	겉옷과 속옷에 어려움이 있다.
鸜鵒之巢, 遠哉遙遙,	구관조가 둥지를 틀면 먼 곳을 유랑하고
禂父喪勞, 宋父以驕.	조보는 국외에서 죽고, 송보는 공을 대신하여 거들먹거린다.
鸜鵒鸜鵒, 往歌來哭.	구관조여, 구관조여. 갈 때는 노래하고, 올 때는 곡을 한다.[4]

실은 문공 사후, 문공의 둘째 부인 경영敬嬴이 적자嫡子를 살해하고 자

4 자구 그대로 해석하면 다음과 같다. "구관조가 오면 공이 출국하여 치욕을 당하리라. 구관조가 날아다니면 공이 나라 밖 교외의 들에 계시고, 신하가 가서 말을 드리리라. 구관조가 뛰어다니면 공이 간후에 계시면서 의복을 요구하리라. 구관조가 와서 둥지를 틀면 임금이 멀리 나가 계시다 조보는 고생하다 죽고, 송보는 교만하리라. 구관조여, 구관조여. 갈 때는 노래하고 올 때는 곡하리라."

신의 아들인 퇴倭를 국군國君의 자리에 세웠다. 이가 선공이다. 이 사건은 공실을 크게 혼란스럽게 한 것은 물론이고, 국군의 권위를 실추시켰다. 이후 노나라의 삼환씨三桓氏(노나라 환공의 아들을 조상으로 하는 맹손씨孟孫氏·숙손씨叔孫氏·계손씨季孫氏)가 차츰 군권君權을 침범함에 따라 선공은 실질적으로는 국정에서 배척당하게 된다.

마치 노나라의 혼란을 우려하는 것처럼 의미도 알 수 없는 불길한 동요가 유행하였다. 뿐만 아니라 이 동요는 문공·선공·성공 3대에 걸쳐 불리고 있었다. 적자를 살해하고 서자를 후계자로 삼은 무도함을 한탄하고 노나라의 장래를 걱정하며, 앞으로도 불행이 계속될 것이라고 말하는 것처럼. 그렇게 이 동요는 백 년 후 소공의 비극을 예언하고 있었다.

소공 25년, 보통 때라면 올 리 없는 구관조가 날아와 둥지를 틀었다. 그것은 무언가 재앙이 일어날 전조에 다름 아니었다. 과연 그해 비가 내리지 않아 심각한 가뭄과 한재旱災가 덮쳤고, 기우제를 두 차례나 지냈지만 전혀 효과가 없었다.

그러나 이 동요가 초래한 불길한 일은 가뭄과 한재만으로 끝나지 않았다. 동요에서 "조보는 국외에서 죽고, 송보는 공을 대신하여 거들먹거린다"라고 했는데, 여기서 '조보'는 소공의 이름이고, '송보'는 소공의 동생인 정공定公의 이름이다. 동요는 조보가 국외에서 죽고, 송보가 조보를 대신한다고 노래한다. 즉, 소공이 태어나기 백 년도 전에 불렸던 동요가 두 사람의 이름을 거론하였을 뿐 아니라 소공이 국외에서 죽고, 정공이 소공 사후 즉위할 것임을 노래하고 있었던 것이다.

아니나 다를까 동요가 예언한 것처럼 신망을 잃고 노나라에서 추방된 소공은 일단 제齊나라로 피했지만 부득이하게 다시 진晉나라로 망명하지 않을 수 없었고, 그 후 8년간 제나라로부터도 진나라로부터도 버려져 참혹한 나날을 보냈다. 그리고 기원전 510년, 동요에 나온 것처럼 국외의

'간후'라는 땅에서 병들어 그곳에서 사망하였다. 이듬해 여름 6월, 소공의 유해가 간후에서 노나라로 돌아오고 소공의 동생 송보가 즉위하였다. 그가 정공이다.

공자가 들은 동요

공자의 언행록인 『논어』와는 별개로 『공자가어孔子家語』라고 하는, 공자와 그의 문인들이 나누었던 대화를 모은 대화집이 있다. 현존하는 중국의 가장 오래된 도서 목록인 『한서』「예문지」에 '『공자가어』 27권'이 기록된 것으로 보아 전한 시기에 존재하고 있었던 것은 분명하다. 그렇지만 현재 남아 있는 『공자가어』 10권 44편은 삼국 시기 위魏나라의 왕숙王肅이 공자의 후손인 전한 시기 학자 공안국孔安國의 이름을 빌려 쓴 위작僞作이라고 생각된다.

그렇다 하더라도 이 책은 고대의 여러 책에서 공자에 관한 기록을 모아 놓은 것으로, 공자의 사상만이 아니라 고대 중국의 사회상을 알 수 있는 중요한 자료다. 이 『공자가어』에 공자가 직접 들었다고 하는 동요 두 수가 기록되어 있다.

> 楚王渡江, 초왕이 장강을 건너다
> 得萍實, 평실을 손에 넣었네.
> 大如斗, 두 승 정도의 크기로
> 赤如日, 해처럼 새빨갛네.
> 剖而食之, 잘라 먹으면
> 甛如蜜. 달기가 꿀 같네.[5]

초나라 소왕昭王(재위 기원전 516~기원전 489년)이 장강을 건너고 있을 때, 크기가 국자만 한 붉고 둥근 물체가 소왕의 배까지 흘러왔다. 여러 신하들 중 어느 누구도 그것이 무엇인지 알지 못했기에 소왕은 노나라에 사자를 보내 공자에게 묻게 하였다. 공자는 "이것은 달고 맛있는 평실(수련의 일종인 평봉초萍蓬草의 열매)입니다. 이것을 손에 넣는 것은 실로 상서로운 징조입니다. 천하의 패자覇者[6]만이 손에 넣을 수 있기 때문입니다"라고 답했다. 실은 공자는 이전 진陳나라에 들렀을 때 이미 이 동요를 들어 알고 있었다. 그 때문에 사자가 오기 전부터 초소왕이 평실을 손에 넣을 것을 알고 있었다.(「치사致思」)

소왕의 선조인 장왕莊王(재위 기원전 614~기원전 591년)은 명군으로 명성이 높았고, 후에는 춘추오패의 한 사람으로 열거될 정도였다. 그 후예인 소왕은 공자와 그 제자들이 곤란한 처지에 놓인 것을 듣고 군대를 보내 공자와 그 제자들을 구출하였다.[7](『사기史記』「공자세가孔子世家」) 공자에게 소왕은 은인이었다. 그래서 공자가 그 소왕을 "천하의 패자가 될 것이다"라고 칭찬하고, "초소왕은 대도大道에 통달한 사람이다. 나라를 잃지 않은 것은 당연한 일이다"(『사기』「초세가楚世家」)라고 칭송하고 싶어 한 것은 인지상정일 테지만, 실제로 소왕은 도읍에서 여러 번 쫓겨났고[8] 패자가 된 적도 없었다.

5 자구 그대로 해석하면 다음과 같다. "초왕이 강을 건너다 평실을 얻었네. 크기는 말[斗]만 하고, 붉기는 해와 같았네. 이를 쪼개 먹으면 그 단맛은 꿀과 같으리."

6 춘추 시기 권위가 실추된 주천자를 대신하여 회맹(會盟)을 주재하며 중국의 질서를 유지하였던 강력한 제후를 말한다. 흔히 '오패'라 하여 다섯 명의 제후를 말하는데, 책마다 다소 차이가 있다. 거론되는 제후로는 제환공(齊桓公), 진문공(晋文公), 초장왕(楚莊王), 진목공(秦穆公), 오합려(吳闔閭), 오부차(吳夫差), 월구천(越句踐), 송양공(宋襄公) 등이 있다.

7 기원전 498년 각국을 주유하던 공자가 진(陳)나라와 채(蔡)나라 중간 지역에서 머무르다 초나라로 떠나려고 하였다. 그때 진과 채의 대부(大夫)들은 자신들의 행실을 마땅치 않게 생각하던 공자가 대국인 초나라에서 등용되면 자신들이 위험해질 것이라 생각하여 공자와 그 제자들을 들판에서 포위해 억류하였다. 사정을 들은 초소왕은 군대를 보내 공자를 보호하고 맞아들였다.

8 초소왕이 오(吳)나라와의 전쟁에서 수도를 버리고 도주했던 기원전 506년의 일과, 결국 수도였던 영도(郢都)를 버리고 약읍(鄀邑)으로 천도한 기원전 504년의 일을 말한다.

두 번째는 큰비와 홍수를 예고하는 동요다.

> 天將大雨,　　큰비가 내리려면
> 商羊鼓舞.　　상양[9]이 춤을 춘다.[10]

어느 날, 제나라에 다리가 하나뿐인 새가 연달아 날아왔다. 그리고 한 장소에 모여 일제히 날개를 펼치고 뛰기 시작하였다. 제나라의 경공景公(재위 기원전 547~기원전 490년)이 그것을 보고 괴이하다고 여겨, 노나라에 사자를 보내 공자에게 묻게 하였다.

공자는 "이 새는 상양이라는 이름의 새로, 물의 징조입니다"라고 답하며, 아이들이 한쪽 발을 들고 춤추며 노래하던 이 동요를 소개하였다. "이것은 큰비가 내려 홍수가 나려는 전조입니다"라고 경공의 사자에게 알렸다. 그리고 "당장 하수도와 제방을 점검하고, 큰비를 대비하는 것이 좋겠습니다"고 진언하였다. 과연 공자의 말처럼 얼마 후 장마가 시작되었고, 많은 나라에서 하천이 범람하여 수해가 발생하고 사람들이 피해를 입었다. 그러나 제나라는 큰비에 대비하여 하수도와 제방을 정비하였기에 피해를 면하였다고 한다.(「변정辯政」)

이 두 수의 동요는 공자가 언급한 덕분에 신비감이 커졌다. 이 때문에 유향劉向이 편찬한 『설원說苑』 「변물辨物」 편에는 초나라와 제나라의 일화와 두 수의 동요를 하나로 묶은 뒤 "무릇 동요가 불린 후에는 반드시 상응하는 일이 발생했다"고 결론짓고, 동요에서 전조를 읽어 낸 공자를 칭송하였다.

9 다리가 하나고 부리가 붉으며, 낮에는 숨어 있다가 밤에 날아다니고 비가 올 것 같으면 춤을 춘다고 알려진 전설 속의 새. 홍수를 미리 알린다고 한다.

10 자구 그대로 해석하면 다음과 같다. "하늘이 장차 큰비를 내리려면 상양이 마구 춤출 것이다."

왜 '동요'인가?

이상의 자료가 당시 사회를 얼마나 정확하게 전하고 있는지는 확실하지 않지만, 가까운 장래를 예언하는 동요는 주왕조 시기에도 이미 있었다. 그렇다면 왜 동요인가? 여기에 소개한 몇 개의 동요는 『열자列子』에서는 '아동요'라고 하였고, 『국어』 및 『좌전』에서는 '동요'라고 했으며, 『공자가어』에서는 '동아요童兒謠'라고 하였다. 그러나 『국어』에서 '동요'라고 한 것이 『사기』 「주본기周本紀」나 『한서』 「오행지五行志」에 채록되면서는 '동녀요童女謠'가 되었다.

이로부터 알 수 있듯이 '동요'라는 것은 반드시 고정된 명칭은 아니었다. 옛날에는 '동요' 외에도 '영아요嬰兒謠', '민요', '백성요', '아요兒謠' 등 다양한 이름으로 불렸다. 또 후세에도 '여요女謠'(『위서魏書』 「고거국전高車國傳」)나 '소아요小兒謠'(『구당서舊唐書』 「오행지」) 등으로 제목을 붙인 것, '요임금 시대의 요', '한말漢末의 요' 등과 같이 시대로 표현한 것, '장안長安의 요', '경사京師의 요'처럼 장소를 가지고 이름 지은 것도 있어 '동요'라고만 부른 것은 아니었다.

그런데 중국에서 가장 오래된 동요가 수록되어 있는 『열자』에 따르면 동요를 들은 요임금이 "누구에게 배워 부르는 것이냐?"라고 물었고, 질문을 받은 아이들은 "대부大夫(선생님)에게 배웠습니다"라고 답했다. 그래서 요임금은 대부에게 가서 물었고, 대부는 "오래된 시입니다(옛날부터 있던 노래입니다)"라고 답하였다. 어느 동요도 아이들이 만들었을 리 없다. 어떤 형태로든 지식인이 관여하였음은 분명하다.

동요가 사회와 체제를 비판하는 무기로 정착된 시대는 한대, 좀 더 정확히는 전한 말부터 후한에 걸친 시기다. 사상적으로 '동요'는 동중서董仲舒(기원전 179~기원전 104년)의 재이설災異說(하늘이 자연재해와 이변을 내려 통치자를 감시하고 견책譴責한다는 사고방식)을 흡수하며 비약적으로 확대되었다. 동요가 아동의 입을 빌려 정치와 사회에 대한 불평불만을 노래할 때, 누가 만들었는지 모르는 것이 중요했다. 그래서 '노래 요' 자에 붙는 동·민·백성·영아·아·여 등에는 그다지 의미가 없다. 그것은 책임 소재를 위장하려는 방편이기 때문이다.

어느 시대든 과격한 정치 비판은 위험을 초래하지만, 비판에 독기가 없으면 의미가 없다. 그러나 아무리 정의감에 불타서 불의를 고발하려 해도 목숨을 잃는다면 아무 소용이 없다. 따라서 아이들에게 부르게 하는 것이 가장 안전하고, 또 유포시키기에도 빠른 방법이다. 그리고 어쩌면 비판의 대상이 되는 권력자나 권력 기구에 큰 타격을 줄 수도 있다. 이것이 '동요'다.

이 장에서 소개한 여명기의 동요들 중에는 통치자를 옹호하는 것, 상서로운 징조를 알리는 것 등, 독기도 비판도 없는 동요답지 못한 것도 있다. 동요가 본래의 진가를 발휘하고 체제 비판의 무기로 기능하려면 시간과 지혜가 좀 더 필요했다. 다만 그때까지 극악무도한 권력자를 노래로써 노골적으로 비판했기 때문에, 또한 면전에 대고 원한을 노래했기 때문에 권력의 칼에 목숨을 잃은 비참한 역사가 있었다.

제3장

여태후呂太后를 둘러싼 노래[歌]

형성기

여후呂后

여후는 한고조漢高祖 유방劉邦의 조강지처다. 젊었을 때의 기록은 없다. 그녀의 기록은 고조가 천하를 차지한 후부터 시작된다.

유방이 한왕漢王이 된 해(기원전 206), 여후의 아버지는 고조가 천하를 평정한 것을 도운 공적으로 임사후臨泗侯에 봉해졌다. 그리고 여후의 두 오빠인 여택呂澤과 여석지呂釋之도 각기 주여후周呂侯와 건성후建成侯에 봉해져 그녀가 황후인 시기에 이미 세 사람의 여씨 제후가 탄생하였다. 고조 사후 태후가 된 여씨는 여택의 아들 여태呂台를 여왕呂王, 여태의 동생 여산呂産을 양왕梁王, 여태의 아들 여통呂通을 연왕燕王, 건성후 여석지의 아들 여록呂祿을 조왕趙王으로 책봉하여 도합 일곱 사람의 일가친척을 열후列侯로 만듦으로써 여씨 제후왕諸侯王을 배출시켰다.

웬만한 남자보다 나았던 여장부 여후는 유방이 한왕이 된 후에 총애하던 척부인戚夫人과 그의 아들 조왕趙王 여의如意를 유달리 증오하였다. 나이 든 자신이 고조에게 소외되고 젊고 아름다운 척부인에게로 고조의 총애가 옮겨 간 것도 굴욕적이지만 그것은 참을 만했다. 도저히 용납할 수 없는 것은 고조가 자신의 아들을 태자 자리에서 밀어내고, 대신 척부인의 아들 여의를 태자로 삼으려고 획책한 것이다.

본래부터 고조는 여후가 낳은 아들을 좋아하지 않았다. 무엇보다도 자신을 닮지 않아 소극적이고 유약한 천성이 마음에 들지 않았다. 일개 무뢰배에서 황제에까지 오른 고조에게 이런 태자는 너무나도 부족했다. 자신의 후계자로서 못 미덥기 짝이 없었다. 그래서 태자를 폐위하고 자기를 닮아 적극적이고 거친 조왕 여의를 태자에 앉히고자 하였다.

고조의 뜻을 알았을까. 척부인은 밤낮으로 눈물로 애원하며 여의를 태자로 삼아 달라고 고조를 압박하였다. 여의 또한 무슨 일이 있을 때마다 자신을 태자로 삼아 달라고 호소하였다. 그래도 굳센 여후는 참았다. 여기서 소란을 피운다면 오히려 역효과가 날 것이기 때문이다. 여후는 자신이 전면에 나서는 것을 피하고 고조의 신임이 두터웠던 태부太傅(태자를 보필하는 사람)[1] 숙손통叔孫通을 움직여서 고조에게 간언하게 하였다.

> 지난날 진晋의 헌공獻公은 여희驪姬를 총애하여 태자 신생申生을 폐하고 여희의 아들 해제奚齊를 태자로 세웠습니다. 그 때문에 진의 국정은 수십 년 동안 혼란스러웠고 세간의 웃음거리가 되었습니다. 또 진秦의 시황제始皇帝가 적장자인 부소扶蘇를 태자로 삼는 것을 머뭇거렸기 때문에 막내 호해胡亥가 음모를 꾸며 이세황제二世皇帝가 되어, 진제국을 멸망하게 한 것을 폐하께서도 잘 알고 계십니다. 이는 사사로운 정에 치우쳐 후계자를 선택하면 비참한 결말을 맞는다는 것을 역사가 가르쳐 주는 것이 아닐지요? 만일 그럼에도 폐하께서 태자를 폐하시고 조왕을 태자로 세우신다고 말씀하신다면 저는 이 자리에서 목을 베어 자살할 것입니다.
>
> – 『한서』 「숙손통전」

숙손통이 협박에 가까운 강한 어조로 말했음에도 고조는 간언을 받아들이지 않았다. 그러자 여후는 유후留侯(장량張良)로 하여금 장로 4인[2]과 사전에 교섭하여 고조를 설득하게 하였고, 그 결과 고조는 마지못해 여의의 옹립을 단념하였다. 인내와 노력 덕분에 여후는 자신의 아들인 태자의 지위를 가까스로 지켜 낼 수 있었다.

1 전통적으로 태자의 스승을 말한다.

2 동원공(東園公)·기리계(綺里季)·하황공(夏黃公)·각리선생(角里先生) 등 상산사호(商山四皓)를 말한다. 진대(秦代) 이름난 은자(隱者)들로, 한이 건국된 후에도 한의 신하가 되는 것을 거부하고 숨어 살았다. 한고조 유방이 사람을 무시하고 업신여긴다 생각해 한의 신하가 되기를 거부했음에도 유방이 존경한 것으로 알려져 있다.

〈척부인戚夫人의 노래[歌]〉

고조 12년(기원전 195), 고조가 붕어하였다. 여후의 아들 혜제惠帝가 그 뒤를 이어 17세의 젊은 나이로 황제의 자리에 올랐다. 고조가 걱정했던 혜제의 다정한 기질에 여후도 불안한 기색을 감출 수 없었다. 그래서 여후는 황태후로서 군림하였다.

황태후가 된 여태후는 제일 먼저 척부인과 그의 아들 여의에게 보복하였다. 자신의 아들에게서 태자의 자리를 빼앗으려 한 두 사람에게 원한을 풀지 않고는 기분이 개운하지 않았다. 두 사람의 뒤에서 방패가 되어 주던 고조가 죽은 마당에 더 이상 여태후에게 두려울 것은 없었다. 지금까지 인내에 인내를 거듭해 온 만큼 쌓이고 쌓였던 불만을 일시에 폭발시켰다. 어쩌면 냉정하게 이렇게 생각했을지도 모른다. "개인적인 감정은 제쳐 두고 그들이 저지른 불경을 단죄하지 않은 채 용서한다면 주위에 나쁜 선례가 될 뿐 아니라, 훗날 생명의 위협이 될 수도 있을 것이다."

우선 척부인을 붙잡아다 유폐한 후, 머리카락을 자르고 목에 칼을 씌워 아침부터 저녁까지 노예처럼 절구를 빻게 하였다. 척부인은 절구질을 하며 굴욕을 견디지 못해 울면서 노래하였다.

子爲王, 母爲虜,	아들은 왕이요, 어미는 포로라
終日舂薄暮,	아침부터 저녁까지 절구질하며
常與死爲伍!	언제나 죽음과 이웃하네.
相離三千里,	이렇게 멀리 떨어져 있으니
當誰使告女.	이 고통을 전할 길 없네.[3]

－『한서』「외척전外戚傳 상」

3 자구 그대로 해석하면 다음과 같다. "아들은 왕이고, 어미는 포로라. 종일토록 절구질에 해가

척부인의 노래를 전해 들은 여태후는 그 노래가 조왕 여의에게 구조를 요청하는 메시지라는 것을 알고 매우 분노하였다. 여태후는 이렇게 결심했다. “그렇다면 먼저 조왕 여의를 없애 줄 테다.”

천성이 다정한 혜제는 모친의 안색에서 그녀의 의도를 민감하게 간파해 냈다. 그래서 여의와 함께 먹고 마시고 생활하면 동생 여의를 지킬 수 있을 것이라 생각했다. 기특하게도 매일매일 그것을 잘 실행했지만 어느 날 아침, 아직 자고 있는 여의를 깨우기가 안쓰러워 혜제는 혼자서 숙소에서 나갔다. 여태후는 혜제가 없는 틈을 타 여의의 술에 짐독鴆毒을 타서 여의를 살해하였다. 짐새는 깃털에 맹독이 있는 남방의 새로, 그 깃털로 술을 휘저어 섞으면 독주(짐주鴆酒)가 된다고 알려져 있으며, 역사서에 여러 차례 등장한다.

다음 차례는 척부인이었다. 여태후는 자신이 가장 증오한 척부인에게는 잔인함의 끝을 보여 주었다. 척부인의 손과 발을 자른 후, 두 눈을 도려내고 귀를 불로 지져 시력과 청력을 빼앗았다. 또한 벙어리가 되는 약을 먹여 목소리를 손상시키고, 최후에는 돼지우리(일설에는 화장실이라고도 하는데, 당시에는 화장실에서 돼지를 사육하였다고 한다)에 방치하였다. 사람들이 부르기를 사람돼지, ‘인체人彘’라 하였다.

여태후는 비로소 기분이 풀렸다. 그러나 그녀에게 묻는다면, 그것은 결코 그녀 자신을 위한 것은 아니었다고 말할 것이다. 모두 사랑하는 자신의 아들을 위한 것이었다. 그래서 얼마 후 여태후는 혜제를 불러서 함께 돼지우리로 갔다. 수개월 동안 방치되어 산 송장처럼 된 사람돼지 인체를 혜제에게 보여 주면서 그것이 척부인라고 말해 주었다.

저물고, 항상 죽음과 이웃하네. 서로 떨어져 있는 것이 삼천리니 누구로 하여 나의 고통을 너에게 전할 수 있을까.”

주상, 이것이 무엇인지 아시겠습니까? 사람돼지라는 것입니다. 누구라고 생각하십니까? 네, 척부인입니다. 이제 안심이 되시죠?

여태후는 혜제를 기쁘게 하려고 이렇게 말했을지도 모른다. 그러나 순진한 혜제는 충격을 받은 나머지 큰소리로 울부짖었다. 여태후는 당황하였다.

왜 그러십니까? 모두 주상을 위해 한 일이 아닙니까?

아들의 예상 밖의 반응에 당황한 태후는 통곡하고 있는 혜제에게 이렇게 말하며 필사적으로 위로했을 것이다. 그러나 혜제가 받은 충격은 너무나 컸다. 그는 곧바로 몸져누웠고 1년 넘게 일어나지 못했다고 한다. 그리고 사람을 시켜 모친에게 선언했다.

그것은 사람으로서 할 일이 아닙니다. 저는 당신의 아들인 이상 도저히 천하를 다스릴 수 없을 것 같습니다.

이후 혜제는 술에 빠져 쾌락의 나날을 보냈다. 그리고 불과 7년 만에 붕어하였다. 마치 자신의 결심—일체의 정무를 거부하겠다는 결심—을 실행하기 위한 것처럼.

술에 빠져 폐인이 된 혜제를 대신해서 정권을 장악한 여태후는 아이를 낳지 못한 혜제의 황후에게 후궁의 아들을 들이게 하고, 그 아들을 계승자로 삼았다. 그리고 그 친모를 살해하고 혜제의 태자로 삼아, 혜제 사후 그를 황제로 즉위시켰다(소제少帝 공恭). 즉위 4년째 되던 해 소제는 자신의 출생의 진상을 알아 버렸다. 분노한 소제는 "생모를 살해한 자에게 반드시 복수할 것이다"라고 무의식중에 말하였다. 그것을 들은 여태후는 소제를 유폐하여 죽음에 이르게 하고, 다음으로 항산왕恒山王[4] 홍弘을 황제로 세웠다(소제 홍). 그러고도 안심할 수 없었던 태후는 조카 여록의 딸을 황후로 삼아 반역을 미연에 봉쇄하였다.

〈조유왕趙幽王 유우劉友의 노래[歌]〉

조왕 여의가 죽자 여태후는 고조가 후궁에게서 낳은 유왕幽王 우友(회양왕淮陽王)를 조趙나라로 옮겨 조왕趙王으로 삼고 여씨 일족의 딸을 왕비로 맞아들이게 하여, 자신의 권력을 유지하고 여씨 일족의 안위를 도모하고자 하였다. 그러나 조왕 우는 다른 여인을 사랑해서 여씨의 딸인 왕비를 거들떠보지 않았다. 질투로 화가 난 왕비는 여태후에게 조왕을 모함하여 말하였다. "조왕 우가 여씨를 원망하며 '유씨 천하에서 여씨가 왕이 되는 것은 우습지 않은가. 태후 백세百歲 후(태후 사망 후)에 반드시 여씨를 축출하겠다'고 떠들고 있습니다."

육친肉親의 말을 믿은 태후는 즉시 조왕 우를 불러들여 유폐하고, 감시자를 두고 식사도 주지 않은 채 방치하였다. 갇힌 채 굶주린 조왕은 세상하직의 노래를 남기고 여태후를 원망하며 죽어 갔다.

> 諸呂用事兮, 劉氏危; 여씨 일족이 맹위를 떨치니 유씨는 쇠미해지고,
> 迫脅王侯兮, 彊授我妃. 억지로 여씨 왕비를 떠맡겼네.
> 我妃既妒兮, 誣我以惡; 질투심 강한 왕비가 악의에 찬 중상모략으로

4 현재 『사기』에는 상산왕(常山王)으로 되어 있다. 본래 항산왕에 봉해졌으나 문제(文帝)의 이름을 피해 상산왕으로 고쳤다.

讒女亂國兮, 上曾不寤.	나라를 어지럽혀도 주상께선 깨닫지 못하시네.
我無忠臣兮, 何故棄國?	충신이 없는 채로 왜 나라를 버리는가?
自快中野兮, 蒼天與直!	자결을 한다면 하늘도 정직한 나에게 감동하시리라.
于嗟不可悔兮, 寧早自賊!	후회는 없으나 좀 더 일찍 자결할 것을.
爲王餓死兮, 誰者憐之?	왕이 되어 굶어 죽는 것을 가여워할 자도 없구나.
呂氏絶理兮, 託天報仇!	무도한 여씨에 대한 복수는 하늘에 부탁하네.[5]

– 『사기』「여태후본기」

유씨를 능멸하여 권력을 장악하고, 그들을 대신하려 한 여씨 일족. 유씨라는 이유로 죄 없는 인간이 굶어 죽게 되었다. 이런 무도한 일이 용서될 수 있을까. 하늘이시여, 이 원한을 풀어 주소서. 죽음의 순간, 조왕 우는 태후의 무도함을 절절히 호소하고 여씨 일족에 대한 복수를 하늘에 부탁하는 노래를 남기고 결국 굶어 죽었다.

여씨 일족을 원망하며 복수를 노래했던 조왕을 여태후가 용서할 리가 없었다. "여씨에게 칼을 겨누면 어떻게 되는지 아직 모르는 인간이 있다. 이 기회에 분명하게 알려 줄 필요가 있다." 여태후는 조왕의 장례 예절에 '왕'의 의례를 허락하지 않고 서민의 의례로 낮춰 장례를 치르게 했으며, 왕후王侯의 묘소가 아닌 장안長安의 일반 묘지에 매장하여 복수하였다. 때는 태후가 황제의 권력을 행사한 지 7년째 되는 해(기원전 181)로, 태후가 사망하기 1년 전의 일이다.

5 자구 그대로 해석하면 다음과 같다. "여씨 일족이 권력을 장악하니 유씨가 위급해졌네. 제후왕과 열후를 협박하고, 강제로 여씨의 딸을 내게 왕비로 주었네. 나의 왕비는 질투가 심하여 악의적인 말로써 나를 무고하였네. 모략을 일삼는 여인 때문에 나라가 어지러워졌건만 금상은 깨닫질 못하시는구나. 나에겐 충신도 없는데 왜 나라를 버리시는지. 황야 가운데서 자결한다면 하늘은 나의 죄 없음을 알아주시겠지. 후회하지는 않지만 어찌하여 좀 더 일찍 자결하지 못했을까. 왕이 되어 굶어 죽으니 누가 있어 나를 가련하게 여길까. 여씨의 무도함에 대해서는 하늘에 복수를 부탁하노라."

〈경전耕田의 노래[歌]〉

그런데 여태후에게는 비록 친손자는 아니지만 옛날부터 아들처럼 귀여워한 유장劉章이라는 손자가 있었다. 유장은 고조와 조부인曹夫人 사이에 태어난 제도혜왕齊悼惠王 비肥의 둘째 아들이었다. 여태후는 유장을 주허후朱虛侯에 봉하고 여록의 딸을 시집보냈으며, 아들처럼 대우하고 여씨 일족의 일원으로 생각하며 마음을 주었다.

조왕 우가 유폐되어 죽은 해인 태후 칭제稱制[6] 7년(기원전 181), 여태후는 연회를 개최하고 주허후 유장을 동석시켜 연회의 책임자인 주리酒吏에 임명하였다. 유장은 "기쁘게 맡겠습니다. 다만 저는 장군 가문 출신이니 군법에 준거한 규칙을 행하고 싶습니다. 허락해 주십시오"라고 말하였다. 태후는 "좋을 대로 하라"고 웃으며 승낙하였다.

당시 주허후의 나이 스무 살. 결코 얼굴에 드러내지는 않았지만 여씨 일족의 전권專權에 분노를 느끼고 있던 유장은 연회가 무르익을 즈음, 결심하고 태후에게 말하였다.

"태후를 위해 〈경전의 노래〉를 부르고자 합니다."

"호호호. 그대는 태어날 때부터 왕자. 농사지을 때의 노래를 알 리 없을 텐데."

"아닙니다. 알고 있습니다."

"그럼 시험 삼아 불러 보아도 좋다."

> 深耕穊種, 깊이 땅을 일구어 충분하게 씨 뿌리고,
>
> 立苗欲疏, 모종은 성기게 심으세.

6 임조칭제(臨朝稱制). 황제의 명령 중 하나인 제(制)를 황태후가 조정에 나가 행하는 것으로, 흔히 황태후나 태황태후가 황제의 역할을 하는 것을 의미한다.

> 非其種者,　　다른 종의 싹이 나오면,
>
> 鉏而去之.　　재빨리 뽑아 버리세.[7]

－『사기』「제도혜왕세가齊悼惠王世家」

유장이 부른 〈경전의 노래〉를 다 듣고 난 후의 여태후를 사마천은 '묵연默然', 즉 말없이 잠잠히 있었다고 기록하고 있다. 이 노래가 여태후를 비롯하여 줄지어 앉아 있던 여씨 일족에게 준 충격의 크기를 설명하기에 충분하다. 태후조차도 잠자코 있을 수밖에 없었다. 이 노래에 담긴 의미심장한, 그러나 여씨를 비판하는 예리한 칼날에 모두가 압도된 것이다.

"깊이 땅을 일구어 충분하게 씨 뿌리고"라는 것은 가능한 한 여씨 자손을 많이 출산하는 것이고, "모종은 성기게 심으세"라는 것은 여씨 자손을 이곳저곳에 배치하는 것으로, 여씨 일족이 모두 왕후王侯가 된 것을 비꼬는 말이다. 그리고 "다른 종의 싹이 나오면 재빨리 뽑아 버리세"라는 것은 태후가 여씨 이외의 사람을 차례로 말살하고 있는 것을 말한다.

무거운 분위기에 압도되어 더 이상 참을 수 없게 된 여씨 일족 중 한 사람이 자리에서 도망하였다. 유장은 즉시 쫓아가 그 남자를 참살斬殺하고 자리로 돌아와 보고하였다. "무례하게도 연회에서 빠져나간 무도한 자가 있어 군법에 따라 참하였습니다." 이미 유장을 주리로 임명하며 군법에 준거할 것을 허락한 이상, 여태후도 동석하고 있던 여씨 일족도 무단으로 자리에서 달아난 일족의 사람을 살해한 유장에게 받아칠 말이 없었다.

여태후가 자신의 아들처럼 양육하고 여록의 딸을 주어 여씨 일족의 일원이 되는 것을 허락한 셈이었던 유장에게 여씨 일족이 나란히 앉아

7 자구 그대로 해석하면 다음과 같다. "깊숙이 밭 갈아 빽빽하게 씨 뿌리고, 묘종을 심을 때는 사방에 흩어 심으리. 그 종자가 아니라면 호미로 없애 버리리."

있는 연회에서 철저하게 우롱당한 것이다. 이 노래가 여태후에게 준 정신적 충격은 상상 이상으로 컸다.

유장의 아버지

주허후 유장의 아버지는 고조와 조부인 사이에 출생한 제도혜왕 비로, 고조의 여덟 아들 중 장남이다. 적자는 아니었지만 혜제의 형이다. 제왕 비가 혜제의 형인 것은 누구나 아는 사실이다. 그만큼 여태후에게 제왕은 특히 신경 쓰이는 존재였다.

혜제가 즉위한 이듬해(기원전 193)[8] 제왕이 내조來朝하였을 때, 태후가 연회를 개최하였다. 혜제와 제왕도 연회에 참석하였다. 자리에 앉으려고 할 때 혜제가 제왕을 형으로 존중하여 상석으로 안내하였다. 제왕은 혜제의 호의를 사양하지 않고 받아들여 상석에 앉았다.

그것을 본 태후는 끓어오르는 분노를 간신히 억눌렀다. 신하를 천자보다 상석에 앉히다니, 무슨 짓인가. 이는 마치 "고조의 후계자로서 즉위해야 할 사람은 사실은 내가 아니라 최연장자인 당신이다"라고 공언하는 것과 같지 않은가. 더구나 혜제에게는 후계자가 없기 때문에 좀 더 신중히 행동하지 않으면 안 된다. 제왕이 상좌에 앉은 것을 보고 주위 사람들은 혜제가 후계자를 지명하고 있는 것으로 오해할지도 모르지 않는가. 제왕도 제왕이다. 누구 덕택에 제왕이 될 수 있었다고 생각하는가. 우쭐거리는 것도 적당히 하라. 이것을 방치하면 틀림없이 화근을 남기는 일

8 혜제가 즉위한 것은 고조가 붕어한 기원전 195년이나 즉위 다음 해를 원년으로 삼는 유년칭원법(踰年稱元法)에 따라, 혜제 원년은 기원전 194년이 된다. 따라서 본문의 혜제 즉위 다음 해는 기원전 193년이다.

이 될 것이다. 제왕의 거만하게 구는 싹을 지금 제거하지 않으면 안 된다.

태후는 제왕과 혜제의 잔에 짐주鴆酒를 따르고 혜제의 장수를 축원하도록 제왕에게 명하였다. 제왕이 잔을 들고 일어섰다. 그러자 혜제도 잔을 손에 들고 일어서는 것이 아닌가. 이것은 생각지도 못한 돌발상황이었다. 예정대로라면 천자가 이러한 일을 할 리 없었다. 제왕이 먼저 축원하고 술을 마셨을 것이다. 제왕이 마시고 바로 대처한다면 재앙이 혜제에게는 미치지 않을 터였다. 당황한 태후는 혜제의 잔을 고의로 뒤엎었다. 태후의 거동을 이상히 여긴 제왕은 만취한 척하며 자리에서 물러났다.

아슬아슬하게 목숨을 구하기는 하였으나 제왕은 여태후가 독주를 먹일 정도로 자신을 증오하고 있다는 사실을 알고 섬뜩하였다. 이대로라면 무사히 제나라로 돌아갈 수 없다. 지금까지 얼마나 많은 이복동생들이 여태후의 노여움을 사서 죽음으로 내몰렸던가. 장남인 자신은 다르다고 생각했던 것이 얼마나 어리석었던가.

연회에서 저지른 자신의 경솔한 행동과 그 과실의 중대함을 깨닫고 망연자실한 제왕에게 측근이 진언하였다. "태후에게는 혜제와 노원공주魯元公主, 1남 1녀가 있을 뿐입니다. 지금 왕께서는 70개가 넘는 성을 식읍食邑으로 삼고 있습니다만, 공주는 겨우 몇 개의 성만 식읍으로 갖고 있을 뿐입니다. 왕께서 군郡 하나를 바치며 '공주의 탕목읍湯沐邑[9]으로 헌상하고 싶습니다'라고 태후께 말씀하신다면 태후께서는 틀림없이 기뻐하시고 왕의 우려도 곧 해소될 것입니다."

목숨은 무엇과도 바꿀 수 없다. 군 하나를 바쳐 태후의 노여움을 진정시킬 수 있다면 아주 적은 비용으로 큰 효과를 얻는 셈이다. 제왕은 즉시

9 주대 제후들이 주천자에게 조회 들어오기 전 행하는 목욕 비용을 담당하게 하기 위해 천자로부터 받은 읍을 말한다. 후에는 국가 재정과는 별도로 제후들의 소용을 담당하는 사읍(私邑)을 의미하게 된다.

성양군城陽郡을 공주에게 바치고 싶다고 여태후에게 고하였다. 예상대로 여태후는 몹시 기뻐하며 주연을 베풀고 제왕을 귀국시켰다. 몇 년 후 제왕 비가 죽고 혜제도 붕어하였다.

다시 〈경전의 노래〉

제왕 비 사건이 발생한 지 12년, 여태후가 군림한 지 7년 되는 해, 제왕 비의 아들 주허후가 마침내 연회석상에서 누가 들어도 암암리에 여태후를 매도하고 여씨를 비방하는 노래임을 알 수 있는 〈경전의 노래〉를 불러, 죽 둘러앉은 여씨 일족의 면전에서 여태후에게 수치를 안겨 주는 데 성공하였다. 게다가 유장이 불렀기 때문에 이 노래는 "유씨 이외의 자, 즉 여씨 일족을 말살하겠다"는 유장의 결의 표명도 된다. 그야말로 감쪽같이 해낸 것이다. 유장은 아버지가 받은 굴욕도 함께 해소한 듯, 실로 상쾌한 기분이었다.

이렇게 말하면 유장은 운을 하늘에 맡기고 목숨을 건 대승부를 한 것으로 생각할 수 있지만 지혜로운 사람은 그런 무모한 모험은 하지 않는다. 만약 여태후가 노하여 노래의 의미를 추궁한다고 해도 대처 방안이 착실히 준비되어 있었다. 사실 그 방안은 〈경전의 노래〉 안에 마련되어 있었다. 의미를 추궁당한다면 거짓으로 다음과 같이 꾸며 여씨에게 말할 수 있었다. "태후께서는 고생 끝에 이처럼 많은 여씨 자손을 번영시키셨습니다. 각기 제후왕으로서 각지에서 확고한 지위를 다질 수 있었으니 이처럼 경사스러운 일은 없습니다. 그러나 천하의 안태安泰를 유지하는 데에는 아직 방해자가 너무 많습니다. 지금이야말로 여씨 일족이 아닌 사람을 배제하여 장래의 불안 요소를 제거하셔야 할 것입니다"라고.

그러나 그것도 기우였다. 여태후는 유장에게 〈경전의 노래〉의 의미를 추궁하기는커녕 "말없이 잠자코 있었고" 그저 압도되었을 뿐이었다. 그렇지만 유장은 이 일로 여태후나 여씨 일족의 폭거를 그치게 할 수 있다고 생각할 만큼 낙천주의자는 아니었다. 그저 아주 잠시 여태후에게 정신적 타격을 준 것에 불과하다는 것을 알았을 것이다.

여태후도 동요하지 않고 평정을 찾으려고 필사적이었다. 그리고 여기서 일을 복잡하게 만들지 않을 만큼 냉정을 되찾았다. 자존심을 상하게 한 것은 용서할 수 없지만 만약 감정적으로 대처하여 유장을 추궁한다면, 유장이 〈경전의 노래〉로 여씨 일족을 비난하였다고 대중 앞에서 인정하는 꼴이 된다. 잠자코 모르는 척하는 것, 그것이 현명한 선택이었다.

그렇다 하더라도 이 노래가 여태후와 여씨 일족을 은밀히 매도하는 것이라는 사실은 누구보다 여태후 자신이 민감하게 알아챘다. 그럼에도 여씨에 대한 유장의 도전을 묵살할 수밖에 없었던 것은, 조왕 여의를 짐독으로 죽이고 척부인을 '인체人彘'로 만들 만큼 기세등등했던 태후에게 이미 권력의 그늘이 소리 없이 다가오고 있음을 말해 주는 것이리라.

그러나 되풀이하여 말하지만, 여태후를 침묵하게 한 〈경전의 노래〉도 실제로는 태후를 위협하거나 여씨 일족을 위축시킬 수는 없었다. 아무리 신랄하게 풍자해도 어차피 '노래'에 불과하다. 그런데 마치 주허후의 생각이 하늘에 통하기라도 한 것처럼 〈경전의 노래〉를 전후로 불길한 사건이 연이어 발생한다.

여태후, 번뇌의 죽음

태후 칭제 7년(기원전 181) 정월 그믐, 일식이 나타났다. 조왕 우를 유폐하여 죽음에 이르게 한 지 12일째의 일이다. 여태후는 이 일식에 말할 수 없는 불안을 느꼈다. 우울해진 태후는 "이 불길한 천문 현상은 혹 내 탓이 아닐까"라며 주위 사람들에게 마음의 동요를 드러냈다. 조금씩 엄습하는 불안, 확실히 이거다 말할 수 없는 공포, 무엇을 어떻게 하면 좋을지 알 수 없는 초조감으로 계속 마음이 개운치 않던 태후는 이듬해 3월 장안의 동쪽 패상霸上에서 불제祓除[10]를 지냈다.

불제를 지내고 돌아오는 길에 여태후의 시야 한쪽에서 무엇인가가 움직였다. '푸른 개가……'라고 소리를 지를 뻔했다. '뭐야, 착각인가' 하고 생각하는 순간, 돌연 그것이 여태후의 겨드랑이를 발톱으로 할퀴었다. "앗!" 하고 태후가 소리치자 홀연히 자취를 감추었다. 태후의 부르짖는 소리에 놀란 시종들은 일제히 태후 쪽을 바라보았다. 그러나 아무것도 보이지 않았다.

그런데 겨드랑이 주위에 이상한 느낌이 들었다. 태후는 가만히 옷을 들어 자신의 겨드랑이를 살펴보았다. 희미하게 상처가 있지 않을까 싶었지만 이렇다 할 상처는 없었다. 그러나 태후는 틀림없이 상처를 입었다. 지금 본 푸른 개는 꿈도 환상도 아니었다. 시종들은 모두 아무것도 보지 못했다 하고, 인정하기 두려운 일이지만 그것은 분명히 현실이었다.

궁전으로 돌아오자마자 태후는 복자卜者를 불러 점을 치게 했다. 그러자 복자는 조왕 여의의 앙화殃禍[11]라고 말하는 것이 아닌가. "그런 어처구니없는 일이 있을 리 없다"며 태후는 스스로를 안심시켰다. 그러나 겨드랑이의 상처는 조금도 낫지 않았다. 태후는 점점 우울해졌고 급기야 병상에 눕게 되었다. 병을 앓은 지 수개월이 지난 그해(기원전 180) 7월 그믐날,

10 3월 첫 번째 사일(巳日)에 행하는 더러움을 씻어 내는 의식으로, 몸을 씻으며 재앙과 부정을 제거하였다고 한다.
11 자신이 저지른 죄악의 업보로 받는 재앙을 말한다.

여태후는 결국 죽었다.

『사기』「여태후본기」에도 『한서』「오행지」에도 여태후는 조왕 여의의 저주로 죽은 것처럼 기록되어 있다. 그러나 그것이 진의는 아닐 것이다. 여태후의 독수에 걸린 희생자가 조왕 여의만은 아니었다. 척부인, 조왕 우, 혜제, 소제 공, 모두 조왕 여의 못지않은 비참한 죽음을 맞았다. 만약 누군가의 앙화라고 한다면, 여태후에게 살해되거나 폐인이 된 사람 모두의 원념이 모여 여태후를 저주해 죽인 것이리라.

여씨 일족의 주멸

〈척부인의 노래〉, 조왕 우의 〈보복의 노래〉, 주허후의 〈경전의 노래〉는 모두 여태후의 포학함에 울고 여씨 일족의 전횡을 원망하는 노래였다. 여태후에게 친모가 살해당하고 즉위한 소제 공이 유폐되기 전에 호언한 "머지않아 반드시 생모를 죽인 자에게 보복을 할 것이다"라는 반역의 선언, 여씨 처의 참소로 유폐된 조왕 우의 "하늘에 복수를 부탁한다"는 복수의 맹세, 주허후의 "다른 종의 싹이 나오면 재빨리 뽑아 버리세"라는 여씨 일족 말살의 은유,[12] 그 어느 것이나 여태후와 여씨 일족과 대결하겠다는 결의를 선언하고 있다.

그렇지만 주허후 한 사람을 제외하고는 모두 여태후와의 대결 자세와 적의를 노골적으로 드러냈다. 그 때문에 지극히 간단하게 목숨을 빼앗겼다. 그러나 주허후만은 달랐다. 조왕 우와 마찬가지로 여씨(여록의 딸)를 처

12 앞서 저자는 이 구절을 여후가 유씨를 제거하는 것으로 해석하였다. 그러나 『한서』에 주석을 단 안사고(顔師古)에 따르면 이 구절은 주허후가 여씨의 주멸을 암시한 것이다. 여기서는 저자도 안사고의 주석을 따라 해석하였다.

로 맞이한 유장이었지만, 일시적인 격정에 사로잡혀 반역을 선언하는 경솔한 행동을 하지 않도록 스스로를 경계했다. 유장은 그의 아버지에게, 구사일생으로 목숨을 건졌던 일을 익히 들어 알고 있었다. "신중하고 냉정하게. 기회는 언젠가 반드시 돌아올 터. 그때를 기다리자." 그렇게 스스로를 경계하고 조급한 마음을 억눌렀다. 그 결과 태후에게 귀여움을 받고, 오로지 혼자만 태후의 독수에 걸리지 않고 살아남았던 것이다.

그 여태후가 죽었다. 조왕 여의에게 저주받아 죽었다고 한다. 드디어 기회가 왔다. 주허후는 선두에 서서 여씨 일족의 주멸을 기치로 내걸고 쿠데타를 일으켰다. 고조 유방과 동향 출신으로, 진군秦軍을 격파해 큰 공을 세웠으며 고조로부터 가장 신임을 받고 고조 사후 혜제를 섬겼던 태위太尉 주발周勃이 부르짖었다. "여씨를 따를 자는 오른쪽 어깨를, 유씨를 따를 자는 왼쪽 어깨를 드러내라."

여록의 군대는 모두 왼쪽 어깨를 드러내 주발에게 동조의 뜻을 보였다. 이를 보고 놀란 여록은 도망하였다. 주허후가 미앙궁未央宮으로 밀고 들어가자 그곳에 여산이 있었다. 여산은 당황하여 허둥거리며 도망하려고 하였다. 그러자 돌연 굉장한 돌풍이 불어 주변의 물건과 사람이 쓰러지고, 그것이 여산이 가는 길을 가로막았다. 그것을 본 여산의 시종들은 모두 두려워 떨며 일어설 기력도 없어 움직일 수 없었다.

하늘이 주허후의 편이었던 것이다. 주허후는 여산을 쫓아가 측간에서 참살하였다. 태위가 주허후에게 선언했다. "여산을 주멸한 지금, 천하는 안정되었다." 그리고 마침내 여록을 붙잡아 죽였다. 여씨 일족은 남자, 여자, 노인, 젊은이 할 것 없이 모두 참살되었다.

은유와 풍자의 효용

여태후가 주최한 연회에서 〈경전의 노래〉를 불러 여태후뿐만 아니라 여씨 일족에게 타격을 준 주허후가 솔선하여 여씨 일족의 주멸을 꾀하고 여씨를 모조리 말살하는 것에 성공하였다. 사람들은 이 사실로 주허후가 〈경전의 노래〉에 표현한 생각을 결국 실현했다고 생각하였다. 그리고 여태후에게 여러 해 동안 쌓인 원한을 풀고 여씨 일족을 전멸시키겠다는 숙원이 이루어졌을 때 이 〈경전의 노래〉는 신비성을 띠기 시작하였다. 주허후가 〈경전의 노래〉를 불러 여태후를 불안에 빠뜨려 번민 끝에 죽게 하고 여씨 일족을 근절한 것은 여태후의 독수에 걸린 희생자들을 대신하여 복수를 완수한 것이 되었다. 사람들의 기억에는 〈경전의 노래〉가 마치 여씨 일족의 주멸을 '예언'한 것처럼 인상 깊게 남았다.

일찍이 태자가 되려는 야심을 감추지 않고 여후와 대립한 조왕 여의는 짐독으로 죽임을 당했고 태자 폐립을 획책한 척부인은 '인체'가 되었다. 모친을 거역한 혜제는 폐인이 되었다. 여씨에 대한 복수를 입 밖에 낸 소제 공은 유폐되어 죽었고, 여씨를 지목하여 비난한 조왕 우는 굶어 죽었다. 척부인도 조왕 우도 자신의 불행을 한탄하여 노래했을 뿐이다. 하지만 지나치게 솔직하게 노래했기 때문에 여태후에게 원한을 품고 있음이 명백하여 여태후의 역린逆鱗을 건드리게 되었고 결과적으로는 그 '노래'로 인해 자신의 수명을 단축했다.

이처럼 권력자에게 노골적으로 적의를 드러내는 '노래'를 부른 자는 권력자에 의해 목숨을 빼앗겼다. 권력자와 정면으로 대치하는 것은 무모할 뿐 아니라 권력자의 분노를 증폭시켜 살해되기 마련이다. 그에 비해 주허후 유장의 〈경전의 노래〉는 여태후 및 여씨 일족의 면전에서 불렸음에도 누구도 시비를 걸지 못했다. 그것은 이 '노래'가 직접적인 비방·중상이 아니라 어디까지나 은유·풍자로 이루어졌기 때문이다.

제1장에서 서술한 것처럼 본래 '가歌'는 악기의 반주가 있는 노래, '요謠'는 반주가 없는 노래로 구별되었다. 그러나 이 무렵에는 이미 '가'와 '요'의 명확한 차이가 없어졌다. 그리고 기지 넘치는 〈경전의 노래〉는 이후 지속적으로 등장하는 '예언'을 담아 노래하는 동요와 사뭇 닮아 있다.

목숨을 걸고 상대를 몰아세우는 것은 자살 행위와 같다. 내가 죽으면 아무 소용이 없다. 그렇다고 침묵하고 있을 수만은 없다. 어떻게 해서든 상대를 몰아세우고 싶다. 설사 지금 바로는 별 성과가 없더라도 후세에 조금이라도 영향을 미치고 싶다. 상대가 쉽게 대결할 수 없는 권력자라면 메시지를 담은 노래를 만들어 인구에 회자되게 함으로써 예리한 칼날이 되어 상대의 깊은 곳을 찌를 수 있을지도 모른다.

제4장

원제元帝 · 성제成帝 시기의 동요

개화기

선제宣帝와 원제

앞 장에서 본 것처럼 고조 유방 사후 여태후는 연달아 여씨 왕을 탄생시키고, 고조의 서자들을 여씨의 딸과 결혼시켜 유씨의 정치력을 약화시키려고 하였다. 결국 여씨 일족은 한왕조의 정권을 완전히 농단하였다. 이 여씨 일족처럼 천자의 후后 혹은 천자 모친의 일족, 쉽게 말하면 어머니 쪽 친척을 가리켜 외척外戚이라 한다. 외척이 정권을 좌지우지하고 그 결과 왕조를 혼란에 빠뜨린 일이 여씨에게서 처음 시작되었던 것은 아니었다. 또한 여씨 이후에도 자주 외척이 정권을 장악하였다.

연달아 외척이 대두한 전한왕조에서 제9대 황제 선제(재위 기원전 74~기원전 49년)의 치세는 전한 2백 년을 통틀어 이른바 '외척의 화禍'가 없는 지극히 드문 시대였다. 청대清代 학자 조익趙翼은 전한·후한 4백 년간 '외척의 화'가 없었던 것은 전한 무제(재위 기원전 141~기원전 87년)와 선제, 후한 광무제光武帝(재위 25~57년), 명제明帝(재위 57~75년), 장제章帝(재위 75~88년) 시기뿐이었다고 지적하고 외척에 농락당하지 않았던 그들의 영단英斷을 칭찬하였다.(『이십이사차기廿二史劄記』 권3 「한외척보정漢外戚輔政」·「양한외척지화兩漢外戚之禍」)

선제의 조부는 무제와 위자부衛子夫 사이에 태어난 여태자戾太子다. 29세에 바라던 사내아이를 얻은 무제의 기쁨은 이만저만한 것이 아니었다. 주위에서도 이 아이와 생모 위자부를 축복하였다. 무제는 이 장남을 일곱 살에 황태자로 세웠다. 그러나 호탕하고 대범했던 무제는 태자가 성장하면서 그 성격이 섬세하고 온화한 것에 실망하여 태자를 멀리하게 되었다.

무제의 나이 66세 때, 전부터 태자를 호의적으로 생각하지 않았던 강충江充이라는 감찰관[1]이 동궁전에서 '오동나무 인형'을 파내 태자가 무제를 저주해 죽이려 한다고 거짓으로 고하여 태자를 함정에 빠뜨렸다. 세간에서 '무고巫蠱의 화禍'라고 부르는 사건이다. 무고라는 것은 죽이고 싶은 인물의 인형을 만들어 저주하는 것으로, 일본에서도 헤이안平安 시대 조정의 권력 다툼에서 자주 등장한다.

연로한 무제에게는 이미 진상을 확인할 냉정함도, 강충이라는 인물을 꿰뚫어 볼 분별력도 없었다. 강충의 말을 그대로 믿은 무제는 격노하였다. 강충의 간계를 폭로하여 자신의 무고함을 증명할 수 없었던 태자는 모친인 위황후와 함께 강충을 죽이고 병사를 일으켰지만 거병은 실패로 끝났다. 위황후는 자살하였고 도망한 태자도 억울한 죄를 덮어쓴 채 자살하였다. 이후 무제는 진상을 알고 후회했지만 죽은 태자가 살아 돌아올 리 만무하였다. 4년 후 무제는 죽어 가는 병상에서 63세 때 얻은 손자 같은 아들을 태자로 삼았다. 태자 책봉 다음 날 무제가 붕어하자 태자는 겨우 여덟 살의 나이로 즉위하였다. 그가 소제昭帝다.

한편 '무고의 화' 당시에 태어난 지 얼마 안 된 여태자의 손자는 병길丙吉이라는 옥리獄吏에게 구출되어 민간인으로서 살아갔다. 소제가 태자를 얻지 못하고 스물한 살의 젊은 나이로 붕어하자 대장군 곽광霍光이 민간에 있던 여태자의 손자를 찾아내어 옹립하였다. 그가 선제다.

선제를 계승한 원제(재위 기원전 49~기원전 33년)는 선제가 즉위했을 때 겨우 두 살이었다. 민간인에서 별안간 천자가 된 선제와, 철이 들 때 이미 태자였던 원제는 성장 환경이 너무나도 달랐다. 사고방식에 차이가 나는 것은 당연했다.

민간에서 추대되어 즉위한 선제는 농민에게 토지를 대여하기도 하고 감세를 행하기도 하며 농업을 장려하였다. 특히 그는 상평창常平倉이라는 미곡 창고를 설치한 것으로 유명하다. 상평창은 풍작으로 쌀값이 쌀 때 정부

1 직지수의사자(直指繡衣使者)를 말한다. 당시 무제의 신임을 받고 있던 강충은 직지수의사자가 되어 각지를 감찰하는 일을 담당하였다.

가 쌀을 사들여 저장해 두는 창고로서, 흉작으로 쌀값이 오르면 쌀을 창고에서 방출하여 쌀값을 안정시켰다. 선제는 백성을 우선하는 행정 개혁을 실시하고 가난한 자를 구제하였으며 권농勸農에 힘썼다. 그러나 그런 한편으로 중앙집권을 강고히 하기 위해 공적이 있는 자는 반드시 포상하고 반대로 공적이 없는 자나 잘못이 있는 자는 엄벌하는, 이른바 '신상필벌信賞必罰'을 철저히 하여 당근과 채찍의 법치 정책을 취하였다.

그에 비해 유교적 윤리를 중시한 태자(훗날 원제)는 선제의 법치 정책을 너무 지나치다고 비판하며 아버지 선제에게 유자儒者를 등용할 것을 자주 진언하였다. 선제는 "우리 집안을 어지럽힐 자는 태자다"라고 한탄하며 불신감을 드러내고 태자가 후계자로서 적합하지 않다고 생각하게 되었다.

그럼 어떻게 할 것인가. 선제에게는 자신의 정치 이념을 이해하고 법률에 정통한 황자가 있었으니 바로 장첩여張倢伃(첩여는 미녀라는 뜻으로, 무제가 설치한 여관女官의 명칭)[2]의 아들 회양왕淮陽王이다. 태자에 대한 실망이 심해지면 심해질수록 회양왕에 대한 기대는 점점 커져 갔다. 선제는 "이 아이야말로 내 자식이다. 어떻게든 황후와 태자를 바꿀 수는 없을까"라고 고민하였다. 그러나 태자의 생모인 허황후許皇后는 선제가 민간에 있을 때부터 함께한 조강지처였다. 게다가 황후가 된 지 얼마 안 되어 곽광의 처에게 독살되었기 때문에 태자는 어려서부터 어머니를 알지 못하고 자랐다. 그것을 생각하니 선제는 차마 태자를 폐할 수 없어 회양왕을 후계자로 삼는 것을 단념하였다. 황룡黃龍 원년(기원전 49) 12월 선제가 붕어하고 원제

2 『한서(漢書)』에 따르면 전한 시기 여관 조직은 다음과 같다. 황후 이하 첩으로는 소의(昭儀), 첩여(倢伃), 형아(娙娥), 용화(傛華), 미인(美人), 팔자(八子), 충의(充依), 칠자(七子), 양인(良人), 장사(長使), 소사(少使), 오관(五官), 순상(順常), 무연(無涓)·공화(共和)·오령(娛靈)·보림(保林)·양사(良使)·야자(夜者) 등이 있었다. 이 중 첩여, 형아, 용화, 충의는 무제 시기에 설치되었고, 소의는 원제 시기에 설치되었다. 한편 후한 광무제(光武帝) 때에는 귀인(貴人)이 설치되어 황후 다음가는 지위가 되었다.

가 즉위하였다.

즉위한 원제는 선제의 법치 정책을 변경하고 유자를 중용하였으며 형벌을 완화하였다. 또한 재해가 발생한 지역 주민에게는 그때마다 조세와 요역을 면제하고 곡물 창고를 열어 구제하는 등 관대한 시책을 시행하였다.

확실히 원제는 관대함과 신중함, 백성을 사랑하는 정책에서도 유덕한 천자로 평가할 만하다. 그러나 그는 두 가지 큰 잘못을 저질렀다. 첫 번째는 환관 홍공弘恭과 석현石顯의 사심邪心을 간파하지 못한 채 그들에게 정치를 위임한 것이고, 두 번째는 태자(훗날 성제)에 대한 회의와 불신감을 드러내며 아버지 선제의 잘못을 되풀이한 것이다. 전자는 죄 없는 많은 지식인을 죽음으로 몰아넣는 참극을 불러왔고, 후자는 성제의 방탕과 외척 왕씨의 전단專斷을 야기하여 결국 전한왕조를 파멸로 이끌었다.

환관 석현을 비방하는 동요

젊었을 때 법을 어겨 부형腐刑[3]에 처해졌던 석현은 '신상필벌'을 철저히 시행한 선제 시기 사무적 수완을 인정받아 궁정의 문서를 담당하는 중서성中書省의 관직에 임명되었다. 선제가 붕어하고 원제가 즉위하자 석현은 환관 홍공을 대신하여 중서성 장관인 중서령中書令이 되었다. 그리고 병이 잦았던 원제를 섬기며 신뢰를 얻게 되자 대소를 불문하고 모든 일을 자신을 통해 천자에게 아뢰는 시스템을 만들었다.

원제의 교육을 담당했던 소망지蕭望之는 "국가의 중추기관에 환관은 필

3 궁형(宮刑)을 말한다. 생식기를 거세하는 형벌이다.

요하지 않습니다. 환관을 물러나게 하고 현명한 사인士人을 기용해야 합니다"라고 건의하려 하였다. 본래 유자를 중용한 원제였기 때문에 천하의 명유名儒인 소망지의 진언을 받아들이지 않을 리 없었다. 그러나 일이 사전에 누설되어 역으로 소망지는 홍공과 석현에게 참소를 당하고 면직되어 자살하였다.

석현에게 미움을 사 죄를 뒤집어쓴 지식인이 비단 소망지만은 아니었다. 주감周堪·유향劉向·장맹張猛·경방京房 등 많은 저명한 유자들이 석현을 비판했다는 이유로 석현에게 트집을 잡혀 탄핵되고 죄를 뒤집어썼다. 주감과 유향은 관리 자격을 삭탈하는 금고형禁錮刑에 처해졌고 장맹은 자살하였으며, 경방은 거리에서 사형에 처해졌다.

비판의 싹은 자라기 전에 제거하지 않으면 안 된다. 다 자라고 나서는 베어 내는 노력과 품이 들어 고생스럽다. 진상이 드러나는 것을 두려워한 석현은 자신에게 비판적인 지식인들을 철저하게 탄압하고 모든 비판을 봉쇄하였다. 고위고관도 석현의 악랄함을 알고 있었던 만큼 석현을 만나면 부동자세를 취할 정도로 두려워했다고 한다. 『한서』「석현전」에는 당시 사람들이 불렀던 '민가民歌'가 기록되어 있다.

> 牢邪石邪, 五鹿客邪! 뇌씨인가, 석씨인가, 그렇지 않으면 오록씨인가!
> 印何纍纍, 綬若若邪! 관리의 자격은 당신의 마음 여하인가![4]

민가에서 노래하는 '뇌牢'는 중서복야中書僕射[5] 뇌량牢梁을, '오록의 객'은

4 자구 그대로 해석하면 다음과 같다. "뇌씨인가, 석씨인가, 오록의 객(客)인가? [관직에 임명되어 받는] 도장은 어찌 이렇게 켜켜이 쌓였고, [도장을 묶는] 끈은 어찌 이리도 길고 긴 것인가?"
5 중서성의 차관으로, 중서령 다음의 관직이다.

소부少府(세금을 관장하는 관)[6] 오록충종五鹿充宗을 가리킨다. 모두 석현에게 아첨하여 고위직을 얻고 한통속이 되어 나쁜 짓을 한 인물들이다. 그리고 '인印'과 '수綬'는 관리 신분을 증명하는 것이다. 따라서 이 노래는 "겹겹이 쌓인 인수, 이것은 뇌량이나 석현의 것, 아니면 오록충종의 것인가?"로 해석된다.

그러나 그것은 표면적인 의미일 뿐이다. 이 노래의 진의는 석현이 뇌량이나 오록충종과 결탁하여 요직을 독점하고 권력을 장악하여 부정부패를 일삼고 있는 것을 비난하는 것이다. 당시 석현이 명유 소망지를 죽음에 이르게 한 것은 널리 알려진 사실이었다. 따라서 이 '민가'에 불안을 느낀 석현은 그때까지 저지른 여러 잔학 행위와 많은 지식인을 탄압한 증거를 기를 쓰고 은폐하였다.

환관 석현을 비웃는 동요

지식인과 고위고관을 공포에 떨게 한 석현이기에 그가 원제의 마음에 들어 권력의 중추에 있는 동안 사람들이 석현의 눈 밖에 나지 않기 위해 바친 선물과 뇌물은 1억 전에 달했다고 한다. 그러나 원제가 붕어하자 그 반동도 컸다.

이전에 저지른 죄악이 모두 폭로된 석현은 가족과 함께 고향으로 유배되었다. 그는 억울한 죄를 덮어쓰고 살해된 지식인들의 원념을 겁내기라도 하듯 언제나 가위눌리고, 음식도 넘기지 못할 만큼 번민하고 괴로워하다 고향에 도착하기 전에 죽었다.

6 한대 재정을 담당하던 관부는 대사농(大司農)과 소부 두 곳이었다. 대사농은 국가 재정을, 소부는 황실 재정을 담당하였다. 본문의 소부는 관청이 아닌 관직을 의미한다.

그즈음 장안에서는 다음과 같은 '노래[謠]'가 유행하였다.

> 伊徙鴈, 이가伊嘉는 안문도위雁門都尉로 좌천되고
> 鹿徙菟, 오록충종은 현도태수玄菟太守로 좌천되고
> 去牢與陳, 뇌량과 진순陳順은 버려져
> 實無貫. 지금은 모두 가치가 없네.

-『한서』「석현전」

이가와 진순도 앞의 '민가'에서 비난받은 오록충종, 뇌량과 한통속으로, 석현의 일당이다. 석현이 단죄되자 이가는 어사중승御史中丞에서 산서성山西省 관소인 안문으로, 오록충종은 소부에서 현도군으로 좌천되었고 뇌량과 진순은 면직되어 이제는 쓰레기나 다름없다고 매도한다.

그건 그렇고, 왜 원제는 석현 등의 음모를 간파하지 못했던 것일까. 사실 여기에는 왕족의 한 사람인 유향(기원전 79~기원전 8년)이 깊게 관련되어 있다. 유향은 그 아들 유흠劉歆과 함께 궁중의 도서를 정리하고 도서해제『별록別錄』을 편찬한 것으로 유명하지만, 동중서의 재이설災異說—의지가 있는 천天은 인간 세계를 감시하고 지상의 정치에 과오가 있으면 재해와 이변을 일으켜 통치자를 견책한다는 사고—을 발전시킨 사상가로, 환관과 외척이 암약하는 현실 정치를 비판하며 정치에 깊이 관여한 것으로도 유명하다.

당시 계속해서 재해와 이변이 발생하였다. 유교를 존숭尊崇하는 원제는 재이설을 받아들여 천변지이天變地異가 있을 때마다 자성自省하고 재해를 당한 자들을 위한 구제조치를 적극적으로 취하였다. 유향은 원제에게 상주上奏하여 "거듭되는 재해는 바로 석현 등의 전권專權에 하늘이 경종을 울리고 있는 것입니다"라고 간언하였다. 그러나 유향의 상주를 안 석현 등은 오히려 "유향이 소망지·주감 등과 함께 천자를 비방중상하고 있습니다"라고 유향 등을 탄핵하였고 그로 인해 유향은 금고형에 처해졌다.

그럼에도 유향은 석현 등의 감언甘言에 속고 있는 원제에게 재차 간언하였다. 그리고 원제의 우유부단함이 석현 등으로 하여금 제멋대로 위세를 떨치게 하였으며, 원제의 시의심猜疑心이 지식인의 간언에 의심을 품게 하고 환관의 참언讒言을 허용하였다고 원제를 비판하였다. 그러나 석현 등은 유향의 재이설을 역으로 이용하여, 그해 여름 예년에 비해 기온이 낮았던 것이 유향 등의 죄에 하늘이 노한 결과라며 반격하였다. 재해이변을 하늘의 견책으로 보고 성실하게 대응하려 한 원제는 자주 천자를 비판하는 유향의 말이 아닌 석현 등의 의견을 받아들였고, 그 결과 유향은 이후 십여 년간 관직을 삭탈당했다. 석현 등이 죄를 인정하고 형벌을 받은 것은 원제 붕어 후의 일이다.

이처럼 석현의 폭거는 후한의 '당고黨錮의 화'만큼 정도가 심했다고는 할 수 없지만, 지식인을 탄압했다는 점에서는 같다. 석현을 원망하고 그 파멸에 후련해했던 지식인들은 환관의 전횡에 대한 증오를 나타냈을 뿐만 아니라 석현의 사람됨과 그 간계를 간파하지 못한 원제의 어리석음을 통렬히 비판하였다.

자연의 재해 이변을 하늘의 견책으로 받아들이고 스스로 엄히 경계하며 정치의 과오를 바로잡고 통치자로서의 책무를 다하려고 한 원제였지만, 자신의 주변에 있는 환관의 사심을 꿰뚫어 보지 못했다. 당시 지식인은 사람을 보는 눈이 없는 원제의 자질에 낙담하고 세상사의 시비를 판단하는 능력과 결단력이 부족한 통치자에게 불안감을 갖고 있었다. 그러나 설마 이것이 한왕조의 쇠락을 초래하리라고는, 당시에는 아무도 예측하지 못했다.

황후 왕정군王政君의 신비로운 탄생

원제의 황후 왕정군은 성제의 어머니다. 성제 치세에는 태후로서, 애제哀帝·평제平帝 시기에는 태황태후로서 압도적인 존재감을 보였던 여성이다. 원제·성제·애제·평제 4대, 도합 60여 년의 오랜 세월에 걸쳐 '천하의 어머니'로 군림한 왕태황태후는 왕망王莽의 시건국始建國 5년(13) 2월에 84년의 생애를 끝마칠 때까지, 즉 왕망이 왕조를 '찬탈'하여 전한왕조가 멸망한 후에도 굳건히 살아 있었다. 평균 수명 60세의 시대, 7백 년 후인 당대에조차 '인생 칠십, 고래희古來稀'(두보杜甫 「곡강시曲江詩」)라고 얘기됐던 시대에, 게다가 정쟁에 휘말려 수명을 단축하는 것이 일상이었던 궁정에서 84년을 살아 낸 것이기에 그것만으로도 경이적이다.

황후의 집안은 10인의 후侯—양평경후陽平頃侯(왕금王禁)·경성후敬成侯(왕봉王鳳)·안성후安成侯(왕숭王崇)·평아후平阿侯(왕담王譚)·성도후成都侯(왕상王商)·홍양후紅陽侯(왕립王立)·곡양후曲陽侯(왕근王根)·고평후高平侯(왕봉시王逢時)·안양후安陽侯(왕음王音)·신도후新都侯(왕망王莽)—를 배출하였고 그중 왕봉·왕음·왕상·왕근·왕망 5인은 대사마大司馬[7]가 되었다.

한대는 외척의 독재가 심했던 시대였는데, 불명예스럽게도 양한 4백 년을 통틀어 성제 시대만큼 '외척의 화'가 심했던 때는 없었다고 말한다. 왕태후 일족이 전권을 휘두른 것은 여태후가 여씨 일족을 차례로 제후왕으로 세워 정권을 잡은 상황과 유사하다. 일체의 정무를 거부하고 술에 빠져 있던 혜제를 대신하여 여태후가 정권을 잡지 않을 수 없었던 것처럼 성제가 국정을 방기하고 방탕했기 때문에 모친인 왕태후가 집정해야 했고 결과적으로 외척 왕씨가 정권을 좌지우지하게 되었다.

7 삼공(三公)의 하나로, 병권(兵權)을 장악하였다. 한 초 태위(太尉)가 이름이 바뀐 것이다.

태후로서 군림하고 외척의 국정 전단을 이끈 사정은 유사하나 두 사람의 출신은 완전히 다르다. 여태후는 출신 기록조차 없지만, 왕태후는 그 출생부터 상세한 기록이 남아 있다. 왕태후의 파란만장한 생애는 그 신비로운 탄생에 이미 예정되어 있었던 듯하다.

> 왕황후의 모친인 이친李親은 정군을 회임했을 때 달이 자신의 품속으로 들어오는 꿈을 꾸었다. 정군은 순수하고 순종적인 여성으로 성장하였고 부인의 도리를 몸에 갖췄다. 일찍이 어떤 남성과 혼약하였으나 출가하기 전에 그 남성이 사망하였다. 그 후 동평왕東平王이 정군을 희첩姬妾으로 삼으려 하였는데 이번에도 동평왕의 곁으로 가기 전에 왕이 죽었다. 부친 왕금王禁은 이 우연을 이상하게 여기고 관상가에게 딸을 점치게 했다. 그러자 관상가는 "따님은 대단히 귀한 분이 되실 겁니다"라고 답하였다. 왕금은 마땅히 그렇게 될 것이라 생각하고 딸에게 학문을 익히고 교양을 갖추게 하였다.
>
> – 『한서』「원후전元后傳」

감생제설感生帝說

"회임했을 때 달이 품속으로 들어오는 꿈을 꾸었다"는 것과 같은 신비로운 이야기를 중국에서는 '감생제설'이라 부른다. 석가나 예수의 예를 들 것도 없이 신성화된 탄생 설화는 고대 중국에 한정된 것은 아니지만, 고대 중국에서 이런 종류의 설화는 실로 다양하다.

은殷왕조의 시조 설契은 어머니 간적簡狄이 냇가에서 목욕을 하고 있을 때 현조玄鳥가 알을 낳는 것을 보고 그것을 먹었더니 회임하여 태어났다고 한다.(『사기』「은본기殷本紀」) 주왕조의 시조 후직后稷의 어머니 강원姜原

은 들판에 나갔을 때 거인의 발자국을 발견하고 자신도 모르게 즐거워져 그것을 밟았더니 몸속에서 무언가 움직임이 느껴졌다. 후에 임신한 것을 알았고, 후직은 모태에서 열 달을 넘겨 열두 달을 채우고 겨우 태어났다. 그러나 아버지도 없고 임신 열두 달 만에 태어난 아이는 불길하다고 여겨져 골목에 버려졌다. 그런데 오가는 소와 말이 이 아이를 피해 다녔다. 그래서 얼음이 언 강 위에 버리자 이번에는 새가 날아와 따뜻하게 품어 지켰다. 이를 본 강원은 그 신비로움에 감동하여 다시 데려다가 기弃('기棄'의 옛 글자)[8]라는 이름을 붙이고 양육하였다고 한다.(『사기』「주본기」)

은의 설과 주의 후직은 그다지 친숙하지 않을지도 모르지만, 공자나 노자老子 혹은 한고조 유방의 이름을 아는 사람은 많을 것이다. 공자도 노자도 고조도 그 출생이 신비로운 베일에 가려져 있다.

공자는 기원전 552년(혹은 기원전 551)부터 기원전 479년의 사람으로 알려져 있다. 기원전 97년에 완성된 『사기』는 공자 사후 380여 년이 지난 당시의 구전을 이용하여 공자 탄생의 이야기를 전하고 있다. 사마천에 의하면, 공자의 아버지 숙량흘叔梁紇이 안씨顔氏의 딸과 '야합野合'하고 니구尼丘[9]에서 기원하여 공자가 태어났다고 한다.(『사기』「공자세가孔子世家」) '야합'이라는 것은 정식 절차를 따르지 않고 부부가 된 것을 말하는데, 구체적으로는 부모의 허락을 받지 않은 결혼이나 나이 들어 하는 결혼을 말한다. 공자의 경우 어머니는 아직 젊었으나 아버지는 꽤 연로했던 듯한데, 여러 설이 있지만 결혼 당시 이미 64세였다고도 한다.

한편 노자의 범상치 않은 출생 설화는 후한에 전래된 불교의 석가 탄생 설화를 모방하여 만들어졌다고도 생각되는데, 변종이 많다. 어머니의

8 후직이 태어난 후 버려졌기 때문에 '버리다'의 뜻을 가진 '기(棄)'로 이름을 삼았다.

9 지금의 산동성(山東省) 곡부현(曲阜縣) 동남쪽에 있는 산. 공자의 부모가 이곳에서 공자를 낳기를 기원했다고 전한다. 이로써 공자의 이름이 구(丘), 자가 중니(仲尼)가 되었다고 한다.

왼쪽 겨드랑이를 가르고 태어났고, 태어날 때부터 백발이어서 '노자'라고 이름 붙여졌다고 한다.(오吳 갈현葛玄, 『도덕경서결道德經序訣』) 이것이 후에 진晉의 갈홍葛洪이 찬술한 『신선전神仙傳』에 계승되었고 어머니가 유성에서 텔레파시를 느끼고 임신했다든가, 모태에서 72년이나 있다 겨우 태어나서 태어날 때부터 백발이었다든가, 어머니가 자두나무[李樹] 아래에서 출산하였는데 태어나자마자 자두나무를 가리키며 "이것을 나의 성姓으로 삼겠다"고 말했다든가 하는 등 실로 다양한 노자 탄생 설화가 생겨났다.

한고조의 어머니 유온劉媼은 물가에서 쉬던 중 그만 깜박 잠이 들었는데, 신령을 만나는 꿈을 꾸었다. 이때 번개가 치고 천둥소리가 울려 퍼지며 주위가 캄캄해졌다. 걱정이 된 남편이 가서 보니 아내 위에 교룡蛟龍(상상의 동물인 용의 일종으로, 물속에서 산다고 한다)이 덮여 있었다. 얼마 안 있어 유온은 임신하였고 이렇게 하여 태어난 아이가 고조라고 한다.(『사기』 「고조본기」) 이것들은 모두 가문이 비천하고 양친의 내력도 분명하지 않다는 사실을 은폐하거나 혹은 사통私通과 밀통密通을 위장하고 권위를 부여하기 위해 만들어진 설화라고 할 수 있을 것이다.

왕정군의 탄생 설화도 그 연장 선상에 있다. 하지만 어쨌든 "대단히 귀한 분이 될 것입니다"라고 단언한 관상가는 정군이 후에 원제의 황후가 되고 자신의 아들을 천자(성제)로 세워 자신은 황태후로서 군림할 것을 예언한 셈이다. 신비함으로 포장되어 태어나 자란 정군은 후궁으로 들어간 후에도 그 신비로운 능력이 쇠하지 않았고 계속해서 '기적'을 일으켰다.

두드러진 붉은색의 옷단

원제 애기로 돌아가자. 원제가 아직 태자였을 때의 일이다. 태자는 총애하던 사마량제司馬良娣[10]가 병사하여 슬픔의 나날을 보내고 있었다. 그런 태자를 위로하려고 양모養母인 왕황후[11]가 후궁에서 다섯 명을 불러냈다. 정군도 그 다섯 명 중 하나였다.

사랑하는 여인이 죽어 실의에 빠져 있던 태자는 도저히 다음 여인을 선택할 마음이 들지 않았다. 그러나 양모의 모처럼의 후의厚意를 저버리는 것도 내키지 않아 여인들을 만나 보았다. 왕황후에게 "어떠한가?"라는 질문을 받은 태자는 다섯 사람 중에 마음에 드는 여인이 있는 것은 아니었지만, "그중의 한 사람은 그런대로 마음에 들었습니다"라고 모호하게 대답하였다. 그러나 그 상황을 적당히 얼버무려 넘기려고 무심코 한 태자의 한마디, "한 사람은 마음에 들었습니다"라는 말이 정군의 운명을 결정하였다.

태자가 정군에게 첫눈에 반한 것은 아니었다. 마침 정군의 자리가 태자와 가까운 곳에 있었고, 정군 한 사람만이 '붉은색 테를 두른 제우諸于'[12]를 입어 다섯 명 가운데 유독 눈에 띄었다. 그것이 모두 우연이었는지, 아니면 정군이 미래를 생각한 계책 끝에 한 일이었는지 『한서』에는 언급되어 있지 않다. 그러나 왕황후는 태자가 말한 '그중의 한 사람'은 정군이 틀림없다고 확신하였다. 그리하여 정군이 다섯 명 중에서 선발되었다.

이런 행운은 정군에게 두 번 다시 없을 것이어서 이 기회를 결코 헛되게

10 양제(良娣)는 황태자 첩의 칭호로, 태자비 다음의 높은 품계다. 사마량제는 원제가 황태자일 때 총애하던 비빈(妃嬪)으로, 기원전 54년 병사하였다. 『한서』「원후전(元后傳)」에 따르면, 사마량제가 죽으면서 자신의 죽음이 황태자에게 총애를 받지 못하는 다른 비빈들의 저주에 의한 것이라고 하니, 태자가 그를 가엽게 여겨 이후 다른 비빈들을 외면하였다고 한다.

11 선제의 황후로, 선제가 민간에 있을 때 알고 지내던 왕봉광(王奉光)의 여식이다. 선제가 즉위하며 입궁하였고 지위가 첩여에 올랐다. 이후 선제가 곽광의 여식인 곽황후를 폐위한 후 후궁 중에서 황후를 세우고자 하면서 품성이 조심스럽고 신중하며 아이가 없었던 왕첩여를 황후로 세우게 된다.

12 고대 여인들이 입었던 넓고 큰 윗도리.

해서는 안 되었다. 요행히 은혜를 입게 된 정군은 과연 또 한 번 기적을 이루었다. "왕비께서 한 번의 성은을 입어 회임하셨다"(『한서』「원후전」)라는 기록처럼, 태자와 단 한 번 잠자리를 하여 임신한 것이다.

그때까지 황태자에게 사랑을 받았던 후궁은 십수 명, 그중에는 수년간 총애를 받은 사람도 있었지만 누구 하나 임신하지 못했다. 그런데 정군은 단 한 번의 동침으로 임신하였으니 그것은 기적이라 할 수밖에 없다. 기적적으로 회임한 끝에, 게다가 기적처럼 남자아이를 출산하였다. 정군이 잇달아 일으킨 여러 기적은 주위에 정군이 평범한 여성이 아니라는 강한 인상을 주었다.

태자의 아버지 선제는 이 손자의 탄생에 크게 기뻐하였다. 선제는 손자의 이름을 날랜 말이라는 의미의 '오驁'라고 짓고 자字를 '태손太孫'이라 하여 항상 곁에 두고 무척 사랑하였다. 그뿐 아니라 자신의 아들이 아직 태자인데도 이 손자를 '세적황손世嫡皇孫', 즉 대를 이을 손자로 공인하고 그 장래를 주지시켰다. 선제가 황룡黃龍 원년(기원전 49) 12월에 붕어하자 뒤이어 원제가 즉위하였다. 조부인 선제에게 사랑받던 세적황손은 세 살에 태자가 되었고 정군은 황후가 되었다. 일찍이 관상가가 "귀한 분이 되실 것입니다"라고 한 예언이 적중하였다.

순풍에 돛단 듯 순조로웠던 황후 곁에서 태자도 장래를 약속받고 안정된 환경 속에서 교양이 풍부하고 관대하면서 신중한 청년으로 성장하였다. 그런데 두 사람에게 위기가 찾아온다. 원제가 태자를 폐하고 부소의傅昭儀[13]와의 사이에서 낳은 정도공왕定陶恭王 강康을 후계자로 세우려고 했기 때문이다.

13 소의는 전한 원제 시기에 설치된 비빈 중 가장 높은 지위로 승상에 상당하였고, 작(爵)은 제후에 비견되었다. 당시 첩여였던 부씨(傅氏)를 위해 설치하였다. '밝게 드러난 여인의 자태'라는 의미를 지닌다.

술을 좋아한 태자와 음악을 좋아한 왕

> 그 후 태자는 매일 주연을 베풀고 술에 빠져 지냈다. 술에 취해 여인들과 시시덕거리는 태자의 모습을 본 원제는 태자에게는 천자가 될 자질이 부족하다고 생각하였다. 한편, 원제가 총애하는 부소의가 낳은 정도공왕은 재능이 풍부하여 원제에게는 이 아들이 천자로서의 자질이 있는 것처럼 느껴졌다. 이러한 사정도 있어 원제는 항상 공왕을 후계자로 삼고 싶어 했다.
>
> -『한서』「성제기成帝紀」

책에는 '그 후'라고 되어 있지만, "젊어서 학문을 좋아하였고 관대하고 신중하다"고 정평이 나 있던 태자(성제)가 도대체 언제부터, 무슨 일로 주색에 탐닉하게 되었는지는 잘 알 수 없다. 태자가 왜 주색에 빠졌는지 알 수 없는 것처럼 원제가 언제부터, 무엇 때문에 태자를 꺼리게 되었는지도 실은 명확하지 않다. 『한서』「성제기」의 기록에서, 주연을 베풀어 여성들과 시시덕대는 태자를 본 원제가 "이 아이는 천자로서의 자질이 부족하다"고 단념하고 정도공왕을 태자로 삼으려는 의지를 굳힌 것, 원제의 동생인 중산왕中山王의 장례식에서 태자가 애도의 뜻을 표하지 않은 것, 원제가 병으로 누워 있을 때 태자가 병문안을 거의 가지 않은 것 등을 그 이유로 추정할 수 있을 뿐이다.

한편 정도공왕은 어머니 부소의와 함께, 병상에 있는 원제의 곁을 떠나지 않고 지극정성으로 간병했다고 한다. 또한 "원제는 정도공왕을 무척 사랑하여 항상 곁에 두고 머지않아 태자를 폐하고 공왕을 후계자로 삼으려고 생각하였다"(『한서』「원후전」), "정도공왕은 어렸을 때부터 원제에게 사랑받으며 재능이 풍부한 청년으로 성장하였다. 특히 음악적 재능이 뛰어났는데 원제는 이 재능을 높이 평가하였다. 공왕의 어머니 소의도 원제에게 총애를 받고 있었기 때문에 당장이라도 왕황후의 태자를 대신하여 태자가 될 것 같은 기미가 감돌고 있었다"(『한서』「선원육왕전 宣元六王傳」)라는 기록이 있다. 그러나 정도공왕의 음악적 재능이 태자를 바꿀 정도의 요인이었다고는 볼 수 없다.

애초에 원제가 정군을 총애하여 황후로 삼은 것은 아니었다. 그에 비해 부소의는 원제가 태자였을 때부터 총애하던 여인으로, 원제의 즉위와 함께 첩여가 되었다. 그리고 원제는 이 부첩여를 후궁에서 특별한 지위에 앉히고 싶다고 생각하여 황후 다음가는 소의라는 지위를 설치하고 부소의로 삼았던 것이다. 원제의 부소의에 대한 이러한 애정이 부소의가 낳은 정도공왕에게 미치고 '이 아이를 태자로'라고 생각하게 됐다고 해도 결코 부자연스러운 일은 아닐 것이다.

조부 선제로부터 사랑을 듬뿍 받았으며 장래가 촉망되고 교양이 풍부한 청년으로 성장했을 태자가 원제를 낙담하게 할 정도로 타락한 것은 왜일까? 태자는 총명했기 때문에 후계자를 둘러싼 다툼의 추악함을 익히 알고 있었을 것이다. 혹 그 다툼에서 도망가려 했던 것일까? 일찍이 고조를 이어 천자가 되었으나 그것을 위해 어머니 여태후가 저지른 잔학 행위를 견딜 수 없었던 혜제가 일체의 정무를 방기하기 위해 주색에 빠졌던 것처럼, 태자의 방탕한 행위 역시 천자가 되기를 거부하는 의사 표시는 아니었을까!

어쨌든 총명했던 태자는 방종한 생활을 조금도 고치려 들지 않았다. 원제는 항상 술에 취해 있는 태자를 이대로 후계자로 두는 것은 천자로서 너무나 무책임하다고 생각했다. 원제로서는 품행이 난잡한 태자를 대신할 아들을 찾지 않을 수 없었다. 태자의 돌연한 타락에 한편 당황하면서도 태자에 대한 실망만큼 점점 커지는 정도공왕에 대한 기대, 이것이 원제가 폐태자를 결심한 최대 요인이었을 것이다. 그러나 이때 원제는 자신이 아버지 선제와 동일한 전철을 밟으려 한다는 것을 자각하고 있었을까.

그 옛날 무제는 여태자의 온화한 성격을 "나와 조금도 닮지 않았다"며 싫어하였고 자살한 태자를 대신하여 자신을 닮은 막내를 후계자(소제)로 삼았다. 그러나 후계자가 없었던 소제를 계승한 것은 무제가 '미덥지 않다'고 싫어한 여태자의 손자, 즉 선제였다.

선제 또한 유교를 이상으로 한 온화한 태자(원제)에 대해 "우리 집안을 어지럽힐 자는 태자다"라고 한탄하며 태자를 꺼려했고, 그를 폐하고 대신 장첩여의 아들 회양왕을 태자로 세우려고 했다. 그러나 그것을 단념할 수밖에 없었던 선제는 기대에 어긋나는 아들 대신에 '세적황손'에게 희망을 걸었다. 선제로부터 버려질 뻔했던 그 원제가 지금 태자를 "천자의 자질이 없다"고 포기하고 서자인 정도공왕을 태자로 세우려 하는 것이다.

결과론이지만, 즉위 후 성제가 방탕에 빠지고 외척인 왕씨 일족이 정권을 농단하는 것을 묵인한 사실만으로도 원제의 추단推斷—태자는 후계자로서 자격이 없고 정도공왕 쪽이 천자로 적합하다는 판단—은 틀리지 않았던 셈이다.

게다가 성제는 후계자를 남기지 못했다. 성제와 허황후許皇后 사이에서 태어난 1남 1녀는 모두 생후 얼마 되지 않아 사망하였고 반첩여班倢伃와의 사이에서 낳은 남자아이는 수개월 만에 사망하였다. 그리고 허미인許美人(미인은 여관의 명칭) 및 조궁曹宮(조위능曹偉能)[14]과의 사이에서 태어난 황자는 후술할 것처럼 조소의趙昭儀에게 살해되었고 십수 년 동안 성제의 총애를

14 『한서』에 주석을 단 안사고(顔師古)에 따르면 조위능(曹偉能)은 궁인(宮人)의 이름이다. 따라서 조궁(曹宮)이라고도 불렸다.

믿고 방자하게 굴던 조비연趙飛燕 자매에게는 결국 아이가 생기지 않았다. 후계자가 없었던 성제를 계승한 것은 얄궂게도 정도공왕의 아들, 애제였다.

시중侍中 사단史丹

정도공왕이 태자를 대신하려는 것을 안 왕황후는 마음이 편치 않았다. 예전과 같은 '기적'도 일어나지 않고, 그렇다고 해서 여태후 같은 강인함도 없어 몹시 난감해하고 있었다. 곤혹스러웠던 것은 황후와 태자만이 아니었다. 황후의 동생 왕봉에게도 태자의 폐적廢嫡은 가장 두려운 일이었다. 왕황후의 아들이 폐태자가 된다는 것은 외척 왕씨 일족의 존망에 관계되는 일대 사건이기 때문이었다.

이때 원제와 가장 가까운 사단이라는 인물이 등장한다. 사단은 선제의 조모인 사량제史良娣의 오빠 사공史恭의 손자다. 선제가 민간에서 추대되어 즉위했을 때 사단의 아버지 사고史高는 낙릉후樂陵侯로 봉해졌고, 선제 붕어 후에도 원제의 정치를 보좌하였다. 그 때문에 사단은 원제가 태자였을 때부터 섬겼고, 원제 즉위 후에는 시중으로서 태자(성제)를 감싸고 보호하였다.

왕황후와 왕봉은 즉각 사단을 불러 병상에 있는 원제에게 병문안을 가서 원제를 설득해 달라고 간청했다. 두 사람의 뜻을 헤아린 사단은 곧 원제를 문병하였다.

> 사단: 폐하, 근자에 불온한 유언비어가 난무하고 있습니다만 알고 계신지요?
>
> 원제: 아니, 모르네.
>
> 사단: 태자 폐립의 움직임이 있다는 유언비어입니다.

원제: …….

사단: 만일 이것이 사실이라면 공경 이하는 반드시 목숨을 걸고 싸울 각오가 되어 있습니다.

원제: 어디서 그런 이야기를 들었는가?

사단: 아닙니다. 틀림없이 근거 없는 헛소문일 것입니다.

원제: 음, 그런가.

사단의 기세에 눌린 것인지, 결국 원제는 공왕의 옹립을 단념하였다. 그러나 태자가 어지간히 불안했던 원제는 죽음에 이르러 "태자를 도와 내 뜻에 어긋나지 않게 해 주게"라고 태자의 장래를 사단에게 부탁하였다.(『한서』「사단전」)

경녕竟寧 원년(기원전 33) 5월 원제가 붕어하고 다음 달 6월 성제가 즉위하였다. 어렸을 때부터 태자를 비호한 사단이 원제의 마음을 움직여 태자 폐위를 단념시켰고, 그 사단을 원제에게 가게 한 것은 어머니 왕황후와 태자의 외삼촌인 왕봉이었다. 성제가 외척 왕씨의 힘으로 즉위했다는 사실은 외척 왕씨의 힘이 어느 정도인지를 주위 사람들에게 알게 하였을 뿐 아니라 성제에게는 속박이 되었다. 성제는 즉위한 순간부터 외척 왕씨의 꼭두각시 천자로서 농락당하는 숙명을 짊어지게 된 것이다. 설령 스스로 원해서 천자가 된 것이 아니라 해도.

〈다섯 제후諸侯의 노래[歌]〉

성제(재위 기원전 33~기원전 7년)가 즉위하자 왕황후는 황태후가 되었고, 태후의 동생 왕봉은 대사마·대장군이 되었다. 그리고 "왕씨 일족의 대두는 왕봉에서부터 시작되었다"(『한서』「원후전」)고 전하는 것처럼 왕봉이 대장군이 된 것을 계기로 외척 왕씨 일족이 암약하기 시작하였다.

즉위한 이듬해 성제는 왕봉의 이복동생 왕담·왕상·왕립·왕근·왕봉시에게 관내후關內侯(작위만 있고 영지는 없는 작을 말한다)의 작爵을 내렸고, 즉위 6년째인 하평河平 2년(기원전 27)[15]에는 왕담을 평아후, 왕상을 성도후, 왕립을 홍양후, 왕근을 곡양후, 왕봉시를 고평후에 봉했다. 다섯 사람이 같은 날 후로 책봉되었기 때문에 세간에서는 이들을 '다섯 제후'라고 불렀다.

한번은 성제가 평상복 차림으로 미행微行을 나갔다 왕근과 왕상의 저택에 들렀다. 놀랍게도 왕근의 저택 정원은 마치 백호전白虎殿[16]을 방불케 하였다. 또 왕상은 당치 않게도 저택에 강을 끌어들여 배를 띄우고 뱃머리에서 노래를 부르게 하고 있는 것이 아닌가. 그것을 본 성제는 화가 머리끝까지 치밀었다. 마음속에 증오심을 품었지만, 입 밖에 낼 수는 없었다. 왜냐하면 외척을 노하게 하면 어떻게 되는지 잘 알고 있었기 때문이다.

이처럼 『한서』「원후전」에는 성제조차 '다섯 제후'를 두려워하여 입을 다물지 않을 수 없었다고 기록되어 있다. 그리고 '다섯 제후'의 정도를 벗어난 생활을 노래한 '백성의 노래'가 실려 있다.

15 중국 고대 황제들은 선왕이 붕어한 그해에 즉위를 해도, 개원(改元)은 해를 넘겨 다음 해에 행하였는데, 이를 유년칭원법(踰年稱元法)이라 한다. 유년칭원법에 따르면 즉위년과 개원년이 달라진다. 이 책의 저자는 유년칭원법에 따라 계산하여 하평 2년(기원전 27)을 즉위 6년째로 보았다. 그러나 성제가 실제 즉위한 해는 원제가 사망한 경녕(竟寧) 원년(기원전 33)으로, 즉위한 해로부터 계산하면 하평 원년(기원전 28)이 즉위 6년째가 된다. 본문에서는 모두 저자의 계산대로 유년칭원법에 따라 번역하였다.

16 한대 미앙궁(未央宮) 내에 있던 전각으로, 일명 백호관(白虎觀)으로 불린다. 후한 장제(章帝) 건초(建初) 4년(9) 학자들이 모여 오경(五經)의 차이를 토론했던 유명한 백호관회의가 열렸던 곳이다.

五侯初起, 다섯 제후가 생기고부터,
曲陽最怒, 곡양후의 위세가 가장 왕성하네.
壞決高都, 고도수(장안의 서쪽)의 지류를 만들고,
連竟外杜, 그 물을 외두리(장안의 남쪽)까지 끌어 들이네.
土山漸臺, 그 쌓아 올린 산과 대는,
西白虎. 마치 천자의 백호전과 같네.[14]

표면적으로는 '다섯 제후'의 대단한 위세와 호화찬란한 저택을 노래하고 있다. 그러나 이 '백성의 노래'를 '다섯 제후'의 화려한 생활과 위세를 칭송하는 노래라고 생각하는 사람은 아무도 없다. 이것은 곡양후 왕근과 성도후 왕상의 분수에 넘치는 사치를 비방하고, '다섯 제후'의 무도함을 묵인하고 있는 왕태후를 비난하며 외척 왕씨의 횡포를 규탄하는 노래다.

'다섯 제후'는 그들이 고용한 불량배, 무뢰한들이 행하는 협박과 도적질이나 다름없는 짓으로 화려한 생활을 이어 나갔다. 이 '백성의 노래'는 그 피해를 입은 사람들의 '다섯 제후'에 대한 증오를 노래한 것이다. 일견 '다섯 제후'의 우아한 생활 방식을 담담히 노래하고 있는 듯하나, 사실은 '다섯 제후'를 원망하고 왕태후와 왕씨 일족을 비난하며 그들에게 조종당하는 무기력한 성제를 꾸짖고 있다. 끝없이 욕망을 키우는 인간의 성정을 한탄하면서 정치에 대한 불신을 폭발시켰던 것이다.

17 자구 그대로 해석하면 다음과 같다. "다섯 제후가 처음으로 세력을 잡으니 곡양후의 위세가 가장 강성하네. 고도수의 물길을 장안으로 끌어들여 두문(杜門) 밖 두성(杜城)까지 이르게 하였네. 흙을 쌓아 산을 만들고 대를 만드니 마치 서쪽의 백호관과 같구나."

황토 먼지

사람들이 '다섯 제후'를 위험스럽게 여긴 데는 그럴 만한 이유가 있었다. 그것은 성제가 즉위한 건시建始 원년(기원전 32)에 발생한 이변 때문이다.

> 건시 원년 4월 8일 신축申丑 밤, 서북쪽에 불빛 같은 것이 발생했다. 다음 날 아침 큰바람이 서북쪽에서 발생하였고 낮게 드리운 운기雲氣는 적황색이 되어 사방 천지를 뒤덮었다. 큰바람과 운기는 하루 낮밤 동안 계속되다가 겨우 잦아들었지만, 지상은 온통 황토 먼지가 쌓였다.
>
> -『한서』「오행지 하의 상」

성제가 즉위한 지 얼마 안 되어 '다섯 제후'가 관내후를 받은 직후의 일로, 하늘 전체에 적황색 구름이 나타나더니 하룻밤 사이에 황토 먼지로 변하여 주변 일대를 뒤덮는 이변이 닥쳤다.

전한의 학자 경방은 일찍이 이런 종류의 이변을 '황黃'이라 하고 다음과 같이 해설하였다.

> 무릇 '황'의 현상은 태양 표면의 황색 빛이 발산되지 않은 채 불처럼 타오르고 그 때문에 황탁黃濁의 기운이 천하에 가득 차고 사방을 뒤덮는 것이다. 이 현상은 현자賢者가 발탁되지 않고 정도正道가 두절되는 일의 예조豫兆다. 이러한 때에 천자는 현자를 등용하고 현자를 본받아 그 성품과 행동을 배워야 한다. 만일 천자가 그것을 깨닫지 못하여 현자를 배제하고 정의를 소홀히 한다면 결국 천자에게 후사가 생기지 않는 재앙이 덮칠 것이다.
>
> -『한서』「오행지 하의 상」

왕봉이 대장군이 되고 그 다섯 명의 이복동생이 모두 관내후를 받은 시점에 하늘이 그 심상치 않은 사태에 반응하여 황토 먼지를 일으켜 경종을 울린 것이다. 그러나 이때 이미 성제는 하늘의 경고를 받아들일 만한 지성과 용기를 상실하였다. 과연 경방이 걱정한 대로 성제의 아들은 태어난 지 얼마 안 되어 사망하거나 살해되어 모두 성장하지 못하였고, 성제는 후계자가 없는 채로 붕어하였다.

〈우물물의 노래[童謠]〉

무릇 왕씨 '다섯 제후'의 무도함를 방치하고 그들에게 천자마저 업신여기는 권세를 허락한 것은 다름 아닌 성제였다. 그러나 이렇게 될 것은 성제의 아버지 원제 시대에 이미 예견되었다. 원제 때 유행한 다음과 같은 동요가 성제의 장래를 위태로워하고 한왕조가 외척 왕씨에 의해 쇠락할 것을 '예언'하였다고 한다.

> 井水溢, 우물물이 흘러넘쳐
> 滅竈煙, 부뚜막의 불을 꺼 버렸네.
> 灌玉堂, 물은 옥당으로 흘러들고
> 流金門. 뒤이어 금문을 휩쓰네.

– 『한서』「오행지 중의 상」

참으로 섬뜩한 동요다. "우물물이 흘러넘쳐 부뚜막의 불을 끈다"는 것은 음기(우물물)가 양기(부뚜막의 불)를 없애는 것이다. 그것은 여성(음)이 남성(양)을 멸하는 것, 궁전(옥당, 금문)을 멸하는 것, 천자가 죽는 것, 더 나아가 왕조가 전복되는 것을 의미한다.

게다가 이 동요는 원제 치세 시에 불렸다고 한다. 그렇다면 이 동요는 성제 즉위 2년째인 건시 2년(기원전 31)에 발생한 수해—"3월 북궁北宮의 우물물이 흘러넘쳤다"(『한서』「성제기」)—를 예견한 것이고, 그 수해는 한왕조 멸망의 전조라고 할 수 있다. 더욱이 『한서』는 "원제 초원初元 4년(기원전 45)에 태어난 왕망은 왕씨 일족의 하나다. 성제 때에 후侯로 봉해지고 삼공三公이 되어 정치에 참여하였으며 결국 황제가 되어 한왕조를 찬탈하였다"고 서술하여, 이 동요가 진실로 예언한 것은 왕망에 의한 한왕조 찬탈이라고 하였다.

확실히 왕태후와 왕씨 일족의 전횡이 없었으면 왕망의 활약과 대두는 없었을지도 모른다. 그런 의미에서 천자의 죽음과 왕조 전복을 노래한 이 동요는 왕망의 일까지 예언하고 있다고 말할 수도 있을 것이다. 수십 년 후 왕망에 의한 한왕조 찬탈 예언에 관해서는 다음 장에서 살펴보기로 한다.

어쨌든 성제 즉위 후 '다섯 제후'가 관내후의 작을 받은 직후 천하가 황토 먼지로 뒤덮힌 이변과, 성제 때에 유행한 〈다섯 제후의 노래〉가 한왕조를 뒤흔들게 될 원인이 '다섯 제후'일 것이라고 예언한 것처럼 원제 때의 이 동요도 이대로는 조만간 한왕조가 멸망할 것이라고 경고하는 예언의 노래가 되었다.

〈두 마리 제비의 노래[童謠]〉

왕태후와 그 일족의 농단을 보고도 못 본 체한 성제에게 사람들이 호의적일 리가 없다. 더구나 '다섯 제후'에게 실제로 피해를 입은 사람들의 경우 왕태후와 '다섯 제후'의 전횡과 횡포를 규탄하는 것만으로는 화가 가라

앉지 않았다. 그래서 원망의 창끝은 천자에게로 향하였고 순식간에 성제는 공격의 대상이 되었다. 성제 때 거리에서 유행한 다음의 동요는 성제의 무능과 무기력함을 야유하고 성제를 매도함으로써 불만을 해소하고 있다.

> 燕燕尾涎涎, 제비야 제비야, 너의 꼬리는 윤기가 흐르는구나.
> 張公子, 時相見. 장공자님이 출타하실 때마다 만나는구나.
> 木門倉琅根, 성의 화려한 장식에
> 燕飛來, 제비가 날아와
> 啄皇孫, 황자皇子[15]를 쪼는구나.
> 皇孫死, 황자는 모두 죽고
> 燕啄矢. 제비는 찌꺼기를 쪼아 먹는다.

– 『한서』「오행지 중의 상」

의미도 불분명하고 지리멸렬한 가사의 노래를 아이들이 불렀다. 그때는 들어도 가사의 의미를 잘 몰랐다. 그런데 이 동요가 유행하고 얼마 후에 마치 동요의 수수께끼를 푸는 것 같은 사건이 발생했다. 성제 홍가鴻嘉 원년(기원전 20) 2월 "주상께서 처음으로 미행을 나간"(『한서』「성제기」) 것이 일의 시작이었다. 사려 깊고 분별력도 갖추었을 삼십 대 남자가 밤마다 미행을 나가 즐기는 동안 어느 아름다운 무희에게 첫눈에 반하여 완전히 빠져 버렸다. 그 무희의 이름은 조비연趙飛燕.

일이 여기에 이르자 동요의 수수께끼가 풀렸다. 그때까지 사람들은 이 동요를 의미가 불분명하다고 생각하고 의아하게 들었지만, 동요의 "제비야 제비야, 너의 꼬리는 윤기가 흐르는구나"라는 것은 미모의 무희 조비

18 『한서』에는 황자가 아닌 황손으로 되어 있다.

연, '장공자'는 항상 성제의 외출을 수행한 부평후富平侯 장방張放으로 판명되었다. 성제는 조비연에게 다닐 때 신분을 숨기고 자신을 장공자의 가인家人이라고 말하였다.

그러나 그때까지도 동요의 후반부는 여전히 의미가 분명하지 않은 상태였으나 이것도 수년 후 차츰 명확해졌다. 영시永始 원년(기원전 16) 4월 조비연의 아버지 조림趙臨이 성양후成陽侯에 봉해졌다. 같은 해 6월에는 조비연이 황후로 책봉되었고 그 동생은 황후 다음가는 지위인 소의가 되었다. 놀랍게도 무희 '제비' 자매가 성제의 총애를 받아 언니는 황후의 자리를, 동생은 소의의 자리를 손에 넣었던 것이다. 바로 제비가 "성의 화려한 장식(궁전)"에 "날아온" 것이다. 동요가 "제비야 제비야"라고 되풀이한 것은 조씨 언니와 동생, 즉 조씨 자매를 가리키는 것이었다.

그런데 사건은 그것으로 끝나지 않았다. 동요의 섬뜩한 마지막 부분, "제비가 날아와 황자를 쪼는구나. 황자는 모두 죽고 제비는 찌꺼기를 쪼아 먹는다"에는 처참한 사건과 그 결과가 숨겨져 있었다. 비천한 무희의 신분에서 황후와 소의에까지 오르고 성제의 총애를 독점했으나 자매는 모두 아이가 없었다. 얼마 후 후궁 허미인과 조위능에게 각각 황자가 태어났다는 소식이 들려왔다. 여기에 격노한 조소의는 두 황자를 빼앗아와 그 모친과 함께 살해하였다. 동요의 "제비가 날아와 황자를 쪼는구나"라는 부분은 조소의의 황자 살해를 예언한 것이다. 성제 붕어 후 자매의 악행이 백일하에 드러나자 조소의는 자살하였고 황후 조비연은 주살되었다. "황자는 모두 죽고 제비는 찌꺼기를 쪼아 먹는다"는 자매의 가련한 말로를 노래한 것이 된다.

그러나 성제에게 이 방탕은 큰 의미가 있었다. 연이은 방탕의 끝에 비천한 무희에게 매료되고 자매를 함께 후궁에 들인 것은 성제가 처음 자신의 의지로 한 행동으로, 실로 획기적인 일이었다. 즉위한 이래 왕태후와 왕씨 '다섯 제후'가 말하는 대로 행동하고 그들의 전횡에도 눈을 감을 수밖에 없었던 꼭두각시 천자가 그때까지의 속박에서 해방되었기 때문이다.

성제는 사단·왕태후·왕씨 일족, 다시 허황후와 외척에 둘러싸여 있었다. 그들은 모두 왕씨 영향 아래 놓인 사람들이다. 숨이 막히고 마음 편할 때 없는 나날을 보내던 중 양삭陽朔 2년(기원전 23) 8월 일찍이 태자의 자리를 빼앗으려 한 정도공왕이 죽고 그 이듬해 8월 외척 왕씨의 우두머리로 성제를 천자로 만든 주역, 왕봉이 죽었다. 성제를 압박해 온 사람들이 차례차례 죽어 갔다. 성제의 '미행'은 이를 계기로 시작되었다. 마치 홀린 것처럼 방탕해졌고, 그 끝에 무희에게 빠졌던 것이다.

또한 그 후 홍가鴻嘉 3년(기원전 18)에는 허황후를 폐하였는데, 허황후는 조부 선제의 황후 허씨의 종형제 허가許嘉의 딸이다. 이 허황후도 성제가 아직 태자였을 때 왕황후가 억지로 맺어 준 여성이었다. 허황후를 폐함으로써 성제는 마침내 홀가분해졌다.

〈구불구불한 좁은 길의 노래[謌謠]〉

그런데 성제 때에 또 하나, 동요가 아닌 '가요謌謠'가 유행하였다. '가謌'는 '가歌'와 같은 글자로서, 가요와 동요는 아마 애창하는 사람의 연령층이 달랐다고 생각되는데, 그 의도와 효과는 큰 차이가 없다.

邪徑敗良田,	구불구불한 좁은 길은 훌륭한 논밭을 못 쓰게 하고
讒口亂善人.	험담은 선량한 인간관계를 혼란하게 하네.
桂樹華不實,	계수나무에 꽃은 피었는데 열매는 맺지 못하고
黃爵巢其顚.	황색 참새가 그 꼭대기에서 둥지를 만들고 있네.

> 故爲人所羡,　　　옛날에는 사람들로부터 부러움을 샀지만
>
> 今爲人所憐.　　　지금은 사람들로부터 동정을 받는구나.[16]

-『한서』「오행지 중의 상」

이 가사의 내용은 지금까지의 동요에 비하면 꽤 복잡하다. 여기에는 오행설五行說이 깔려 있다. 오행설이라는 것은 자연계를 구성하는 다섯 가지 원소, 즉 나무[木]·불[火]·흙[土]·금속[金]·물[水]에 의해 세계를 해석하는 고대 중국의 세계관으로서, 왕조의 교대도 오행에 의해 해석된다. 오행설에서 한漢은 화덕火德, 그 색은 적색赤色이다. 화덕을 계승하는 것은 화 다음에 배당된 토덕土德이고 그 색은 황색黃色이다.

이 가요에 등장하는 '계수나무'의 꽃은 적색으로 적색은 화덕인 한왕조의 색이고, '황색 참새[黃爵]'는 한왕조를 찬탈하게 되는 왕망을 가리킨다. 그리고 "꽃은 피었는데 열매는 맺지 못하"는 것은 태어난 후계자가 성장하지 못한 것, 성제에게 후계자가 없는 것을 의미하고 "황색 참새가 그 꼭대기에서 둥지를 만들고 있네"라는 것은 왕망이 한왕조를 찬탈할 것을 말하고 있다.

성제에게는 허황후와의 사이에서 낳은 1남 1녀가 있었지만 모두 어려서 사망하였다. 아마 병사일 것이다. 또한 반첩여와의 사이에 태어난 남자아이도 수개월 만에 사망하였다. 그리고 앞에서 서술한 것처럼 후궁에게서 태어난 두 남자아이는 모두 살해되었고, 십 수년간 황제의 총애를 믿고 방자하게 굴던 조씨 자매에게는 아이가 없어서 스무 살에 즉위한 성제는 26년 동안 재위했으나 결국 후계자 없이 죽었다.

19 자구 그대로 해석하면 다음과 같다. "바르지 않은 작은 길은 좋은 밭을 못 쓰게 하고, 참언(讒言)은 선량한 사람을 다치게 한다. 계수나무에 꽃이 피었으나 열매 맺지 못하고, 그 꼭대기에 황색 참새가 둥지를 트네. 옛날에는 사람들의 선망의 대상이었지만, 지금은 동정의 대상이라."

선제가 매우 사랑했던 '세적황손', 불과 세 살의 나이로 태자가 되고 장래를 약속받아 "사람들의 부러움의 대상"이었지만 "꽃은 피었는데 열매를 맺지 못"한 성제는 "지금은 사람들의 동정의 대상"이 되었다고 야유를 받게 되었다. 성제에게 이보다 더한 모욕은 없다. 왜냐하면 "불효에는 세 가지가 있는데 그중 최대의 불효는 후계자가 없는 것이다"(『맹자』「이루 상」)라는 말처럼 중국의 가족주의에서는 후계자가 없는 것이 최대의 불효로 생각되기 때문이다. 더구나 천자에게 후사가 없어서 종묘가 단절되는 것은 있을 수 없는 일이다. 예의 규정에서 천자가 여러 명의 여성을 맞아들이는 것을 인정한 것은 천자에게 후계자가 끊어지지 않게 하기 위해서다.

원제 이래 4대, 외척 왕씨는 60년 동안 권세를 남용하였다. 왕황후는 성제의 치세에는 황태후로서, 애제(재위 기원전 7~기원전 1년)와 평제(재위 기원전 1~기원후 5년) 때에는 태황태후로서 군림하였으며 평제가 붕어하자 선제의 현손玄孫 중에서 가장 나이 어린 유자영孺子嬰을 옹립하였다. 이들 어린 황제의 옹립에는 외척 왕씨가 깊이 관여하고 있었는데, 특히 평제와 유자영의 경우 왕망이 그 중심적 존재였다.

외척 왕씨의 정점에 있었던 '다섯 제후'는 실로 혐오스런 존재였고 비난의 대상일 수밖에 없었다. 사람들은 모든 악의 근원인 외척 왕씨와 왕씨의 정권 농단을 허용한 성제의 죄를 규탄하고 '다섯 제후'로 대표되는 왕씨 일족의 섬멸을 기대하였으며 천자의 책임을 방기한 성제의 죽음을 이제나 저제나 기다렸다.

그리고 무기력한 천자와 외척의 농단에 진절머리가 난 사람들은 이제 정말로 총명한 지도자를 바라고 있었다. 그때 거기에 왕망이 있었다. 사람들은 왕망의 활약에 희망을 걸고 새로운 시대의 개막을 기대했던 것은 아닐까. 결과적으로 "황색 참새가 그 꼭대기에 둥지를 만들게" 되었던 것이다.

제5장

전한 말·신新~후한 초의 동요

공백의 20년

극악무도한 왕망의 이미지

신비의 베일로 포장된 왕정군이 황후가 되자 왕씨 일족은 권세를 남용하였다. 그러나 여태후가 죽은 후 여씨 일족이 몰살된 것처럼 조만간 외척 왕씨도 사람들의 원망의 대상이 되어 일소될 터였다. 그런데 증오해야 할 그 왕씨로부터 무명의 왕망이 혜성같이 나타났고 정계에 처음 등장하나 싶더니 단숨에 황제의 자리에까지 올랐다. 왕씨 일족에 대한 원한의 창끝이 왕망에게 향한다 해도 무리는 아니었을 것이다.

왕망이 한왕조의 '찬탈자'인 것은 일의 선악과는 별개로 역사적 사실이다. 또한 왕망이 시도한 여러 가지 새로운 정책이 모두 실패하고 결과적으로는 실정의 연속이었던 것, 그 때문에 한왕조의 부활이 기대된 것도 사실이다.

후한의 학자 왕충王充(27?~100?)은 그의 저서 『논형論衡』에서 "왕망은 평제를 짐살鴆殺하고 어린 황제의 옹립을 자행하였으며 결국 한왕조를 찬탈한 패역무도한 자다"(「어증語增」), "왕망의 만행은 하왕조의 걸桀과 은왕조의 주紂('걸주'라고 병칭되는 포학한 군주의 대명사) 이상이다"(「감류感類」)라는 등 온 힘을 기울여 왕망을 폄하하였다. 그리고 특별히 광무제光武帝의 덕을 칭양稱揚하고 광무제의 왕망 주살이 얼마나 정의로웠는지를 설명하며 광무제를 옹호하고 한왕조의 정당성을 강조한다. 이로써 대체로 왕망을 악한으로 보는 논평이 정착되었다고 할 수 있다.

그러나 『한서』 및 『전한기前漢紀』 등의 역사 기록을 보면 왕망이 평제를 짐살, 즉 짐독으로 살해한 사실은 없다. 사실 왕망을 극악무도한 반역자로 본 것은 왕충만이 아니다. 잔인한 배신자라는 왕망의 이미지는 오히려 후한 이후에 일반적이었다.

『한서』의 저자인 반고班固(32~92년)는 곳곳에서 왕망을 비난하였다. "큰

체구에 커다란 입, 돌출된 붉은 눈, 올빼미의 눈초리와 호랑이 같은 입, 그 소리는 마치 승냥이나 이리 같다. 그렇기에 사람을 잡아먹을 것이다" 라고 악의적으로 말하고, 인상부터가 악랄하다고 비난한다.(『한서』「왕망전 중」) 북송의 사마광司馬光(1019~1086년)도 한왕조가 쇠퇴하고 왕망의 찬탈을 허용한 것은 전적으로 왕태후에게 책임이 있다고 말하면서도, 『한서』에 존재하지 않는 평제 짐살의 기록을 가필하여 왕망을 극악한 사람으로 그리고 있다.(『자치통감資治通鑑』「한기漢紀 28」)

동요가 당시 천자나 권력자에 대한 원망과 고통을 담아 불렸던 것이라면, 그리고 만약 왕망이 그 정도로 악랄하고 극악무도한 사람이었다면 왕망을 노래하는 동요도 아마 원망과 한탄이 넘치는 노래가 되었을 것이다. 이제까지 보아 온 대로 많은 무능한 천자나 포학한 외척은 모두 동요의 표적이 되었으므로 사람들은 증오해야 할 공통의 적인 왕망을 저주하고 동요로 노래하여 왕망을 제물로 삼았을 것이다.

역사서에는 전한 말부터 후한 초에 걸쳐 유행한 동요가 기록되어 지금도 전하고 있다. 그런데 실로 기묘하게도 그 동요들에는 왕망이 등장하지 않거나, 등장해도 왕망을 증오하고 매도하는 내용은 없다. 이것은 무엇을 의미할까?

경시제更始帝를 우롱하는 동요

왕망이 세운 신왕조 말기에 남양南陽(지금의 하남성)에서 경시제 유현劉玄(재위 23~25년)을 야유하는 동요가 유행하였다.

> 諧不諧, 在赤眉. 일이 잘될지 안될지는 적미에게 달려 있고,
>
> 得不得, 在河北. 천하를 얻을 수 있을지 없을지는 하북(광무제光武帝)에 달려 있네.

-『속한서續漢書』「오행지 1」

한황실의 피를 이어받은 유현은 회양왕淮陽王이라 자칭한 후 유협遊俠의 무리와 도망한 범법자, 몰락 농민들에게 추대되어 경시제라 칭하고 23년에는 연호를 경시로 고쳤으며, 왕망을 살해하고 장안에 입성하였다. 그러나 경시제가 그 자리에 있었던 것은 불과 3년도 채 안 되었다. 그동안 경시제는 밤낮으로 주색에 빠져 정치를 소홀히 하였고 결국 적미赤眉의 무리에게 쫓겨나 살해되었다.

적미의 무리는 왕망 말년인 천봉天鳳 5년(18) 산동성에서 거병한 번숭樊崇 등의 농민 반란군이다. 그들은 눈썹을 붉게 물들여 집단의 표지로 삼았기 때문에 '적미'라고 불렸다. 붉은색은 한황실의 색으로서 왕망 타도·한실 부흥을 의미한다. 그들은 곤궁한 농민을 아군으로 끌어들여 십여 만의 대집단이 되었고 왕망이 파견한 정예 부대를 격파할 정도로 막강하였다.

단정치 못한 행실과 방탕한 생활의 결과 적미의 무리에게 살해되는 처지가 되었다고는 하지만, 경시제 유현은 '한왕조의 찬탈자'인 왕망의 머리를 취한 주인공이다. 즉 장안·낙양을 함락시키고 한왕조의 숙적인 왕망을 죽이고 한왕조 부흥의 기선을 잡은 공로자이다. 만일 당시 백성들이 정말로 왕망의 멸망과 유씨의 부흥을 희구하고 있었다면 왕망을 대신하여 등장한 경시제 유현은 칭송받아 마땅할 것이다.

그러나 이 동요는 장안에서의 경시제가 그 신하와 함께 사치에 빠지고 국민을 돌아보지 않은 대가로 결국 적미에게 살해될 것이고, 경시제를 대신하여 '하북'을 전전하고 있는 광무제가 대두할 것이라고 예언하

고 있다.

경시제의 정치력 없음을 조소하고 마치 죽음을 바라는 것 같은 이 동요는 경시제가 얼마나 환영받지 못했는지를 말해 준다. 한왕조를 찬탈한 악인 왕망을 비난한 것이 아니라 왕망 주멸과 한왕조 부흥의 기선을 잡은 경시제를 우롱하고 조소한 것이다. 이는 아마도 장안이 적미군에 의해 불태워지고 수십만의 아사자가 발생했으며 성안은 오가는 사람도 없이 폐허로 변한 비참한 사태가 환영받지 못한 경시제가 장안에 입성했기 때문이며, 그래서 그가 한시라도 빨리 죽었으면 좋겠다고 백성들이 생각했기 때문일 것이다.

외효隗囂를 비웃는 동요

왕망 말년, 천수天水(감숙성甘肅省 농서隴西)에서 유행한 동요는 이 땅에서 천자가 될 것을 꿈꿨던 외효(?~33년)를 조소하는 노래다.

出吳門,	오문을 나와
望緹羣.	제군산을 올려다보면
見一蹇人,	다리를 저는 사람이 하나
言欲上天.	하늘에 오르고 싶다고 말하네.
令天可上,	하늘에 오르는 것이 좋겠지.
地上安得民!	지상에서는 누구도 상대하지 않을 것이니.[1]

-『속한서』「오행지 1」

1 자구 그대로 해석하면 다음과 같다. "오문을 나서 제군산을 바라보네. 한 절름발이가 하늘에 오르고 싶다고 말하는 것을 볼 수 있네. 설령 하늘에 오른다 해도 지상에서 백성은 얻을 수 없네."

외효는 왕망의 신나라 말부터 후한 초에 할거한 군웅群雄 중의 하나로서, 십만의 군을 장악하고 있었다고 한다. 왕망의 신이 멸망할 즈음에는 천수·무위武威·장액張掖·주천酒泉·돈황敦煌의 감숙성 일대를 지배할 정도의 세력을 갖고 있었다. 그리고 경시제를 따라 장안에 들어간 외효는 경시제로부터 우장군右將軍에 임명되었다.

그런데 건무建武 원년(25) 광무제가 황제로 즉위한 것을 안 외효는 경시제를 떠나 천수로 돌아왔다. 그리고 경시제가 적미에게 살해되자 이번에는 광무제에게 귀부歸附하여 당시 촉왕蜀王을 칭한 공손술公孫述의 군대를 여러 차례 격파하는 활약을 보였다. 공손술이 대사공大司空이라는 중직을 미끼로 외효를 영입하려 했지만, 외효는 이를 거절하고 광무제를 섬겼다. 그러나 광무제가 공손술을 토벌하려고 촉 공격을 명하자 어쩐 일인지 외효는 이를 거부하면서 광무제에게 반기를 들고 공손술 밑으로 들어갔다.

이처럼 외효는 경시제·광무제·공손술에 부화뇌동하면서, 이대로 광무제와 공손술 두 군웅을 대립하도록 하면 어부지리로 자신이 천자가 될 수 있지 않을까 하는 야심을 품게 되었다. 그러다 광무제가 천하를 장악하자 외효는 광무제의 항복 권고를 거절하고 항전하였지만 한군의 공격을 받고 서역으로 도망쳐 그곳에서 죽었다.

이 동요는 젊었을 때 병으로 절름발이가 된 외효가 "하늘에 오르는" 것은 불가능하다고 말하는 노래로, 외효가 '지상'에서 천자가 되는 것은 있을 수 없으며 그의 "하늘에 오르려는" 야망의 실현은 죽는 것뿐이라고 조소한다. 백성들은 수년 후에 파멸하는 외효의 말로를 왕망 말년 이미 예언하여 불렀던 셈이다.

촉 지역의 동요

세조世祖 광무제 건무 6년(30) 촉(사천성四川省)에서는 다음과 같은 동요가 유행하였다.

> 黃牛白腹, 황색의 소와 하얀 배
> 五銖當復. 오수전을 부활시킬 것이네.[2]
>
> –『속한서』「오행지 1」

중국의 자연관인 오행설에서 화덕의 한왕조를 계승하는 것은 토덕으로, 그 색은 황색, 즉 왕망을 가리킨다. 그리고 왕망의 토덕을 계승하는 것은 금덕으로 그 색은 백색, 그것은 공손술(재위 25~36년)이 된다.[3] 따라서 이 동요는 '황색 소'와 '하얀 배'에 빗대어 각각 왕망과 공손술을 노래하고 있다.

공손술 또한 왕망의 신 말기부터 후한 초에 할거한 군웅 중의 하나로서, 적미의 난 후 촉에서 자립하고 성成왕조를 세웠다. 그러나 광무제에게 공격을 받아 부상한 공손술은 일족과 함께 살해되었다. 동요에 나오는 '오수'는 전한 무제 때에 주조된 오수전으로, "오수전을 부활시킬 것이네"는 오수전의 부활을 바라는 메시지라고 할 수 있다.

거섭居攝 2년(7) 왕망은 새로이 세 종류의 화폐[4]를 주조하고 그때까지 유통되던 오수전과 함께 총 네 종류의 화폐를 병행하여 통용시키려 하였다. 그러나 새로운 화폐는 좀처럼 보급되지 않았다. 그래서 황제가 된 왕

2 자구 그대로 해석하면 둘째 줄은 다음과 같다. "오수전은 반드시 부활될 것이다."

3 황이 적을 계승하고 백이 황을 계승한다는 오행운행의 순서에 따라 공손술은 부명(符命)과 참위서(讖緯書)를 이용하여 백덕(白德)을 표방하였다.

4 대전(大錢), 계도(契刀), 착도(錯刀)를 말한다. 대전은 가치가 50, 계도는 500, 착도는 5,000이었다.

망은 이전의 새 화폐를 폐지하고 새로이 다섯 종류의 화폐[5]를 주조하였다. 그러나 백성들은 이것도 신용하지 않았고 새 화폐는 조금도 유통되지 않았다. 그것만이 아니었다. 새 화폐의 위조가 횡행하고 그것을 금지할 방법도 없어서 결국 지황地皇 원년(20)에 왕망의 신화폐 주조 정책은 사회적·경제적 혼란만을 남기고 파탄하였다. 따라서 이 동요의 "오수전을 부활시킬 것이네"라는 가사는 아무리 봐도 왕망의 화폐 주조 정책의 실패를 비난하는 것 같다.

그러나 이 동요가 불렸던 것은 '세조 건무 6년', 즉 광무제 즉위 후 6년째의 일이다. 동요가 유행할 때 왕망은 이미 없었다. 과거의 인물을 비판하거나 중상하는 것은 대체로 동요의 본뜻이 아니다. 다시 말해 이 동요의 주역은 왕망이 아니다.

동요에 황색 소(왕망)와 하얀 배(공손술)가 나란히 있지만, 이것은 공손술이 주인공인 동요다. 왕망은 주인공이 아니다. 왕망이 '황색 소'로 등장하는 것은 누구나가 아는 왕망의 신화폐 주조에 의한 실정失政을 예로 들어, 공손술이 동전을 폐지하고 통용시키려 한 철전鐵錢도 왕망의 신화폐 주조와 같이 실패로 끝날 것이라고 야유하는 것이다. 그리고 동요에 왕망을 등장시키는 것으로 왕망이 유현(경시제)에게 살해된 것처럼 공손술도 유수劉秀(광무제)에게 조만간 멸망당할 것이라는 예언적인 효과를 준다.

적씨翟氏를 원망하는 동요

여남군汝南郡(지금의 하남성 여남현)에는 예로부터 홍극대피鴻隙大陂라는 제방

5 소전(小錢), 요전(幺錢), 유전(幼錢), 중전(中錢), 장전(壯錢)이다. 각각의 가치는 1, 10, 20, 30, 40이었다.

이 있었다. 그것은 관개에 유익할 뿐 아니라 물고기 양식에도 이용되고 있었다. 그 때문에 제방의 은혜를 입은 여남군은 경제적으로 매우 풍족했다.

전한 말, 어려서 고아가 된 적방진翟方進(?~기원전 7년, 자는 자위子威)은 고학 끝에 출세하여 승상(재상)에까지 올랐다. 여남군 출신의 적방진은 여남군이 자주 수해를 입는 것은 그 홍극대피가 원흉이라고 주장하고 제방을 허물어 버렸다. 적방진은 승상의 자리에 있던 10년 동안 재해·기근·역병·도적이 거듭되고 소송이 증가하는 등 정치적 혼란을 수습할 수 없었던 책임을 추궁당하여 성제 수화綏和 2년(기원전 7)에 자살하였다.

그런데 적방진 사후, 애제 건평建平 4년(기원전 3)부터 평제 원시元始 2년(2)에 걸쳐 전국적으로 극심한 가뭄이 닥쳤다. 그때 여남군에서는 제방이 헐려 관개용수가 없어졌기 때문에 심각한 한해旱害가 발생하였다. 곡물은 말라 버렸고 먹을 것이라고는 콩과 토란뿌리뿐이었다. 여남군 사람들 사이에서는 제방을 파괴한 장본인인 적방진을 원망하는 동요가 유행했다고 한다.

> 壞陂誰? 翟子威. 제방을 파괴한 것은 누구인가? 적자위.
> 飯我豆食羹芋魁. 콩밥과 토란뿌리만 먹이네.
> 反乎覆, 陂當復. 화복禍福은 순환하니 제방을 되돌리라.
> 誰云者? 兩黃鵠. 말하는 것은 누구인가? 황색 고니의 계시.[6]

- 『한서』「적방진전」

사람들은 "적방진이 홍극대피 아래 비옥한 토지를 몰래 손에 넣으려

6 자구 그대로 해석하면 마지막 줄은 다음과 같다. "누가 말하는가? 두 마리의 황색 고니."

던 중 그것이 실패로 끝나자 분풀이로 제방을 무너뜨렸다"며 홍극대피를 파괴한 적방진의 어리석은 행위에 분개하였다. 그리고 원망의 창끝을 일제히 적방진에게 돌리고 적방진을 원망하는 동요를 불러 근심을 달랬으며, 홍극대피를 부흥시켜 줄 '황색 고니'의 출현에 희망을 걸었다.

그런데 앞에서 서술한 것처럼 동요가 과거의 인물을 비난하는 것은 그다지 의미가 없다. 이 동요가 이미 사망한 적방진을 지목하여 원망하는 것은 동요로서는 특이하다. 따라서 이 동요의 주안점은 홍극대피를 파괴한 적방진을 원망하는 것보다도 홍극대피를 부흥시켜 줄 '황색 고니'의 출현을 기대하는 것이다. 화덕의 한왕조를 계승하는 것은 토덕, 그 색은 황색이다. 즉 동요에서 기다리는 '황색 고니'는 한왕조를 계승할 자를 상징하고 있기에, 동요는 그 인물을 노래한 것이다.

역사적 사실로만 본다면 이 홍극대피는 광무제 건무 13년(37)에 재건되었고 이로써 여남군은 대피 덕분에 이전의 풍요를 되찾을 수 있었다.(『후한서』「등신전鄧晨傳」·「허양전許楊傳」) 그래서 자못 이 동요가 광무제의 등장을 예언하고 있는 것 같지만, 그것은 맞지 않다. 한왕조를 부흥시킨 광무제는 어디까지나 화덕이고 그 색은 황색이 아니라 적색이다. 이 '황색 고니'는 성제 때에 유행한 〈구불구불한 좁은 길의 노래〉 중의 '황색 참새[黃爵]'와 마찬가지로 왕망이어야 한다.

게다가 사람들은 이 동요를 부르면서 적방진만이 아니라 적방진의 막내아들인 적의翟義도 야유하고 있다. 동군태수東郡太守였던 적의는 원시 5년(5) 12월 평제가 붕어하고 왕망이 섭황제攝皇帝가 되었을 때 "왕망은 한왕조 찬탈을 계획하고 있다. 재상 적방진의 아들이자 동군태수인 나는 한왕조에 은의恩義가 있다. 지금 왕망을 토벌하는 것은 나의 책무다"라고 유씨 부흥을 꾀하였다. 그리고 거섭 2년(7) 9월에 적의는 엄향후嚴鄕侯 유신劉信을 천자로 세우고 스스로 대장군이 되어 "왕망은 평제를 짐독으로 살해한 장본인이다. 그렇다면 진짜 천자(유신)가 즉위한 지금 왕망에게 천벌이 내려져야 한다"라고 군국郡國에 격문檄文을 띄우고 쿠데타를 일으켰다.

그러나 쿠데타는 실패하고 적씨 24인이 책형磔刑[7]에 처해졌다. 게다가 적의의 거병을 알고 왕망에게 밀고하여 유씨 부흥을 저지하고 왕망을 구한 것은 뜻밖에도 유씨 일족 사람이었다. 이처럼 이 동요는 적씨 일족을 우롱하고 홍극대피를 재건하여 이전 같은 안정된 생활을 회복시켜 줄 '황색 고니'의 등장을 기대하며 불렸던 것이다.

황색 고니

한왕조의 찬탈자로 악명 높은 왕망이지만, 적방진이 분풀이로 홍극대피를 파괴했다고 적씨를 원망하는 동요가 불리던 무렵, 왕망은 극심한 가뭄과 황해蝗害[8]에 허덕이는 백성에게 전택田宅과 식료품을 제공하고 세금을 면제하였으며 병자의 수용과 약품의 수배에 동분서주하는 등 여러 구제책을 시행하였다.

거듭 말하지만, 왕망이 결과적으로 한왕조를 '찬탈'하여 신왕조를 세운 것, 또 왕망이 시도한 농업 정책과 금융 정책이 모두 좌절된 것, 그 때문에 왕망에게 기대를 건 사람들 사이에 실망감이 떠돌던 것은 모두 역사적 사실이다. 또한 『한서』가 왕망에 대한 비난으로 가득 차 있는 것은 한왕조의 입장에 서는 한 당연하다. 그러나 그 『한서』도 황제가 되기 전의 왕망에 대해서는 반드시 비난만 한 것은 아니었다. 예를 들어 성제 영

7 기둥에 묶어 놓고 창으로 찔러 죽이던 형벌.

8 황재(蝗災). 메뚜깃과의 곤충인 풀무치 떼가 날아와 농작물을 남김없이 먹어 버리는 큰 재해를 말한다.

시永始 원년(기원전 16) 신도후에 봉해진 왕망은 그 보수를 남김없이 빈객을 대접하는 데 쓰고 본인은 처자와 함께 매우 소박하게 생활하여 주위 사람이 놀랄 정도였다고 한다.(「왕망전 상」)

그리고 적의는 격문에서 "왕망은 평제를 짐살하였다"고 하였지만, 왕망이 평제를 짐살한 사실은 없다. 『한서』 어디에도 그것과 유사한 기록은 없다. 이는 분명히 적의가 날조한 것인데, 앞에서 본 것처럼 왕충 이후 한왕조 옹호의 입장에서 이것이 제멋대로 부풀려져 마치 사실인 것처럼 유포된 것이다.

'왕씨 다섯 제후'로 상징되는 것처럼 외척 왕씨가 권세를 뽐내고 많은 종형제가 일락逸樂에 빠져 있을 때, 왕망 혼자 학문에 힘쓰며 어머니와 과부가 된 형수를 모시고 형이 남긴 아이를 양육하고 있었다. 그런 청렴한 생활을 한 왕망이었기에 애제의 신임을 얻고 천하의 대유大儒 공광孔光에게 추천을 받아 대사마에 발탁될 수 있었다.

또한 왕망은 자신의 장남과 차남의 죄를 적당히 처리하지 않고 끝까지 추궁하여, 그 때문에 두 사람 모두 자살하는 일이 생기기도 하였다. 외척 왕씨의 전횡이 일상화되어 있던 당시, 왕씨들이 집안의 죄를 은폐하는 일은 있어도 규탄하는 일은 생각할 수 없었다. 반고는 이것도 왕망을 무도한 인간이라고 비난하는 구실로 삼고 있지만 가족에 대한 엄한 처단은 왕망을 공명정대하고, 악하고 그릇된 일을 지극히 싫어하는, 그래서 통치자로서의 책임을 다할 수 있는 인물로 각인시켜 사람들에게 좋은 인상을 주었을 것이다.

이처럼 같은 외척 왕씨지만 왕망은 다른 왕씨와는 달랐다. 왕태후의 다섯 명의 형제, 즉 '다섯 제후'를 아는 사람들은 오히려 호감을 갖고 왕망을 받아들였다. 당시 전한 말 정세 속에서 왕망은 결코 한왕조를 찬탈한 악당이 아니라 기대되는 새로운 스타, 신성新星이었다.

공백의 20년

만일 적의가 말한 것처럼 왕망이 평제를 짐살하고 한왕조를 찬탈한 난신적자亂臣賊子라면 왕망을 저주하고 원망하는 동요가 당연히 기록되어 있어야 할 것이다. 그러나 왕망을 비난하고 중상모략하는 동요는 전혀 찾아볼 수 없다. 이 사실은 원래 왕망을 원망하는 동요는 없었다는 것을 말해주는 것이 아닐까?

왕망이 자신을 비난하고 헐뜯는 동요를 의도적으로 폐기했다고 생각하는 것은 전혀 현실적이지 않다. 원시 5년(5) 가을에 왕망이 파견한 풍속사자風俗使者가 귀환하여 왕망을 칭송하는 삼만 자 정도의 가요를 위조하여 보고했지만, 그것들은 모두 남아 있지 않다. 만일 그것을 의도적으로 남길 수 있었다면 왕망이 남기지 않았을 리 없다. 동요는 인구에 회자되는 것이기 때문에 어떠한 권력으로도 불명예스러운 것을 지워 버릴 수는 없다. 마찬가지로 자신에게 유리한 것만을 남길 수도 없다.

일찍이 전한 문제가 고조의 막내아들 회남려왕淮南厲王 유장劉長과의 불화가 민가民歌로 불리고 있는 것을 알고 사실무근이라고 분개했을 때도 그 민가를 그치게 할 수 없어 다만 개탄할 수밖에 없었다고 한다.[9] 그리고 그 민가는 사라지지 않고 『사기』에 기록되어 지금까지 전해지고 있다.(『사기』 「회남형산열전淮南衡山列傳」)*

경시제 유현 혹은 공손술과 외효를 비난하는 동요조차 기록되어 있는

9 노래는 다음과 같다. "한 척의 포도 오히려 꿰매어 옷을 만들 수 있고, 한 말의 곡식도 절구질할 수 있건만 형제 두 사람은 서로 용납할 수 없네[一尺布, 尙可縫; 一斗粟, 尙可舂. 兄弟二人不能相容]."

* [원주] 〈회남민가(淮南民歌)〉에 대해서는 이 책에서 언급하지 않았다. 『사기』에 기록된 이 민가의 진상은 〈영천아가(穎川兒歌)〉와 함께 구시다 히사하루(串田久治), 『중국고대의 「요」와 「예언」』(연문출판, 1999) 제2장 제2절~제4절에서 상세한 것을 참조할 수 있다.

데 왕망을 원망하고 비난하는 동요가 전혀 없다는 것은 무엇을 의미할까? 동요가 천자와 태후 혹은 외척 등, 개인의 힘이 미치지 않는 권력자나 권력 기구에 반역하는 방법으로서 유효했다는 점을 고려하면 왕망을 노래하는 동요가 없다는 것은 적어도 사람들이 왕망을 그다지 원망하지 않았다는 뜻이리라.

그렇다고 그것이 사람들이 왕망을 무조건 환영했다는 것은 아니다. 통치자의 정치행위가 전적으로 신임 받는 일이 드문 현실을 고려하면 왕망을 비난하는 소리도 있어야 자연스럽기 때문이다. 왕망의 경우 왕망을 비난하는 동요는 나타나지 않았지만 동요 대신에 괴이한 현상이 계속하여 발생하였고, 그것은 왕망을 비난하는 소리로 인식되어 『한서』「왕망전」에 기록되어 있다. 최소한 그러한 기록조차 없다면 그것이야말로 왕망이 작위적으로 없앤 것이라고 생각하지 않을 수 없다.

괴이한 현상

후세에 평제를 독살하고 한왕조를 찬탈한 것으로 악명 높은 왕망이지만, 그 왕망을 원망하는 동요는 없다. 비록 왕망의 평제 독살이 억울한 누명이었을지라도, 불과 십수 년이라고는 해도 유씨의 한왕조를 폐하고 새로운 제국의 황제 자리에 올랐던 왕망은 한왕조의 입장에서 보면 찬탈자임이 틀림없고, 그래서 왕망을 원망하는 감정이 소용돌이쳤을 것이다. 확실히 왕망은 동요에서 원망의 대상이 되었던 적은 없다. 다만 『한서』「왕망전」에는 왕망을 격렬하게 비난하는 시정市井의 소리가 상세히 기록되어 있다. 특히 말년에 나타난 여러 괴이한 현상은 왕망을 정신적으로 몰아붙이는 데 성공하였다. 모두 동요를 대신하여 왕망을 비난하는 소리라고 생각할 수 있을 것이다. 아래에 그중에서 몇 개를 소개한다.

① 천봉天鳳 2년(15) "황룡이 황산궁黃山宮에 떨어져 죽었다"는 소문이 퍼져서 이것을 보려고 몇 만의 백성이 쇄도하였다. 왕망은 이것을 증오하여 백성을 체포해 유언流言의 출처를 조사하게 했지만, 결국 소문의 출처는 판명되지 않았다.

-「왕망전 중」

② 천봉 6년(19) 숙야夙夜라는 땅에 사는 한박韓博이라는 자가 상주하였다. "몸길이는 2미터를 족히 넘고 몸통 둘레는 1미터 이상 되는 남자가 관청에 들어와 '오랑캐를 격퇴하고 싶다'고 말하였습니다. 이자는 봉래蓬萊 동남쪽 오성五城의 서북에 있는 소여昭如 출신으로서 거무패巨毋覇라고 자칭합니다. 한 마리가 끄는 마차에는 탈 수 없고 세 마리가 끄는 마차도 버틸 수 없을 것 같은 큰 사내이기 때문에 네 마리가 끄는 큰 수레에 태워 찾아뵙게 하였습니다. 패는 태고太鼓를 베개 삼아 자고 철 젓가락으로 먹습니다. 이것은 하늘이 신황실을 도우려는 것으로 생각됩니다. 원컨대 폐하께서는 패를 위하여 훌륭한 수레와 옷을 준비하시고 대장 1인과 용사 100인을 파견하여 맞이하도록 하십시오. 만일 경사京師의 문호로 들어갈 수 없다면 문호를 높고 크게 하여 주시고, 이를 온 세상에 알게 함으로써 천하를 진무鎭撫할 수 있다고 생각합니다." 한박의 진의는 왕망을 풍자하는 것이었다. 그것을 깨달은 왕망은 증오하였지만, 한박은 차치하고서라도 거무패를 처벌할 이유를 찾을 수 없었기 때문에 패를 그 땅에 머무르게 한 채 그 성씨를 거모巨母라고 고치게 하였다.

-「왕망전 하」

③ 지황地皇 원년(20) 7월 선제 두릉杜陵의 편전便殿에 안치된 상자 속에 수장되어 있던 호랑이 무늬 옷이 저절로 나와 외당外堂 위에 섰다가 잠시 후 땅바닥으로 쓰러졌다. 이것은 천자가 수레인 여輿를 탈 때 입는 옷이다. 이를 목격한 관리가 왕망에게 보고하였다. 왕망은 이를 증오하여 "이후로는 황색을 귀중히 여기고 적색을 천한 자의 색으로 삼으라. 신분이 낮은 관리는 심홍색深紅色의 옷을 입게 하라"고 칙명을 내렸다.

-「왕망전 하」

④ 지황 2년(21) 누군가 "황제黃帝 때 화개華蓋[10]를 세워 등선登仙[11]하였다"고 말하였다. 그것을 들은 왕망은 아홉 겹으로 된 화개를 만들게 하였다. 높이 8장 1척의 호화찬란한 것으로 기계장치를 한 사륜수레에 그것을 얹고 여섯 마리 말이 끌게 하였다. 수레를 이끄는 역사力士 3백 인에게는 황색 옷을 입히고 수레 위의 사람이 태고太鼓를 두드리면 일제히 "등선! 등선!"이라고 외쳤다. 왕망이 외출할 때에는 반드시 그 수레를 앞에 가게 하였다. 백관들은 모두 "이것은 마치 상여 같지 도무지 등선의 수레는 아니다"라고 소곤거렸다.

-「왕망전 하」

①은 일찍이 무제의 이궁離宮[12]이었던 황산궁에 황룡이 떨어져 죽었다는 소문이 퍼지고 그것을 보려고 사람들이 쇄도했다는 기록이다. 왕망이 세운 신은 한왕조의 화덕을 이은 토덕, 그 색은 황색이고 용은 천자를 의미한다. 즉 황룡이 떨어져 죽는 것은 왕망의 죽음을 의미한다. 왕망은 이

10 제왕이나 고관이 타는 수레를 장식하는 덮개.
11 신선이 되는 것을 말한다.
12 고대 정궁(正宮) 이외 제왕이 순수(巡狩) 시에 머무르던 별궁을 말한다.

사태에 분노와 불안을 느끼고 백성들을 체포하여 그 소문이 어디서 나왔는지 철저히 조사하도록 했지만, 출처가 묘연하였다.

②는 한박이라는 자가 '거무패'("거는 패자가 되지 못한다"는 의미)라는 인물의 성명을 빌려 "거군巨君(왕망의 자字)은 패자覇者가 될 수 없다"는 뜻을 암시하며 왕망을 비난했다는 기록이다. 왕망은 이를 역이용하여 '거무패'를 '거모패'("거의 어머니, [거를] 패자가 되게 하다"는 의미)로 개명시키고 이 인물이야말로 자신이 패왕이 될 것임을 암시하는 부명符命(하늘이 천자를 기리기 위해 내린 상서로운 징조)이라고 선언했다. 그러나 실제로 왕망은 이를 불쾌하게 생각하고, 삼가지 않고 말했다 하여 한박을 사형에 처하였다.

③은 선제의 능에 오랫동안 보관되어 있던 호랑이 무늬 옷이 저절로 나타나 외당 위에 일어섰나 했더니 잠시 후 땅에 쓰러졌다는 불길한 보고다. 왕망은 매우 두려워하여 이를 계기로 토덕인 신왕조의 황색을 철저히 존중하는 한편, 한왕조의 적색(화덕)을 폄하하여 미천한 색으로 삼았다.

④는 '괴이한 현상'은 아니지만, 왕망이 황제의 '등선'을 흉내 내어 화개를 덮은 수레로 외출하였으나, 백관들은 이를 마치 '상여', 즉 관을 실은 수레라고 소곤거리며 비웃었다는 기록이다.

이상은 천봉 2년부터 지황 2년 사이, 즉 왕망 말년에 일어난 사건들이다. 그 이전에도 왕망을 비난하는 사건이 발생했었지만, 그것들은 모두 직접적 수단에 호소한 것이어서 주범은 곧 체포되어 모두 처형되었다. 그 때문에 왕망을 위협하는 효과를 거두지는 못했다.

그에 비해 만년에 발생한 일련의 사건은 모두 책임 소재를 분명히 할 수 없었고, 그 때문에 왕망은 대응에 애를 먹었다. "황룡이 떨어져 죽는다"는 것은 왕망의 죽음을 은유하는 것이었지만 소문의 출처를 밝혀내는 것조차 불가능했다. 또한 선제릉에서 저절로 나온 옷도 왕망이 아무리 이를 불길하게 여기더라도 취할 수 있는 방법이 없었고, 황제를 흉내

내어 '등선'을 기대하며 만든 화개차에 대해 "마치 장례의식용 수레 같다"고 깔보며 비웃는 백관들마저도 어떻게 할 수 없었다. 왕망에게는 반격할 기회조차 없었던 것이다. 확실히 ②에서는 '거무패'를 '거모패'로 개명시키고 한박이 의도한 통렬한 풍자를 무력화할 작정이었다. 그러나 그 불길한 분위기를 불식시킬 수 없자 결국 한박을 처형해야만 했다.

누가 퍼뜨렸는지 알 수 없는 소문, 설명할 수 없는 기분 나쁜 현상, 생각지도 못한 불길한 험담은 모두 왕망이 아무리 증오해도 어찌할 도리가 없었다. 지금까지 동요에 의해 비난받고 매도당한 많은 천자나 외척, 혹은 권력욕에 사로잡힌 이들이 느꼈던 불안과 초조를 왕망도 감당할 수밖에 없었다.

게다가 모든 경우, 사건을 암시하는 불길한 현상이 미리 나타났다. ①의 사건과 관련해서는 전해 6월에 시야를 가릴 정도의 황색 안개가 발생하였다. 그 안개는 황룡이 추락사했다는 소문을 상기시킨다. ③의 사건이 일어나기 전달에는 왕망이 조詔를 내렸다. 그 전까지 죄인을 처형하는 시기는 자연의 이치에 따라서 초목이 시드는 겨울로 정해져 있었으나 앞으로는 시기를 불문하고 처형해도 좋다는 내용이었다. 이로 인해 백성들은 무서워하여 서로 눈짓하면서 숨죽이게 되었다. 어쩌면 선제릉의 옷이 저절로 움직여 나와 땅바닥에 쓰러진 현상은 백성의 불안이 눈에 보이지 않는 힘이 되어 왕망을 위협한 것인지도 모른다. 또한 ④와 관련해서 본다면 이해, 즉 지황 2년에 왕망의 처가 죽고 그 직후에 황태자(4남)가 자살하였으며 다시 3남이 병사하면서 왕망은 처와 아들 넷을 모두 잃었다. 거듭된 불행은 '상여'를 연상시키고 마치 다음은 왕망의 차례라고 '예언'하고 있는 것 같다.

이처럼 이들 사건은 모두 동요가 만들어질 만큼의 조건을 갖추고 있었다. 그런 의미에서 이 일련의 괴이한 현상은 왕망을 비방하는 동요의 대용이었다고 말할 수 있을 것이다. 그러나 그럼에도 불구하고 왕망을 증오하고 매도하는 동요는 만들어지지 않았다.

공백의 의미

동요가 정치 비판의 무기로 정착한 전한 말, 왕망을 비난하는 동요가 없었다는 것을 어떻게 생각하면 좋을까. 또한 후한왕조에서도 동요에 의한 정치 비판이 끊이지 않았음에도 불구하고 왕망이 동요에 제물로 바쳐진 적은 없었다. 이 십수년간의 동요의 공백은 무엇을 의미할까.

성제 치하, 성제가 정치와 전혀 무관했던 것은 어떤 의미에서는 부득이한 일이었다. 원제의 기대에 어긋났던 성제는 폐태자가 되기 직전, 왕태후와 태후의 동생 왕봉이 힘을 써 간신히 천자에 즉위할 수 있었다. 그 때문에 왕태후와 왕봉이 정권을 장악해도 어쩔 수 없었다. 그러나 왕봉 사후 권력을 장악하고 친정親政할 수 있었던 성제는 무희 조비연 자매에게 빠져 정치를 돌보지 않았다. 과연 잇달아 만들어진 동요는 성제의 어리석음을 비난하고 후사가 자라지 않는 것을 조롱하였다. 또한 외척 왕씨 일족의 사치와 전횡은 『한서』「성제기」·「원후전」·「외척전」·「오행지」 등에서 거듭 비난받았고, 특히 천자도 능멸했던 '왕씨 다섯 제후'는 동요에서 주된 공격의 대상이었다.

하지만 이 속에서 왕망의 그림자는 매우 희미하다. 왕씨 일족의 많은 종형제들이 권세를 등에 업고 쾌락을 좇을 때, 어려서 부친을 여읜 왕망은 학문에 힘쓰면서 요절한 형이 남긴 아이와 형수를 돌보고 일가를 지탱하고 있었다. 그리고 백부伯父인 대장군 왕봉이 병들었을 때 왕봉의 약을 몸소 맛보고 밤을 새워 간병하였다. 약은 무릇 독약이기 때문에 부모가 병들었을 때에는 건강한 자식이 먼저 약을 맛보고 나서 부모에게 드시게 하는 것이 부모에 대한 자식의 의무다.(『예기』「곡례曲禮 하」) 이 헌신적인 간호에 감격한 왕봉은 임종에 즈음하여 태후와 성제에게 왕망의 장래를 부탁하였다. 이것을 계기로 왕망은 정계에 진출하게 된다. 따라서 '왕씨 다섯 제후'의 악행을 아는 사람들은 오히려 호감을 가지고 왕망을 받아들였을 것이다.

그렇지만 『한서』에 왕망에 대한 비난이 넘치는 것처럼 누구나가 왕망을 좋게 받아들였을 리는 없다. 왕망의 출세를 호의적으로 생각하지 않고 그 대두에 위기감을 느낀 사람들이 왕망을 비난할 때 그가 외척 왕씨 일족의 하나라는 사실만으로도 이유는 충분했다. 그러나 한왕조 찬탈자, 악랄하고 무도한 반역자라는 이미지를 버리고 허심탄회하게 왕망을 보면 그는 당시 사회에서 기대되던 존재였다고 생각된다. 물론 왕망이 연이어 실행한 개혁이 실패한 것도 왕망에 대한 반발에 박차를 가했다. 그러나 모든 개혁에는 혼란이 수반된다. 개혁은 언제나 경제에 영향을 미친다. 어떠한 개혁도 모든 사람에게 이익을 가져올 수는 없고 반드시 불이익을 당하는 사람이 있기 마련이다.

대개 '외척의 화'는 일족의 권력 확대와 지위 보전을 추구하고 이익·권력·안녕을 독점하려 한 나머지 생긴 참극이다. 그러나 외척 왕씨의 일족이라고는 하나 특권과는 무관하였던 왕망이 오직 개혁에 몰두하고 있던 것을 사람들은 잘 알고 있었다. 또한 왕망은 친아들의 잘못을 질책하여 자살하게 함으로써 '외척의 화'라는 오명에서 벗어날 수 있었다. 그 때문에 왕망이 착수한 개혁에 대하여, 결과적으로 실패는 했지만 당시 사회는 그다지 냉담하지 않았다.

동요에 의해 야유당하고 매도되는 것은 권력자에게 이를테면 숙명 같은 것이다. 천자의 어리석음을 조소하고 외척과 장군의 부덕과 횡포 혹은 사치를 저주하는 동요는 한대에 예외 없이 존재하였고 역사에 기록되어 남았다. 하지만 왕망의 경우에는 동요를 대신하는 비난의 소리는 있었지만, 동요는 만들어지지 않았다.

그러나 왕망이 시도한 경제 개혁은 제대로 진행되지 않았고, 설상가상으로 재해가 빈발하여 사회는 점점 불안정해졌다. 그리고 천봉 5년(18)의 대기근을 계기로 적미의 무리가 각지에서 약탈을 거듭하였다. 왕망은 이를 토벌할 수 없었고 관동[13]의 기근과 극심한 가뭄이 수년 동안 이어지면서 적미의 무리는 차츰 불어나 참담한 상황에 이르게 되었다. 유씨를 포기했던 사람들이 왕망에게 건 기대가 컸던 만큼 개혁 실패에 따른 실망도 컸다. 왕망 통치 말년에 나타난 괴이한 현상은 그 실망의 분출일 것이다.

13 지금의 산동성 지역을 말한다.

제6장

후한의 동요

윤성기

외척과 환관의 다툼

청나라 학자 조익이 지적한 것처럼 후한왕조의 광무제·명제·장제 3대는 양한을 통틀어 이른바 '환관의 해害'도, '외척의 화'도 없었던 극히 건전한 시대였다. 그러나 제4대 황제 화제和帝(재위 88~105년) 이후의 역사는 외척과 환관의 정권 쟁탈로 점철되었다. 화제 붕어 후에 외척과 환관이 국가와 개인에 초래한 재난은 중국 역사상 최대라고 말할 정도다. 양자의 치열한 다툼은 결국 후한왕조를 멸망으로 이끌었다.(『이십이사차기』 권3「한외척보정」·「양한외척지화」)

장제의 황후 두씨竇氏는 자식을 두지 못했다. 그러나 후궁인 송귀인宋貴人과 양귀인梁貴人은 남자아이를 낳았다. 귀인은 황후 다음가는 비빈을 말한다. 두황후는 우선 송귀인을 자살로 몰아넣고 황태자 경慶을 폐한 다음, 양귀인을 유폐하여 죽게 하고 그 아들을 자신의 아들로 삼아 양육하고 즉위시켰다. 그가 화제다.

장제가 붕어하자 두황후는 겨우 열 살의 화제를 즉위시키고 몸소 황태후로서 조정에 군림하였다. 그리고 오빠 두헌竇憲을 대장군으로 삼은 것을 시작으로 일문의 사람 모두를 요직에 앉혀 정권을 농단하고 후한 '외척의 화'의 나쁜 전례를 만들었다.

화제가 붕어하자 이번에는 화제의 황후 등씨鄧氏가 암약하였다. 등씨는 외척 두씨의 지배에서 벗어나기 위해 환관을 이용하였는데, 환관의 협력을 얻어 생후 백여 일 된 어린 상제殤帝를 즉위시키고 정권을 외척 두씨의 손에서 탈취하였다. 이를 기화로 환관이 일거에 세력을 얻은 것은 말할 것도 없다.

그 상제가 한 살의 나이로 죽자 등황후는 청하왕清河王 경(두황후에 의해 폐태자된 송귀인의 아들)의 아들을 옹립하였다. 그가 바로 안제安帝(재위 106~125년)다. 등황후는 이 어린 황제를 대신하여 정무를 집행하기 위해서라며 자신은 태후로 군림하고 오빠 등즐鄧騭을 대장군으로 삼아 외척 등씨에 의한 정권의 토대를 확고히 하였다.

그 안제 또한 염황후閻皇后와의 사이에 아이가 생기지 않았다. 그 때문에 안제가 이씨李氏와의 사이에서 태어난 아들을 태자로 세웠지만 염황후는 이씨를 짐독으로 살해하고 태자를 폐하여 제음왕濟陰王으로 삼았으며, 황후의 오빠 염현閻顯은 환관과 모의하여 조정을 좌지우지하였다. 그러나 안제가 붕어하자 염현은 안제 재위 시기 한패였던 환관을 모조리 배척하고 장제의 손자인 북향후北鄕侯 의懿(소제少帝)를 추대하여 황제의 자리에 앉혔다.

그러나 소제는 즉위하고 불과 이백여 일 만에 죽었다. 그러자 염현과 환관 강경江京 등의 전횡에 불만을 품은 환관 손정孫程이 강경 등을 살해하고 염황후에 의해 폐태자가 된 제음왕을 옹립하였으며 염현 형제를 주살하고 염황후를 이궁離宮으로 추방하였다.

폐태자되어 제음왕이 되었다 다시 환관에게 추대되어 천자가 된 순제順帝(재위 125~144년)는 양가陽嘉 원년(132) 양상梁商의 딸을 황후로 맞았다. 양상은 화제의 생모인 양귀인의 동생의 아들이다. 그 양상이 3년 후에 대장군이 되었고 양상이 죽자 황후의 오빠 양기梁冀가 대장군을 계승하여 외척 양씨가 정권을 장악하였다. 이로써 양씨는 반세기 전 두황후에게 유폐되어 죽은 양귀인의 원통함을 해소하였다.

이처럼 화제(10세), 상제(백여 일), 안제(13세), 소제(연령 미상), 순제(11세)로 어린 황제 옹립의 구도가 완성되었다. 그 후에도 충제沖帝(2세)·질제質帝(8세)·환제桓帝(15세)로 어린 천자가 연달아 즉위하였고, 그때마다 외척과 환관의 권력 다툼이 거듭되었다. 이것이 화제 이후 후한왕조의 실태였다.

이고李固와 두교杜喬를 애도하는 동요

순제 말년 수도 낙양에서 동요 한 수가 유행하였다.

> 直如弦, 현과 같이 곧으면
> 死道邊. 길가에서 비참하게 객사하네.
> 曲如鉤, 갈고리와 같이 구부러지면
> 反封侯. 오히려 출세하네.[1]

– 『속한서』 「오행지 1」

순제 말년에 불렸다고 기록된 이 동요는 몇 년 후 환제(재위 146~167년) 때에 일어난 양기에 의한 정적 숙청을 예언하였다고 생각된다.

순제가 죽은 후 양기는 태위太尉 이고의 반대를 무릅쓰고 장제의 현손玄孫인 질제를 옹립하였다. 그런데 이 질제가 예상 밖으로 총명하여 여러 대신 앞에서 양기를 향해 "당신인가요, 그 유명한 발호장군跋扈將軍(거리낌 없이 제멋대로인 장군)[2]이?"라고 야유한 일이 있었다. 그때 양기는 확신했다. '질제를 살려 두면 언젠가 양귀인과 똑같이 매장될 것이다. 그렇게 되면 양씨의 미래는 없다.' 그래서 양기는 질제를 짐독으로 살해하고 환관과 공동 전선을 펼쳐 공통의 이익을 위해 여오후蠡吾侯 지志를 추대하여 즉위시켰다. 그가 환제다.

명신名臣으로 이름 높은 이고와 두교는 진작부터 공적도 능력도 없는 환관을 함부로 설치게 해서는 안 된다고 양기를 비판하였다. 그리고 이

1 마지막 줄을 자구 그대로 해석하면 다음과 같다. "오히려 후로 책봉되네."
2 발호는 원래 교만하고 강포함을 의미하는 것으로, 당시 권력자 양기를 풍자하여 발호장군이라 하였다.

번에는 양기와 환관이 추대한 여오후 지의 옹립을 거세게 반대하였다. 이고와 두교는 인격자로 평판이 높았던 청하왕清河王 산蒜을 세워야 한다고 주장하였고, 이에 양기와의 사이에 불화가 생겼다. 양기와 환관은 집요하게 반대하는 이고와 두교를 투옥하여 그들의 입을 봉하였고, 죽은 후에는 본보기로 그 시체를 길에 방치하였다. 이미 환제를 즉위시킨 양기는 뒤이어 환제에게 순제 양황후의 동생을 황후로 맞게 하여 외척 양씨의 지위를 공고히 하였다.

그런데 안제로부터 '천하제일'이라고 칭찬받고 천자를 보좌하는 삼공이 되었던 호광胡廣도 당초에는 이고에 가세하여 청하왕 산의 옹립을 주장하였다. 그러나 그는 양기가 "여호후 지를 옹립할 것이다"라고 위협하자마자 후환을 두려워하여 '대장군의 명대로'라며 넙죽 엎드려 권력에 굴복하였다. 그 보람이 있어 호광은 환제 옹립에 공적이 있다 하여 그 포상으로 안락향후安樂鄕侯에 봉해졌다. 이고와 두교의 유해가 길에 버려진 바로 그날에.

정직한 사람은 손해를 보고 약삭빠르게 처신하는 사람은 출세한다. 이러한 일은 지금이나 옛날이나 드문 일이 아니다. 그러나 지각 있는 사람들은 이고·두교의 비명의 죽음에 동정을 금할 수 없었고 양기의 숙청에 비분강개하였다. 자신의 권력을 유지하고 확대하기 위해 환제 옹립을 꾀한 양기와, 이고와 두교가 그 무능과 전횡을 규탄한 환관에게 사람들은 증오심을 품었을 것이다.

세상의 정의로운 사람들은 비참하게 죽은 선인善人 이고와 두교에게 "현弦과 같이 곧다"고 찬사를 보내고 배신자 호광을 "갈고리같이 구부러졌다"고 매도하여 양기와 환관에 대한 증오를 환기시키려 했다. 이후 호광이 환관 정숙丁肅과 혼인 관계를 맺은 것을 안 사람들은 이 일로도 호광을 비난하였다. 일찍이 '천하제일'의 위명偉名을 자랑하던 호광이 권력에 굴복하고 적에게로 돌아섰을 뿐 아니라 환관에게까지 아첨한다고.(『후한서』「호광전」)

부정을 폭로하고 정의를 관철한 사람은 비참한 죽음을 맞고 권력자에게 아첨하는 자는 부유하고 번영한다. 이것이 부패한 세상사일 것이다. 모든 일이 양씨 일족의 전횡에 귀착되는 것을 알았을 때, 사람들은 이고·두교를 칭송하는 한편, 호광을 폄하하고 공격하고자 이 동요를 불렀다. 이 동요로 인하여 호광은 세간에서 멸시당하였으므로 동요는 일단 목적을 달성한 셈이다. 그렇다면 다음으로 사람들은 오로지 양씨를 저주하는 새로운 동요를 만들고 양씨 일족의 섬멸을 기대하지 않았을까.

외척에서 환관으로

15세로 즉위한 환제는 발호장군 양기와 그 여동생 양태후(순제의 황후)에 의해 양씨 일족의 권력 보전과 양기의 야망을 위해 옹립되었다. 그리고 즉위 이듬해에는 태후의 동생을 아내로 맞이하게 되어 환제 또한 즉위 초부터 양씨 일족의 꼭두각시로 운명지어졌다. 그러한 환제 시대에 밝은 미래가 있을 리 없었다. 환제 즉위 후에 양씨 일족의 전횡이 한층 더 심해질 것임은 누가 보아도 분명했다.

환제 즉위 후 5년이 지난 화평和平 원년(150) 2월, 그래도 때로는 오빠 양기의 폭주에 제동을 걸기도 했던 양태후가 죽었다. 태후의 죽음은 양기와 그 일족의 전권을 더욱더 확대시켰다. 양기가 환제에게 억지로 결혼하게 했던 양황후는 환제의 총애를 받은 적이 없었다. 당연히 아이는 바랄 수도 없었다. 후궁의 여인이 임신했다는 말이 들리면 양황후는 그 여인을 찾아내어 배 속의 태아를 독살하였다. 황후의 지위, 그리고 양씨 일족의 안위를 지키기 위해서는 양씨가 아닌 여자에게서 태어난 아이가 후계자가 되는 것만은 반드시 막아야 했기 때문이다.

양황후는 만일 후궁의 몸에서 남자아이가 태어나면 그 아이가 결국 태자가 될 것이고, 그 모친이 황후가 되면서 자신은 버려져 장제의 두황후와 같이 괴로움을 겪을 것이라고 생각했다. 그것으로만 끝나는 것이 아니다. 일족이 파멸하게 된다. 그녀는 그것이 외척전단外戚專斷의 대가라는 것을 알고 있었다.

과연 환제는 끝내 후계자를 갖지 못했다. 환제도 일의 전말을 몰랐을 리 없지만, 흉악한 양씨를 두려워하여 경솔하게 불평할 수 없었다. 우선은 살고 봐야 했다. 선대인 질제가 '발호장군'이란 한마디로 인해 너무나 간단하게 독살당했기 때문에 어쨌든 신중하게 행동해야 했다.

원가元嘉 연간(151~152년) 역병·한발·기근·지진·일식 등 사람들을 불안하게 하는 재해와 이변이 연이어 발생하였다. 그리고 영흥永興(153~154년)·영수永壽(155~157년) 5년 동안에는 황하의 범람, 사수泗水의 불어남과 역류, 낙수洛水의 범람이 잇따라 일어났다. 사람들의 삶은 피폐해져 갔다.

그리고 연희延熹 2년(159) 양황후가 죽었다. 환제는 이를 호기로 보아 양씨의 지배에서 벗어날 결심을 하고 양씨에게 원한을 가진 환관과 도모하여 양씨 일족을 섬멸할 것을 밀약하였다. 환제와 혈맹을 맺은 환관은 쿠데타를 일으켜 양기와 그 처를 자살로 몰고 양씨 일족 수십 명을 주살하는 데 성공하였다. 환제는 외척 양씨의 속박에서 간신히 해방되었고 그렇게 바라던 정권 탈환이 성취된 것처럼 보였다.

그러나 이것을 기회로 환관이 단숨에 정권을 장악하였다. 양씨 일족 섬멸에 특별히 공을 세운 다섯 명의 환관—단초單超·서황徐璜·구원具瑗·좌관左悺·당형唐衡—은 같은 날 후에 봉해져 '다섯 제후'라 불렸다. 사람들은 곧 전한 성제 때의 '다섯 제후'를 떠올리며 위험스럽게 여겼다. 후한의

'다섯 제후'에 관해서는 다음 장에서 서술하겠지만, 정권은 단지 외척 양씨로부터 환관에게로 이동한 것에 불과하였고 환제의 정권 탈환의 꿈은 덧없이 사라졌다.

때마침 서역에서는 티베트계 유목민족인 서강西羌의 반란이 격화되고 있었다. 연희 2년과 3년에는 호강교위護羌校尉 단경段熲이, 4년에는 중랑장中郎將 황보규皇甫規가 서강을 격파하였다. 두 사람은 서역에서의 활약으로는 우열을 가리기 어려웠지만 환관에 대한 자세는 대조적이었다.

이미 정권을 장악한 환관 앞에서 천자도 대신도 함부로 말을 하지 못했다. 그러나 황보규는 환관의 우두머리 면전에서 거리낌 없이 환관들에게 반발하였다. 황보규는 절의를 중시하는 기개 있는 무장으로서, 진작부터 환관의 대두를 증오하고 환관과의 교제를 거절하였다. 그러한 황보규의 태도에 사람들은 가슴이 후련했고, 마음속으로 쾌재를 불렀다. 반면 단경은 호광과 마찬가지로 환관에 아첨하여 거액의 부를 얻었다. 그러나 결탁하였던 환관 우두머리의 죄가 폭로되어 주살되자 그에 연좌되어 옥에 갇혔고 문초를 견딜 수 없어 독을 마시고 죽었다.

양씨의 섬멸을 바라는 동요

환제가 즉위하고 바로 낙양에서는 다음과 같은 동요가 유행하였다.

> 小麥青青大麥枯, 밀은 무성하고 보리는 시드는데,
> 誰當穫者婦與姑. 베어 내는 것은 며느리와 시어머니.
> 丈人何在西擊胡, 남편은 서역에서 전쟁을 하고

吏買馬, 君具車,	관리는 말을 사고 군께서는 수레를 마련하네.
請爲諸君鼓嚨胡.	부디 분명히 말해 주오.[3]

-『속한서』「오행지 1」

원가 연간 이후 서역에서는 서강이 계속해서 반란을 일으켰고 그 영향이 전국에 미쳐 백성들이 피해를 입게 되었다. 이 동요는 서역의 반란을 진압하기 위해 남자들이 병역에 차출된 농촌의 슬픔을 노래한다.

사마표司馬彪[4]는 이 동요를 "남자 일손이 없어서 농사도 제대로 짓지 못하고 보리를 베는 것은 남겨진 여인들뿐. 게다가 징병은 신분이 높은 자에게까지 미치게 되어 불평불만이 폭발할 것 같다. 그러나 누구도 말할 수 없다"라고 해석하였다.(『속한서』「오행지 1」) 사마표에 따르면 이 동요는 서역의 반란과 그에 따른 중국의 피폐, 그리고 그 희생자가 된 백성의 불만을 노래한 셈이다.

그러나 그것은 표면적인 해석에 불과하다. 백성의 고통, 슬픔은 새삼스러운 일이 아니었다. 이러한 일반적인 내용으로는 사람들의 기억에 남는 일도 역사에 기록되는 일도 없었을 것이다. 동요는 무엇보다도 구체적인 일을 노래하는 것이다. 비록 처음에는 막연한 내용이었다 할지라도 반드시 구체적인 사건과 인물을 노래하며 널리 퍼진다. 그리고 그 효능과 응보應報가 나타나면, 동요는 신비성을 띠고 사람들의 기억에 각인되어 역

3 자구 그대로 해석하면 다음과 같다. "밀은 무성하고 보리는 시드는데, 누가 베어 수확하나? 며느리와 시어머니. 남편은 어디에 있나? 서쪽에서 오랑캐와 싸우네. 관리는 말을 사고, 군께서는 수레를 마련하네. 청컨대 제군(諸君)을 위하여 목청을 울려 주오."

4 『후한서』는 유송(劉宋)의 범엽(范曄)이 편찬한 것이지만 범엽이 『후한서』「지(志)」 부분을 완성하지 못하고 사망하여, 후대 양(梁)왕조의 유소(劉昭)가 동진(東晋)의 사마표가 편찬한 『속한서(續漢書)』의 「율력(律曆)」, 「예의(禮儀)」, 「제사(祭祀)」, 「천문(天文)」, 「오행(五行)」, 「군국(郡國)」, 「백관(百官)」, 「여복(輿服)」 등의 팔지(八志)를 붙여 지금과 같은 체제를 만들었다. 따라서 「오행지」의 기사를 인용하면서 『속한서』「오행지」라 하고, 저자 역시 사마표로 표기한 것이다.

사서에 기록되기에 이른다. 이 동요가 사람들에게 불리게 되어 역사에 남았던 것은 사실은 좀 더 깊고 잔혹한 의미가 포함되어 있었기 때문이다.

「오행지」에는 이 동요가 원가 연간, 즉 환제가 즉위한 지 얼마 안 되어 유행했다고 쓰여 있다. 그런데 동요에서 말하는 서강의 반란은 원가 시기에는 원가 2년(152) 정월, 한 차례밖에 없었다. 반란이 빈번하게 일어난 것은 그로부터 7년 후인 연희 2년(159) 이후의 일이다.(『후한서』「환제기」·「서강전」) 그럼에도 불구하고 환제 초인 원가 연간에 유행한 이 동요는 서강 진압을 노래하였다. 이것은 무엇을 의미하는 걸까?

이 동요는 환제 즉위 초 양씨 일족의 전횡과 빈발하는 재해로 피폐해진 사회에서 매일매일 생계를 이어가는 것조차 여의치 않고 앞으로의 전망도 없는 백성들이 단지 한 번의 서강 반란을 계기로 "앞으로도 밖에서는 서강의 반란이 활발해져 징병이 계속되고, 안으로는 발호장군 양기와 그 일족 때문에 점점 희망이 없는 사회가 될 것이다"라고 생각하며 비통한 마음으로 불렀던 것이다.

이러한 배경에 입각하여 이 동요를 읽으면 그 진정한 의미는 다음과 같다. 우선 전반부의 '소맥小麥'은 환관, '대맥大麥'은 양기(양씨 일족), '부婦'는 황후 양씨, '고姑'는 황태후 양씨를 가리킨다. 따라서 "소맥(환관)이 기세 좋게 자라면 대맥(양씨)은 시들 테지만, 그 전에 누군가 베어 낼 것이다. 그것은 며느리(황후 양씨)와 시어머니(황태후 양씨)다"라는 내용이다. 그렇다면 이 동요는 양씨 일족을 멸하는 것은 다름 아니라 양씨 자신, 즉 양기의 누이들이 순제와 환제의 황후가 되어 정권을 농단함으로써 결과적으로 양씨 일족의 멸망을 초래하게 될 것이라는 기대를 담은 노래다.

그러나 양기의 파멸을 바라고 양기를 대신할 새로운 지도자의 등장을 기대하기는 하지만 환제가 스스로 외척 양씨를 일소하고 권력을 갖는 것은 기대할 수 없다. 양씨 일족을 대신하는 것은 역시 환관이 아닐까 하는 불안이 항상 떠나지 않는다.

그래서 후반부에는 "[그러나 비록 외척 양씨가 일소되어도 또다시 환관이 맹위를 떨치는 것은 아닐까. 그때 이 환관을 혼내 줄] 황보규는 어디에 있는 걸까? 그는 서방으로 쫓겨나 버렸고, 관리는 세금 징수만을 혹독하게 하며 자신의 보신밖에 신경 쓰지 않는다. 그리고 조정에는 태연하게 환관에게 돌아선 파렴치한(단경)이 있다. 도대체 누가 정말로 환관을 쓰러뜨릴 것인지 알 수 없다. 섣불리 판단하면 이쪽이 당할 뿐이다. 그래서 누구도 공언하지 않는다. 누군가 분명히 말해 다오"라고 양기의 죽음을 바라고 새로운 정치를 기대함과 동시에, 환관 세력의 대두로 그 기대도 배반당하게 될 어두운 미래를 암시한다.

과연 몇 년 후 연희 연간에 서강의 반란이 격증하고 동요가 예언한 것이 현실이 되었다. 예언이 적중한 것이 놀랄 일도 아닌 것이 이미 영흥·영수 연간(153~157년) 황하의 범람이 빈발하여 정세는 점점 더 불안해졌고 불안은 더 큰 불안을 낳고 있었기 때문이다.

그때 한 줄기 광명이 비쳤다. 화평和平 원년(150) 양태후의 죽음에 이어 연희 2년(159) 양황후가 죽었다. 어쩌면 동요에 숨겨진 양씨 일족에 대한 원한을 풀 기회가 될지도 모른다. 확실히 환제가 계획한 쿠데타는 성공하였고 양씨 일족은 일거에 주멸되었다. 정말로 동요가 기대한 대로 결과를 얻었다. 그러나 양씨 일족을 대신하여 등장한 것은 염려한 대로 환관이었다.

이처럼 환관에의 원한과 증오, 환관에게 아첨하는 단경에 대한 경멸과 매도, 환관에게 농락당하는 무기력한 환제에 대한 절망감, 그리고 최대 희망이었던 양기의 말살과 양씨 일족의 섬멸 등이 모두 원가 연간에 이미 준비되어 있었던 것이다. 물론 결코 밝은 미래는 아니지만, 그다지 비탄에 잠기지 않아도 좋다. 결국 운명은 양기를 자살로 몰고 양씨 일족을 말살할 뿐만 아니라 단경과 같은 배신자를 거액의 부를 얻은 채 호의호

식하게 두지 않고, 독을 먹고 자살하게 할 것이기 때문이다.

이 동요는 양기의 죽음과 양씨 일족의 전멸을 기대하였고 그 기대가 이루어졌기 때문에 사람들의 기억에 선명하게 각인되어 양씨 일족의 멸망을 예언한 동요로 역사에 남았다.

환제의 죽음을 예언하고 영제를 비웃는 동요

다음의 동요도 환제 즉위 초에 유행한 것인데, 그 내용은 잔혹하게도 이미 환제의 최후를 예언하고 뒤를 이은 영제를 야유하는 것이었다.

> 城上烏, 尾畢逋. 성 위의 까마귀 꼬리는 위를 향하고
> 一年生九雛. 일 년에 아홉 마리 새끼를 낳았네.[5]
> 公爲吏, 子爲徒. 아버지는 군리軍吏, 아들은 사졸士卒.
> 一徒死, 百乘車. 한 병사가 죽으면 줄지은 수레가
> 車班班, 入河間. 덜컹거리며 하간으로 향해 오네.
> 河間姹女工數錢, 하간의 미녀는 능숙하게 돈을 헤아리고
> 以錢爲室金爲堂. 그 돈과 황금으로 실과 당(어전御殿)을 짓네.
> 石上慊慊舂黃粱. 그래도 돈이 모자라 관리는 황량을 빻네.
> 梁下有懸鼓, 들보 아래[6]는 태고太鼓가 있어서
> 我欲擊之丞卿怒. 그것을 두드리려 하면 대신에게 야단맞는다네.[7]

- 『속한서』 「오행지 1」

5 이 구절은 『후한서』 「오행지」에는 없으나 『책부원구(册府元龜)』에서 인용한 『속한서』에 있는 구절이다. 저자가 노래의 예언성을 강조하고, 노래의 의미를 명확히 하고자 삽입한 것이다.

6 본문에는 '황량을 빻는 옆'이라고 되어 있으나, 문맥에 맞춰 '들보 아래'로 번역하였다.

7 자구 그대로 해석하면 다음과 같다. "성 위의 까마귀 꼬리를 파닥이네. 일 년에 아홉 마리 새끼를 낳았네. 아버지는 군리요, 아들은 사졸이라. 한 병사가 죽으면 [다시] 백 대의 수레가 [전장

이 노래를 사마표는 다음과 같이 해석하였다. "탐욕스러운 정치가는 외척이든 환관이든 지위를 이용하여 이익을 얻는데, 서민은 세금을 착취당하고 남자는 모두 전쟁에 동원된다. 그러한 세상은 이제 사절이다. 실망의 구렁텅이에 떨어진 사람들은 환제의 죽음을 바라고 다음 천자, 즉 영제에게 기대했으나 모조리 기대에 어긋나 영제의 어머니 영락태후永樂太后의 사치를 비난하고 천자에의 간언諫言을 모두 묵살하는 환관들을 원망했다."(『속한서』「오행지 1」)

그러나 이 해석은 너무나도 막연하고, 특히 전반부가 모호하다. 이제까지 보아 온 것처럼 중국의 동요는 반드시 구체적인 인물과 사건을 노래하였다. 그것들은 혹 가사에서는 보이지 않고 숨겨져 있는 것도 있다. 그러나 당시 사람들은 동요에 숨겨진 인물과 사건 혹은 배경을 알고 있기 때문에 특별히 설명할 필요는 없다. 사람들은 동요를 흥얼거리는 것만으로 동요가 의미하는 내용을 이해하였고 얼굴을 마주보고 서로 득의의 미소를 지었을 것이다. 지금 이 동요 안에 숨겨진 것을 역사 기록에서 찾아내 동요에 담겨진 야유와 조소를 해명해 보고자 한다.

환제에서 영제로

양황후 사후, 환제의 황후가 된 것은 채녀采女(민간에서 선발된 여관女官의 명칭) 등씨鄧氏였다. 그러나 등황후 또한 그 지위를 믿고 교만해졌고 황후가 된

으로] 가네. [죽은 장수를 실은] 수레는 줄지어 하간 땅으로 [황제를 만나러] 들어간다. 하간의 미녀(영제의 모친 영락태후(永樂太后))는 돈을 헤아리는 데 능숙하여, 돈으로 실(室)을 짓고 금으로 당(堂)을 짓네. 석상(石上, 영락태후)은 [쌓인 재물에도] 만족하지 못하여 [시종들에게] 누런 좁쌀을 빻[아 그것을 먹게 하]네. 들보 아래 북이 달려 있어, 내가 그것을 두드려 [황제를 뵙고자] 하니 [북을 관리하는] 관리가 노여워하네."

지 불과 수개월 사이에 친족만을 우대하여 거만巨萬의 부를 주었다. 그뿐만이 아니었다. 환제가 총애하는 곽귀인郭貴人과 격렬히 대립하고 상호비방과 중상모략을 일삼았다. 참을 수 없어진 환제는 연희 8년(165) 2월 결국 등황후를 폐하고 폭실暴室(궁중 부인의 감옥)로 보냈다.

등황후가 폐위된 그해 9월, 이번에는 두황후竇皇后(제3대 장제 두황후의 종조제從祖弟의 손녀)를 세웠다. 그러나 환제는 두황후와 침실을 함께하는 일이 없었고, 두황후는 단순한 장식물에 불과하였다. 환제는 후궁에 틀어박혀 있었다. 후궁에서는 채녀 전성田聖 등 아홉 명의 미녀가 환제를 농락하여, 환제는 아홉 명의 여인에게 몸도 마음도 다 빼앗겼다. 영강永康 원년(167) 겨울, 병상에 누운 환제는 그 아홉 명 모두를 황후 다음가는 귀인으로 승격시켰다.

두황후는 이런 일이 기껍지 않았다. 황후 자신은 여성으로서의 대우를 거의 받은 적이 없었는데, 환제는 비천한 아홉 명의 후궁에게 정신을 잃고 게다가 죽음에 임하여 아홉 명 모두를 귀인으로 임명하였던 것이다. 영강 원년 12월 환제가 붕어하자, 두황후는 분노에 휩싸여 전성 등을 환제의 관 앞에서 살해하였다. 그럼에도 분이 풀리지 않은 두황후는 궁중의 귀인을 모조리 죽이려고 하였다. 환관이 두황후에게 간하여 가까스로 단념시켰다.

후궁의 여인들이 임신한 환제의 아이는 양황후에 의해 배 속에서 독살되었다. 그 때문에 환제도 후계자가 없는 채로 죽었다. 그래서 두황후는 몸소 조정에 임해 해독정후解犢亭侯 굉宏(영제靈帝)을 옹립하려고 아버지 두무竇武를 대장군으로 삼아 이듬해 정월 하간까지 영제를 맞이하러 가게 하였다. 두무는 하문정夏門亭에 도착한 영제를 푸른 덮개가 있는 황태자 전용 수레인 청개거靑蓋車로 맞았다.(『후한서』「황후기 하」·「영제기」) 영제가 즉위하자 영제의 모친은 신원귀인愼園貴人이 되었다. 그리고 두황후가 죽고 영락태후가 된 영제의 모친은 영제에게 관위官位를 팔게 하고 그 돈을 자신의 방에 모아 두었다고 한다.(『후한서』「황후기 하」)

그런데 순제의 외척 양씨에 의해 옹립된 환제는 후한왕조 제3대 장제의 직계 증손이고 하간왕 개開의 손자이다. 영제는 그 하간왕 개의 증손이다. 즉 환제의 아버지 여오후 익翼과 영제의 조부 해독정후 숙淑은 형제다.

위와 같은 역사적 사실을 이해하고 나서 이 동요를 해석하면 "일 년에 아홉 마리 새끼를 낳는다"의 '아홉 마리 새끼'가 전성 등 아홉 명의 여자를 말하는 것은 일목요연할 것이다. 그렇다면 '성 위의 까마귀'는 두황후를, '한 병사'는 후계자가 없었던 환제를 암시하는 것이 된다. 즉 동요 전반부의 의미는 "성 위의 까마귀(두황후)는 꼬리(환관)를 이용하여 포逋(세금)를 착취한다. 환제는 까마귀(두황후)에게는 흥미가 없고, 아홉 마리 새끼는 그해 귀인이 되었다. 그러나 두황후는 당당한 위치에 서고, 환제는 마치 사졸과 같다"가 된다.

노래 후반부에 관해서 사마표는 다음과 같이 해설하고 있다.

> 환제가 붕어했을 때 영제를 맞이하는 수레가 덜컹거리며 하간에 들어갔다. "하간의 미녀는 능숙하게 돈을 헤아리고 그 돈과 황금으로 실과 당을 짓네"라는 것은 영제가 즉위하고 그 모친 영락태후가 끊임없이 돈을 모으고 그 돈으로 어전을 지었던 것을 말한다. "그래도 돈이 모자라 관리는 황량을 빻네"는 영락태후가 지불하는 돈에 곤란을 겪어 어떻게 할지 고민한 끝에 절구로 황량을 빻게 하여 지불에 충당하였던 것을 말한다. "들보 아래는 태고가 있어서 그것을 두드리려 하면 대신에게 야단맞는다네"라는 것은 영락태후가 영제에게 관위를 팔아 돈을 모으게 하여 그 지위에 합당하지 않은 품위 없는 자가 돈으로 관위를 사서 녹祿을 얻었기 때

문에 천하의 지각 있는 사인이 이에 분노해 황제를 알현하여 의견을 말하고 싶다고 북을 두드려 요구하지만, 관리들은 영락태후에게 아첨하며 오히려 화를 내며 그만두게 하였음을 말한다.

-『속한서』「오행지1」

이 동요는 '환제 초'에 유행한 것이기 때문에 상술한 내용은 모두 예측하여 불렸던 것이 된다. 이 예측이 현실성을 갖기 시작하면 동요는 예언의 소리로 인식되었다. 그리고 지식인은 체념과 함께, 보다 좋은 시대의 도래에 대한 기대를 새로운 동요에 의탁하여 영제 즉위를 노래하는 동요를 만들게 된다. 그러나 그러한 소소한 기대도 허무한 결과로 끝날 것임을 사람들은 이미 예감하고 있었다.

재해와 변고의 조장

『후한서』「환제기」에는 연희 8년(165) 4월에 "제음濟陰·동군東郡·제북濟北의 황하의 물이 맑아졌다"라고 쓰여 있고, 이듬해 4월에도 "제음·동군·제북·평원平原의 황하의 물이 맑아졌다"라고 되어 있다. 즉, 각지로부터 "황하에 이변이 생겨 강물이 맑아졌다"는 보고가 기록되어 있다.

무릇 황하가 맑아진다는 것은 있을 리 없는 일이고, 이는 정상적이지 않은 사태다. 사마표도 일련의 강물의 이변에 관해 "연희 8년과 9년 황하의 물이 맑아지는 이변이 발생하였고 그다음 해(영강 원년) 환제가 붕어하였다. 그래서 해독정후를 한의 후계자로 삼아 제위에 오르게 했으니 이가 영제다"(『속한서』「오행지 3」)라고 기록하였다. 그는 황하의 이상을 환제 붕어와 영제 즉위를 예고하는 불길한 징조로 본 것이다.

음양의 사고방식에서는 여성이 음이고 남성이 양, 탁함이 음이고 맑음이 양이 된다. 본래 탁해야 할 황하가 맑아진다는 것은 음(탁함)이 양(맑음)을 대신하는 것을 의미하고 음이 양을 능가하는 현상이라고 해석된다. 이때 '하간'이 부상하고 '하간의 미녀'가 등장한다. 즉 영제의 어머니인 하간의 미녀(영락태후)가 아들 영제에게 관위를 팔게 하고 그 돈을 독점하였던 것은 태후(음)가 영제(양)를 지배한 것이고, 음(탁함)이 양(맑음)이 되는 황하의 이변은 그 전조로 나타난 하늘의 경고였던 것이다.

그런데 앞의 양씨 섬멸을 바라는 동요가 수해(황하의 범람)를 계기로 그 예언성이 인식된 것에 비해, 이 동요의 예언성은 환제 연희 연간(158~166년)에 빈발한 화재를 계기로 생기게 되었다.

연희 연간에 궁전과 능묘에서 발생한 화재는 연희 4년 정월의 남궁南宮 가덕전嘉德殿의 화재를 시작으로 무려 16회에 달한다. 특히 연희 4년에는 반년 동안 네 번이나 연이어 화재가 발생하였다. 역시 섬뜩한 일이다. 사마표는 이 연속적인 화재에서 하늘의 뜻을 읽어 내고 다음과 같이 해설하였다.

> 연희 4년 정월 신유일辛酉日 남궁 가덕전에서 화재가 발생하였다. 같은 달 무진일戊辰日 병서丙署에서도 화재가 발생하였다. 이월 임진일壬辰日에는 무고武庫에서, 오월 정묘일丁卯日에는 원릉原陵의 장수문長壽門에서 화재가 발생하였다. 이보다 이전에 등씨가 귀인이 되고 황후가 되었다. 환제는 황후의 모친을 장안군長安君으로 삼고 그 형제를 후侯로 삼았다. 등황후는 일족의 사람만을 우대하고 전혀 공적이 없는 자에게도 제멋대로 지위를 주었다.
>
> -『속한서』「오행지 2」

사마표는 화재의 원인으로 등황후를 지적하였지만 이것은 연희 4년의 화재를 해설한 것이고, 그 후에도 계속하여 발생한 화재는 반드시 등황후 때문이라고만 할 수는 없다. 빈발하는 화재는 음(여자)이 양(남자)보다 왕성해지자 자연의 이치로써 음을 억제하기 위해 양이 활발해지는 현상이고, 다음에 군림하는 두황후와 재차 대두하는 환관도 그 원인이 되었다.

제7장

후한 말의 동요

약동기

환관을 우롱하는 동요

간신 양씨를 몰아내기 위해서라고는 하나 환관의 힘을 빌리는 것이 환관을 대두하게 하는 일임을 환제도 잘 알고 있었을 것이다. 그럼에도 불구하고 환관에게 의지하지 않으면 외척 양씨에 대항할 수 없을 만큼 환제는 무력했다. 후한왕조를 계속해서 좀먹은 환관의 실체는 '다섯 제후'라고 불렸던 다섯 명의 환관이 상징적으로 보여 준다.

연희 2년(159) 7월 환제는 천재일우의 기회를 얻었다. 양황후가 죽은 것이다. 환제는 즉시 환관 당형에게 명하여 외척 양씨에게 원한을 품은 환관—단초·서황·구원·좌관—을 집합시켜 신중하게 계획을 세우고 서로의 피로 맹세하며 양씨 섬멸을 서약하였다. 그리고 계획대로 양기를 자살로 몰고 그 친족 및 양기의 후원을 받은 자 수백 명을 남녀노소 불문하고 모조리 살해하여 그 사체를 거리에 방치하였다.

이러한 공적으로 단초는 신풍후新豊侯, 서황은 무원후武原侯, 구원은 동무양후東武陽侯, 좌관은 상채후上蔡侯, 당형은 여양후汝陽侯에 봉해졌다. 그것을 안 사람들은 "장군 하나가 죽고 다섯 장군이 나온다(겨우 발호장군 양기가 살해당해 한시름 놓았다고 생각했는데 그 대가로 다섯 명의 장군(실제로 장군을 배수한 것은 단초 한 사람)이 생기다니)"(『속한서』「오행지 1」)라고 한탄하고 환제와 환관에 대하여 실망과 분노를 숨기지 않았다. 그리고 전한 말의 외척 왕씨 '다섯 제후'의 악행을 상기하고 항의의 뜻을 담아 다섯 명의 환관을 똑같이 '다섯 제후'로 불렀다.

전한 말 성제 시기 사치와 전횡이 극에 달했던 외척 왕씨 형제 다섯 명이 같은 날 후에 봉해졌고, 역시 '다섯 제후'라 하여 동요로 불리며 외척 왕씨의 꼭두각시 천자로서 즉위한 성제와 함께 예리한 비판을 받았었다. 당연히 후한의 환관 '다섯 제후'도 동요에 알맞은 먹잇감이 되었다. 원문에는 동요가 아니라 '어왈語曰' 즉 '말하기를'이라고 쓰여 있지만, 그 목적과 효과는 동요와 차이가 없다.

> 左回天, 좌관은 하늘을 뒤엎을 만큼 오만하고,
> 具獨坐, 구원은 방약무인하고 교만한 것이 비길 데 없으며,
> 徐臥虎, 서황은 엎드린 호랑이처럼 권위로 위압하고,
> 唐兩墮. 당형은 무엇이든 자신의 뜻대로.[1]

– 『후한서』「환자열전宦者列傳」

'다섯 제후'의 필두 단초는 신풍후에 봉해진 이듬해(연희 3년)에 사망하였다. '다섯 제후' 중 살아남은 4인조는 경쟁적으로 화려한 저택을 짓고 개나 말에게까지 금은 장식을 달았으며, 환관의 몸으로 양가의 미녀를 맞이하여 마치 후궁의 여인과 같이 치장하게 하였다.

또한 돈으로 남자아이를 사들여 양자로 삼고 그에게 자신의 봉작을 계승시켰으며 형제와 친척을 차례차례 주군州郡의 장관으로 임명하는 등 마치 천자의 외척이 했던 것과 똑같이 하였다. 그들이 정치를 제물로 삼고 국민의 이익을 탐하여 사물화私物化하는 행태는 도적과 조금도 다를 바가 없었다. 분개한 사람들은 더욱더 횡포해지는 '네 명의 제후'를 증오하고 원망을 담아 노래를 불렀다.

물론 이 노래가 '네 명의 제후'만 비난하는 것은 아니다. '네 명의 제후'는 환관을 대표하는 자들에 불과하고 결국 환관 전체를 염두에 둔 것이다. 또한 네 사람의 이름과 순서도 고정된 것이 아니라 바꿔 넣기도 가능했을 것이다.

1 자구 그대로 해석하면 다음과 같다. "좌관은 하늘을 돌리고 구원은 홀로 앉아 있으며, 서황은 엎드린 호랑이 같고 당형은 마음대로 행동한다."

'회천回天'은 외척의 천하에서 환관의 천하로 바뀐 것에 불과함을, '독좌獨坐'는 오로지 환관만이 교만과 사치가 극에 달한 것을, '와호臥虎'는 환관의 흉폭함을, '양타兩墮'는 환관의 전횡을 말하는 것이다. 사람들은 이 노래 속에, 환관에 맞설 수 있는 사람은 없는 것일까 하고 억누를 수 없는 절망감과 어찌할 수 없는 통분을 담아 환관 전체를 우롱하고 비난하였던 것이다.

'당고의 화'에 항의하는 동요

환제 말부터 영제 시기 후한왕조를 근저로부터 뒤흔든 최대의 사건은 '당고의 화'였다. 당고라는 것은 양식 있는 지식인들이 협력하여 환관의 폭거에 대항하려고 하였지만, 환관이 지식인의 비판을 봉쇄하기 위하여 이들을 '당인黨人'이라 부르고 금고형禁錮刑에 처한 것을 말한다. 그리고 횡포가 극에 달한 환관 세력과 그에 반대하는 청류파淸流派 지식인의 항쟁의 결과로 두 번에 걸쳐 자행된 지식인 탄압을 후세에 '당고의 화'라고 부른다.

환제가 즉위하기 전 아직 여오후였던 시기, 감릉甘陵의 주복周福은 그의 가정교사였다. 즉위한 환제는 은사인 주복을 중앙행정의 최고 관청인 상서尙書에 발탁하였다. 한편 같은 감릉 출신으로 하남河南의 윤尹, 즉 하남의 장관이었던 방식房植은 당대 제일의 명사名士로서 명성이 높았다. 명성이 높았던 방식을 제쳐 놓고 행해진 이 인사는 주위 사람들에게 상당히 의외였을 것이다. 놀란 하남 사람들은 다음과 같은 동요를 지어 주복을 야유하였다.

> 天下規矩房伯武, 천하의 본보기인 방식을 제쳐 놓고
>
> 因師獲印周仲進.[2] 가정교사 덕분에 직위를 손에 넣은 주복.

– 『후한서』「당고열전 서序」

이 동요를 계기로 두 집안의 식객들이 서로 비방·중상하였고 결국은 감릉 땅이 남북으로 이분되는 다툼으로 발전하였다. "당인의 논의는 여기에서 시작되었다"(『후한서』「당고열전 서」)라고 말해지는 것처럼 일반적으로 당고의 화는 주복과 방식의 대립이 그 발단이라고 생각된다.

그러나 부정한 인사도 물론이거니와 외척 양씨를 대신하여 권력을 장악한 환관에 가담하여 이익을 얻으려는 일파(탁류파濁流派)에 대한 불만이 이를 계기로 봇물 터지듯 분출하였다. 양식 있는 지식인과 학생(청류파)은 공통의 적인 환관 및 탁류파 사인을 규탄하였고 그것이 조정에 대한 비판으로 발전하여 전국으로 파급되었으며, 결국 환관에 의한 후한 최대의 지식인 탄압 사건이 발생하였다.

유교적 교양을 갖추고 위정자로서 입신출세하려는 지식인은 비분강개하였고 기개 있는 사인 이응李膺·진번陳蕃을 중심으로 어지러운 조정을 비판하고 공격하였다. 이에 맞서 환관은 조정을 비방하였다는 이유로 이응 등을 체포하여 종신 금고에 처하였다. 이것이 연희 9년(166) 제1차 당고의 화다.

청류파를 칭송하는 동요

이응은 이전에 하남윤으로 재직한 적이 있었다. 그때 장성張成이라는

2 백무(伯武)와 중진(仲進)은 각기 방식과 주복의 자(字).

점술사가 점을 사칭하여 아들에게 살인을 사주한 사건이 발생하였다. 이응은 수하를 시켜 장성을 체포하여 취조하게 하였는데, 전부터 환관에게 환심을 사고 있던 장성은 환관의 주선으로 사면 받으려 하였다. 이응은 환관의 압력에 아랑곳하지 않고 죄상에 상당하는 사형을 집행하였다. 이후 이 일에 도리어 원한을 품은 장성의 제자 뇌수牢脩가 "이응 등은 학생을 홀려 선동하고 조정을 비방하고 중상하였으며 세상을 어지럽히고 있다"고 무고하였다. 환관이 이응 등을 체포하여 금고형에 처한 것은 이 사건이 계기가 되었다.

그러나 지위도 권력도 없는 청류파 지식인은 환관의 탄압에 굴하지 않고 교묘하게 인물 비평을 담은 동요를 만들어 환관에 대항하였다. 다음의 〈삼부三府의 언諺〉은 삼공三公(후한왕조의 중추인 태위太尉·사도司徒·사공司空)의 관청에서 유행한 속언俗諺으로, 이 또한 동요와 동일한 잡가雜歌의 일종이다.

> 車如雞栖馬如狗, 수레는 닭의 둥지, 말은 개와 같네.
> 疾惡如風朱伯厚. 질풍처럼 악을 증오하는 주진朱震.

-『후한서』「진번열전」

진번의 친구인 주진(자는 백후伯厚)은 이전에 주州의 범죄를 단속하고 체포하는 취체관取締官이었을 때, '다섯 제후'의 우두머리였던 단초의 동생 단광單匡의 직권 남용과 부정행위를 폭로하고 단초도 이에 가담하고 있음을 아울러 상주하였다. 환관에게 의지할 수밖에 없었던 환제도 단광을 하옥시키고 단초를 질책하여 사죄하게 하였다.

사람들은 주진의 용기 있는 행동에 박수를 보내며 '수레' 즉 거기장군車騎將軍[3] 단초도 닭의 둥지 정도의 작은 존재이고, 단광을 가리키는 것으로 생각되는 수레를 끄는 말은 개와 같다고 한 것이다. 그에 반해 질풍과 같이 악에 맞서는 주진은 얼마나 훌륭한가라고, 단초과 단광을 웃음거리로 만들고 주진의 정의감을 칭송하였다.

또한 다음의 동요(원문에는 '태학太學에서 말하기를[學中語曰]'이라고 되어 있다)는 이응·진번·왕창王暢 세 사람이 환관을 주멸해 주기를 기대하는 것으로, 당시 사람들 특히 태학생이 존경하고 흠모한 지도자를 칭송하고 있다.

> 天下模楷李元禮, 천하의 모범은 이응 선생,
> 不畏強禦陳仲擧, 탄압도 두려워하지 않는 것은 진번 선생,
> 天下俊秀王叔茂.[4] 천하의 수재는 왕창 선생.

– 『후한서』「당고열전 서」

제6장에서 본 양씨 섬멸을 바라는 동요(밀은 무성하고 보리는 시드네)가 "누가 배신자인지 알 수 없다"라고 불안을 호소하고 있던 것에 비해 누가 청류파이고 누가 탁류파인지 그것이 명확한 지금, 청류의 기풍을 존경하고 사모하는 사람들은 천하의 명사의 이름을 배열한 노래를 부르며 청류파에 대해 아낌없는 찬사를 보내고 있다.

그 무렵 남양군(하남성) 장관인 태수太守에 부임한 홍농弘農 출신의 성진成瑨은 전부터 그 지방 호걸과 결탁하여 악행을 저지른 환관을 엄히 단속하였다. 마침 공조功曹(군의 하급직으로 문서 작성을 담당) 잠질岑晊의 보고로 무법자 환관의 친족을 체포하여 조사하던 중, 매질을 하여 그를 죽음에 이르게 하였다. 그런데 그 남자는 환제 유모의 아들이었다. 그 때문에 성진은 환제로부터 직접 호출을 당하였고 옥에 갇혀 사망하였다.

3 거기장군은 대장군(大將軍), 표기장군(驃騎將軍)에 이은 서열 3위의 장군이다. '거기(車騎)'가 수레(전차)와 기병이라는 뜻이므로, 거기장군이었던 단초를 '수레'로 표현한 것이다.

4 원례(元禮), 중거(仲擧), 숙무(叔茂)는 각각 이응, 진번, 왕창의 자다.

또한 남양 출신의 여남군(하남성) 태수 종자宗資는 공조 범방范滂에게 직무를 위임하였다. 엄정하고 청렴한 범방은 종자의 전폭적인 신뢰를 얻어 환관의 악행을 적발하였다. 종자는 그것을 자신의 공적으로 삼지 않고 모두 범방의 공적으로 삼았다. 그러나 범방은 이응을 모함한 간신 뇌수의 무고를 받아 원통하게 옥중에서 사망하였다.

남양군과 여남군에서는 범방·종자·잠질·성진 네 사람을 칭송하는 노래가 불렸다.

> 汝南太守范孟博, 여남태수는 [종자지만, 사실은] 범방.
> 南陽宗資主畫諾. 남양의 종자는 서명을 할 뿐이네.
> 南陽太守岑公孝,[5] 남양태수는 [성진이지만, 사실은] 잠질,
> 弘農成瑨但坐嘯. 홍농의 성진은 앉아서 휘파람을 불 뿐이네.

–『후한서』「당고열전 서」

자구의 표면적인 뜻으로 판단하면 남양군과 여남군 태수 성진과 종자는 일도 하지 않고 모든 업무를 말단의 공조에게 맡기니 마치 공조 잠질과 범방이 태수인 것 같다고 야유하고 태수 성진과 종자의 무능을 조소하고 있는 듯하다.

물론 그들을 야유하고 조소할 이유는 전혀 없다. 오히려 이 노래는 진번의 벗 주진을 노래한 앞의 〈삼부의 언〉과 마찬가지로, 폭도와 같은 환관에게 과감하고 용감히 대항하는 범방과 잠질, 높은 지성과 풍부한 교양을 갖춘 종자와 성진, 이 네 사람을 입을 모아 칭찬하고 청류파에게 박수갈채를 보내고 있다.

5 맹박(孟博)은 범방의 자고, 공효(公孝)는 잠질의 자다.

청류파에게 기대하는 동요

한편, 진번은 후한왕조를 대표하는 명망 있는 사인이다. 소년 시절 부친이 마당 청소를 시켰는데, "마당 청소보다 천하를 청소하는 일이 중요합니다"라고 대답하였다는 일화가 전해질 만큼 그는 부패한 정치를 바로잡는 데 일생을 바쳤다 해도 과언이 아니다.

『후한서』「진번전」은 다음과 같이 끝맺고 있다.

> 환제에서 영제에 이르는 시기, 진번이라는 걸출한 인물이 나와 퇴폐한 정치에 계속해서 격렬하게 항의하였다. 악과 부정이 횡행하는 세상에서 도망쳐 자신을 더럽히는 일 없이 초연함과 고고함을 지키는 삶의 방식도 있다. 그러나 인애의 마음을 베푸는 것을 자신의 임무로 삼은 그는 그것을 선택하지 않고 굳이 수렁에 발을 담그고 곤란과 싸웠다. 은殷의 이윤伊尹과 주周의 태공망太公望[6]에 필적한다고 할 수 있다. 그 신의는 민심을 한왕조로부터 떠나지 않게 하였다. 난세가 된 후한왕조가 쉬이 멸망하지 않았던 것은 진번 등의 공적이 크다.

진번은 환관의 참언으로 이응과 범방 등이 옥에 갇혔을 때도 환제를 대면하여 "환관과 간신의 미사여구에 속아 시비선악의 구별을 못 하게 되셨습니다"라며 강하게 반성을 요구하였다. 그러나 환제는 진번의 말이 너무나도 엄하였고 또한 그 이전에도 진번이 자주 극간極諫하였기 때문에 진번을 싫어하고 피하게 되었다.

그런 가운데 진번의 인생에 다시없는 기회가 찾아왔다. 두황후의 아버

6 각각 은과 주왕조의 걸출한 재상이었다.

지인 대장군 두무와 만난 것이다. 언젠가 조정에서 우연히 두 사람만 있게 되었다. 진번은 목소리를 낮추고 두무에게 말하였다. "지금 환관 조절曹節과 왕보王甫 등은 국정을 농락하며 혼란하게 하고 있습니다. 천하의 인사는 모두 이에 분개하고 불만을 드러내고 있습니다. 지금 그들을 주살하지 않으면 손댈 수 없게 될 것입니다."

두무도 같은 생각이었다. 정계 쇄신에 관하여 열정적으로 대화를 나눈 두 사람은 환관을 배척하고 명현名賢을 중용하는 것, 이것이 급무라는 데 뜻을 같이하였다. 천하의 양식 있는 사인들은 진번과 두무에게 큰 기대를 걸며 차츰 평온한 세상이 도래하리라고 생각하였다.

그리고 이때 다음과 같은 동요가 등장하였다.

> 茅田一頃中有井, 모전은 크고 중앙에는 우물이 있네.
> 四方纖纖不可整. 주변은 엉망이어서 정리도 할 수 없네.
> 嚼復嚼, 술을 마시고 또 마시네.
> 今年尙可後年鐃. 금년은 이럭저럭 견뎠지만 후년은 이제 안 되겠네.

– 『속한서』 「오행지1」

이 동요 또한 환제 말년에 낙양에서 유행한 것이다. 사마표는 다음과 같이 해석한다. '모茅'는 많은 현재賢才, '정井'은 인간으로서 따라야 하는 법도를 말하고 "중앙에 우물이 있다"는 것은 곤란에 빠져도 결코 인간으로서의 절도를 잃지 않는 것을 의미한다. 또한 "사방이 엉망이어서 정리도 할 수 없다"는 것은 사악한 자가 매우 융성하여 정리할 수 없다는 것, "술을 마시고 또 마신다"는 것은 수도 낙양에서 술을 마셔 취하고 진수성찬을 먹고 있는 것은 야비한 놈들뿐이라고 암암리에 환관을 비난하는 것, "금년은 어떻게든 견뎠다"는 것은 이미 금고형이 내려져 지금은 탄압이 일단락된 것, "후년은 안 되겠다"는 것은 이러한 지식인 탄압이 반드시 사회를 와해시켜 버릴 것이라는 경구警句다.(『속한서』「오행지 1」)

즉 이 동요는 "탄압을 받아도 사리분별을 잃지 않는 기개 있는 훌륭한 현신영철賢臣英哲은 적지 않다. 물론 주변은 청탁이 뒤섞이고 간신이 준동하고 있다. 지금은 잠잠하지만 머지않아 곧 또 탄압해 올 것이다. 그러나 이처럼 지식인을 탄압하고 언론을 통제하는 것은 반드시 후세에 화근이 될 것이다"라는 내용으로, 청류파에 박수갈채를 보내면서도 동시에 탁류파로부터의 반격을 아무쪼록 경계할 것을 호소하고 있다.

사람들은 환관이 농단하는 조정을 쇄신하고 폭정에 종지부를 찍어 줄 지도자를 갈망하고 있었다. 그러나 결코 낙관적이지는 않았다. 이대로는 끝나지 않을 거라는 나쁜 예감도 들었다. 과연 조정을 일신하기 위해 부심하였던 진번과 두무는 다음 영제 시기 휘몰아친 제2차 당고의 화로 기선을 제압한 환관에게 살해되었다.

사마표는 동요의 '우물'을 '법도'로 해석하였는데, 어쩌면 그것은 인간이 살아가는 데 있어서 빼놓을 수 없는 우물을 의미하고, 부패한 사회와 대결하는 청류파의 정의는 인간에게 물과 같은 것이어서 이것을 잃으면 인간으로 생존할 수 없음을 암시하는 것일지도 모른다.

두무를 칭송하는 동요

두무는 조정에서 진번과 환관 주멸을 서약하기 전부터 많은 청류파 관리를 임용하였다. 두무 자신이 청렴결백하여 뇌물은 물론이고 사례조차 받지 않았으며 처자에게도 사치를 허용하지 않았다. 흉작으로 기근에

시달렸을 때에도 조정에서 받은 상금 모두를 태학의 학생에게 나누어 주고 가난한 사람들에게 양식을 베푸는 데 썼다.

또한 환제에게 상소하여 환관에게 무고를 당해 투옥된 이응과 두밀杜密 등의 무죄를 호소하고 그들을 석방하여 세상의 불안을 누그러뜨리도록 진언하였다. 그 결과 환제는 조를 내려 이응 등의 죄를 용서하였고 옥에 갇혀 있는 많은 지식인을 석방하였다.

환제 말기인 연희 8년(165) 2월에 등황후가 폐위되고 그해 9월에 두황후가 서자 두무는 많은 명사를 추천하여 조정의 쇄신을 도모하였다. 그리고 영강 원년(167) 12월 환제가 붕어하여 열두 살의 영제가 옹립되고 황후가 태후로서 섭정하게 되면서 두무는 대장군이 되었고 진번·이응·두밀 등 청류파 관료를 다수 중용하였다.

그러한 두무를 노래한 동요가 '환제 초'에 낙양에서 유행하였다고 한다.

> 游平賣印自有平, 두무는 관직을 수여함에 평판이 좋네.
> 不辟豪賢及大姓. 부자도 명가名家도 소용이 없네.[7]

– 『속한서』「오행지 1」

동요 중의 '인印'은 관직을 의미하는 인수印綬(관리가 천자로부터 받은 도장과 그 도장을 매다는 끈)다. 즉 두무가 환관과 권세가의 압력에 굴하지 않고 널리 청절淸節한 인사를 구한 것을 노래하고 있다. 두무는 천하의 명사로 이름 높은 유덕한 사인만을 관리에 등용하였는데, 그중에는 이전에 투옥되었던 이응과 두밀 등도 있었다. 그 때문에 지금까지 돈과 가문에 의지하

7 자구 그대로 해석하며 다음과 같다. "두유평(두무의 자)은 관인(官印)을 수여함에 스스로 공평하였네. 호족·명문가라 해도 [관위와 상응하지 않는다면] 선발되지 않았네."

여 관직을 얻어 온 명가名家의 무리는 절망하였다고 한다.(『후한서』「두무전」) 한편 천하의 준재는 두무가 추진하는 조정 쇄신의 낭보에 기뻐하였고, 가까스로 자신의 능력을 발휘할 수 있는 시대가 다가왔다는 희망으로 모두가 가슴이 설렜다.

이러한 일련의 사건은 환제 붕어 후, 영제 즉위 초에 있었던 일이다. 그런데 '유평游平'이라는 두무의 자字가 들어간 이 동요는 '환제 초'에 이 일을 예언하여 불렸다고 한다. 아마 '유평' 두 자는 두무의 등장과 함께 삽입된 것이겠지만, 성제 시기 〈두 마리 제비의 노래〉와 마찬가지로 사람들은 당초부터 두무의 이름이 숨겨져 있었다고 생각하였다.

이것은 환관을 격퇴하고 정계 쇄신을 단행해 줄 두무에게 지식인들이 건 기대의 크기를 말해 주고 있다. 지식인들은 조정에 새로운 기풍을 불어넣은 두무와 진번 아래에서 자신의 능력을 발휘할 수 있는 장을 이제나저제나 하며 바라고 있었다. 그 기대가 동요가 되고 인구에 회자되었던 것이다.

기대에서 절망으로

제1차 당고의 화 무렵의 동요는 이제까지의 동요나 그 이후의 동요와는 다소 이질적이다. 이 시기의 동요는 보다 직설적으로 선한 이를 칭송하고 악인을 폄하한다. 게다가 그 대부분이 악인의 부정과 폭거를 폭로하고 비난하기보다 선한 이에 대한 기대가 전면에 드러나고 해방감 넘치는 것이었다.

물론 이들 동요도 환관의 탄압에 대한 증오를 공유하는 사람들에게 보내는 메시지가 되었다. 어느 동요나 쌓이고 쌓인 울분을 해소하는 열린 장으로서의 의미를 가졌고, 그 때문에 그저 개인의 원한을 말하는 데 그치지 않고 지식인의 저항의 무기로서 기능한 점에서는 차이가 없다.

이 시기 환관의 일소와 굳은 절개를 지닌 사인의 활약을 기대하는 동요가 많은 것은 지식인이 제1차 당고의 화에 대하여 너무 낙관적이었기 때문일 것이다. 이때만 하더라도 사람들은 건녕建寧 2년(169)의 그처럼 무참한 당고의 화를 예측할 수 없었다.

제2차 당고의 화를 이끈 장본인은 후람侯覽이라는 환관이다. 환제 초에 중상시中常侍가 되고 연희 연간의 재정난에 많은 금액의 헌금을 하여 관내후를 사여받은 후람은 그 후 양씨 주멸에 공을 세워 고향후高鄕侯에 봉해졌다. 후람이 권력을 이용해 탈취한 가옥은 381채, 전답은 118경頃, 온갖 사치를 부려 지은 저택은 16채였다. 타인의 재산을 빼앗아 부를 쌓고 귀인의 무덤을 도굴하여 보물을 손에 넣었으며 약탈한 부녀를 처로 삼는 등 갖은 악행을 거듭하였다. 후람에게 속아 재산을 탈취당한 피해자는 이루 다 헤아릴 수 없었다.

그 수많은 악행이 청류파 장검張儉에 의해 탄핵되었다. 그런데 후람은 그 상주문을 지체시켜 황제가 보지 못하게 하고 장검을 당인으로 체포하려 하였다. 위험을 알아차린 장검은 도망하였다. 장검을 체포할 수 없었던 후람은 결국 청류파를 대대적으로 탄압하는 폭거를 자행하였다. 제2차 당고의 화는 이렇게 시작되었다.(『후한서』「환자열전」)

건녕 2년(169) 두무와 진번은 환관의 죄를 폭로하고 처벌하고자 하였다. 환관 조절은 환관 무리를 모아 조詔라 속이고 왕보王甫를 황문령黃門令으로 임명하여 군사를 일으켰다. 그리고 두무와 진번을 공격하여 진번을 살해하고 두무를 효수하였다. 더하여 제1차 당고의 화에서 관위를 삭탈당했던 두밀·이응·주우朱寓·범방 등 백 인 이상을 체포하여 옥사하게 하였다. 환관의 독수에 걸려 살해당하거나 유배형에 처해지거나 혹은 면관되어 금고형에 처해진 자는 6, 7백 명, 체포된 태학생은 천 명 이상에 달했다.

이 대탄압 후 정치는 완전히 환관 수중에 들어갔고 청류파 지식인은 조정에서 일소되었다. 환관과 탁류파의 지배하에 있는 영제 치세에 더 이상 지식인이 활약할 장은 없었고 당고의 화를 피한 자는 도망하여 몸을 숨길 수밖에 없었다. 관직에 나갈 길이 막힌 지식인들은 그 이전부터 '암묵暗默의 비판자'로서 재야에 있던 일민逸民이 되어 세상을 피하였다.

제2차 당고의 화의 조짐이 보이기 시작하고 이 비참한 결말을 맞았을 때 사람들은 이제 청류파 지식인을 칭송하는 동요에서 의미를 찾을 수 없게 되었다. 그들이 다음에 불렀던 동요는 후한왕조의 멸망을 '예언'하는 절망의 동요였다.

영제를 노래하는 동요

제6장에서 본 것처럼 영제의 즉위를 '예언'하는 동요는 이미 '환제 초'에 불리고 있었다. 그러나 그 동요의 주된 목적은 영제의 즉위를 '예언'하기보다 오히려 환제를 매도하는 데 있었다.

그에 비해 '환제 말'에 낙양에서 유행한 다음의 동요는 확실히 영제를 주인공으로 하는 것이다.

> 白蓋小車何延延. 하얀 덮개의 작은 수레가 계속 이어지네.
> 河閒來合諧, 하간이 와서 서로 섞이는구나,
> 河閒來合諧! 하간이 와서 서로 섞이는구나!

– 『속한서』「오행지 1」

아무리 생각해도 의미를 알 수 없는 이 동요에는, 사마표의 해석에 의하면 환관 후람의 암약이 숨겨져 있다.

환제가 붕어했을 때 두무는 하간 출신의 명사 유숙劉儵에게 하간국 황족 중에서 가장 뛰어난 인물을 추천하게 하였다. 유숙은 그 자리에서 해독정후 굉(훗날 영제)을 칭찬했다. 이것이 결정적인 계기가 되어 영제의 옹립이 결정되었고 유숙은 시중侍中(천자 측근의 고문)이 되었다.

유숙이 시중이 된 것을 가장 싫어한 자는 환관 후람이었다. 자신이 이제까지 저지른 수많은 범죄가 드러날 것을 두려워했기 때문이다. 그 공포에서 벗어나려고 후람은 유숙을 살해하고 그 한편으로는 유숙의 동생 유합劉郃을 사도司徒로 발탁하여 일을 무마하였다. 동요 속의 "서로 섞인다"는 것은 '하간'의 유숙·유합 형제가 한쪽은 살해되고 한쪽은 발탁된 것을 의미하며, 영제가 하얀 덮개의 수레를 타고 하간에서 온 후 하간의 두 사람이 교체된 것을 말한다.

그러나 이 동요가 의미하는 바는 그것만이 아니다. 무릇 동요 중의 "하얀 덮개의 작은 수레"는 장송葬送의 수레다. 앞에서 본 것처럼 「영제기」에는 "왕의 푸른 덮개의 수레로 맞이했다"고 되어 있다.[8] 영제는 실제로는 예에 따라 푸른 덮개의 수레, 즉 청개거로 모셔졌다. 그런데도 죽음을 상징하는 "하얀 덮개의 작은 수레"라는 것은 아무리 생각해도 영제의 불행을 기대하고 있는 것 같다.

또한 '하간'은 환제와 영제를 암시하고 있다. 환제는 하간왕 개의 손자(하간왕 개의 아들인 여오후 익의 아들)이고, 영제는 하간왕 개의 증손(하간왕 개의 아들인 해독정후 숙의 손자)이다. 이 사실이야말로 "하간이 와서 서로 섞이는구나"가 정말로 의미하는 바일 것이다. 즉 하간왕 개의 두 명의 자손인

8 청개거는 황태자와 황자, 왕의 전용 수레를 말한다. 따라서 저자는 앞에서는 황태자의 전용수레로, 여기서는 왕의 전용수레로 서술한 것으로 보인다.

환제와 영제가 교체되는 것을 의미하고 있다.

동요는 "하간이 와서 서로 섞이는구나. 하간이 와서 서로 섞이는구나"라고 반복함으로써 환관 후람이 유숙·유합 형제를 바꾼 것만이 아니라 환제의 죽음과 영제의 즉위도 '예언'했던 것이 된다. 제6장에서 본 '환제의 죽음을 예언하고 영제를 비웃는 동요'의 한 구절, "수레가 덜컹거리며 하간으로 들어가네"가 "환제가 붕어하고 수레가 덜컹덜컹 소리를 내며 하간으로 들어가고 영제를 맞이하러 간다"는 뜻이기 때문에 이 동요는 바로 그 속편이 될 것이다.

헌제를 노래하는 동요

건녕 4년(171) 송씨宋氏(장제 송귀인의 종증손從曾孫)가 영제의 황후가 되었다. 그러나 송황후는 환관 왕보 등에 의해 "송씨는 요술을 사용하여 저주하고 있다"고 참소되어 광화光和 원년(178) 궁정 여인의 감옥인 폭실로 보내져 비탄에 잠겨 사망하였다.

송씨가 황후가 된 후 영제는 후궁 하씨何氏를 총애하였다. 하씨는 도축업자인 부친이 딸을 후궁으로 만들고자 뇌물을 써서 궁으로 들여보낸 여인이다. 그녀는 희평熹平 2년(173) 남자아이(황자 변辯)를 출산하였다. 그리고 송황후가 옥중에서 죽자 광화 3년(180) 하씨가 황후로 책립되었다. 하황후의 기품 없음은 선천적인 것이었는지, 여하튼 질투가 심해 제어가 되지 않았다. 하황후에게 한번 의심을 사서 질투를 받게 되면 무슨 일을 당할지 알 수 없었기에 후궁들 누구나 하황후를 두려워했다.

하황후가 선 이듬해 후궁의 왕미인이 남자아이(황자 협協)를 출산하였다. 하황후는 왕미인을 짐살하였다. 자신의 아들 변이 경박하고 신중하지 못하다 하여 영제가 싫어하고 "나와 매우 닮았다"며 왕미인의 아들 협을 마음에 들어 했기 때문이다. 이에 격노한 영제는 하황후를 폐하려고 했다. 그러나 모든 환관들이 영제를 설득하여 준 덕분에 하황후는 폐위만은 간신히 면했다.

그런데 하황후가 낳은 황자 변의 호號는 '사후史侯',[9] 왕미인이 낳은 황자 협은 동태후董太后가 몸소 양육했던 것에서 '동후董侯'라 불려,[10] 이름에 모두 '후'가 붙어 있었다. 사후가 영제 붕어 후에 17세로 즉위(소제少帝)하자 동후는 발해왕渤海王에 봉해졌고 그 후 진류왕陳留王이 되었다. 영제 말년 이 두 사람을 노래한 동요가 낙양에서 유행하였다.

> 侯非侯, 王非王, 　　후라 해도 후가 아니고 왕이라 해도 왕이 아니네.
> 千乘萬騎上北芒. 　　대군이 낙양의 북망산으로 향하고 있네.

– 『속한서』「오행지 1」

중평中平 6년(189) 4월 34세의 젊은 나이로 영제가 붕어하고 다다음 날 하황후가 낳은 사후(소제)가 즉위하였다. 하황후의 이복오빠인 대장군 하진何進은 사예교위司隷校尉 원소袁紹와 만나 환관을 일소하고 천하를 평안케 하려는 계획을 세웠다. 그런데 그 계획이 누설되어 8월 환관 장양張讓·단규段珪 등이 저택에 침입하여 하진을 살해하였다.

원소는 곧 거병하여 반격하였고 노소를 가리지 않고 환관들을 붙잡아 베어 죽였다. 장양 등은 동료가 살해되는 것을 보고 소제와 진류왕을

9 『후한서』「황후기 하」에 따르면 영제의 아들들이 요절하자 황자 변을 도인(道人) 사자묘(史子眇)의 집에서 양육하게 하였다. 그러한 까닭에 '사후'로 불려졌다고 한다.

10 본문에는 두태후가 양육하여 황자 협이 '두후(竇侯)'라 불린다고 하였으나, 『후한서』「황후기 하」에 따르면 '동태후(董太后)'가 키워 '동후(董侯)'라 불렸다고 되어 있다. 두태후는 181년 황자 협이 태어나기 전인 172년에 사망하였다. 따라서 본문의 '두후'를 모두 '동후'로 고쳐 번역하였다.

인질로 삼아 도망하려고 하였다. 그러나 원소의 군대에 막다른 지경까지 몰려 이제 여기까지라고 체념하고 황하에 몸을 던져 자살하였다. 남겨진 소제와 진류왕은 밤길을 걸어 간신히 민가에 도착하였고 그 집의 수레를 타고 생환할 수 있었다. 그곳에 군대를 거느리고 가 북망산北芒山 기슭에서 소제를 맞이한 자가 군벌 동탁董卓이었다. 9월, 이에 세력을 얻은 동탁은 소제를 폐하고 진류왕을 옹립하였다. 그가 헌제다.

이상은 『후한서』 「영제기」 및 「환자 장양전」, 『삼국지三國志』 「동탁전」 등을 함께 정리한, 소제의 폐위에서 헌제 즉위까지의 경위다. 이 역사적 사실에 따르면 수수께끼 같은 이 동요의 의미도 보이기 시작한다.

이전에는 사후, 동후로 불렸던 두 사람이지만 사후는 소제, 동후는 진류왕이 된 지금 두 사람은 "후가 아니다." 소제는 폐위되어 왕이 되었지만 곧 살해되었고 진류왕은 그 후에 천자가 되기 때문에 모두 "왕이 아니다." 두 사람 모두 황하를 건너 북망으로 향하고 있다. 그 북망이라는 것은 황하의 남쪽, 낙양의 북쪽에 있는 북망산이다. 일찍이 광무제의 족형族兄인 성양왕城陽王 유지劉祉가 매장되고부터 이곳은 왕후공경王侯公卿의 묘소가 되었다. "북망에 오른다"는 것은 바로 '매장된다'는 것을 의미한다.

사후, 즉 소제는 즉위한 지 수개월 만에 폐위되어 홍농왕弘農王이 되었고 동탁에게 짐독으로 살해되었다. 동후, 즉 진류왕은 동탁에 의해 제위(헌제)에 올랐으나, 즉위하자마자 동탁과 조조曹操에게 휘둘렸고 최후에는 폐위되어 산양공山陽公으로 강등되었다. 이것이 이 동요의 의미다. 더욱이 이 동요는 소제와 헌제가 매장되는 것만이 아니라 후한왕조가 매장되는 것을 예언한 셈이다.

동탁을 비웃는 동요

소제를 폐하고 헌제를 옹립한 동탁은 낙양을 불사르고 장안으로 천도하였다. 그러나 동탁이 여포呂布에게 살해되자 헌제는 낙양으로 되돌아왔고 조조가 맞아들여 허許(하남성)에 머무르게 되었다.

헌제 시기, 군웅이 할거하는 무질서의 시대에 불렸던 동요에는 이미 어떤 형태로든 후한왕조는 등장하지 않는다. 후한왕조는 동요에서도 버림받고 다음 세대의 군웅에게 주인공의 자리를 빼앗겼다.

> 承樂世董逃, 태평세를 이어받고 동탁이 도망하네.
> 遊四郭董逃, 시골에서 노닐다 동탁이 도망하네.
> 蒙天恩董逃, 천자의 은혜를 입고 동탁이 도망하네.
> 帶金紫董逃, 훌륭해지고 동탁이 도망하네.
> 行謝恩董逃, 감사의 말을 하고 동탁이 도망하네.
> 整車騎董逃, 수레를 정돈하고 동탁이 도망하네.
> 垂欲發董逃, 출발 직전 동탁이 도망하네.
> 與中辭董逃, 조정과 작별하고 동탁이 도망하네.
> 出西門董逃, 서문을 나와 동탁이 도망하네.
> 瞻宮殿董逃, 궁전을 올려다보고 동탁이 도망하네.
> 望京城董逃, 도읍을 멀리 바라보고 동탁이 도망하네.
> 日夜絕董逃, 밤낮없이 동탁이 도망하네.
> 心摧傷董逃. 좌절하여 동탁이 도망하네.[11]

– 『속한서』 「오행지 1」

11 자구 그대로 해석하면 다음과 같다. "태평의 시대를 계승하고 동탁이 도망하네. 사방을 유람하다 동탁이 도망하네. 천자의 은혜를 입고서 동탁이 도망하네. 금인자수(金印紫綬)를 두르고 동

이 〈동도董逃의 노래〉는 동요로서는 이례적으로 긴 5언 13구로 이루어져 있다. 모든 구의 끝에 "동탁이 도망하네"를 넣어 동탁이 몸도 마음도 피폐해져 허둥지둥 낙양에서 달아나는 모습을 노래하였는데, 동탁의 가련한 말로를 예언하고 조소하는 것이 되었다.

동탁은 이 〈동도의 노래〉가 자신을 매도하기 위해 부른 것임을 알고 이를 금지하려고 하였다. 그 때문에 수천이나 되는 사람이 희생되었다고 한다. 그러나 예로부터 "백성의 입을 막아 생기는 피해는 물을 막아 생기는 피해보다 심각하다"(『사기』「주본기」)라고 하는 것처럼 무릇 불평불만을 가진 백성의 입을 봉하는 것은 불가능하다. 서책이라면 진시황의 분서焚書와 같이 태워 버리거나 발행을 금지할 수 있다. 그러나 동탁이 아무리 엄하게 단속하려 해도, 무력으로 억누르려 해도 〈동도의 노래〉의 유행을 멈출 수는 없었다. 이것이야말로 입에서 입으로 전파되는 동요의 최대 강점이다.

영제 말년에 낙양에서 〈동도의 노래〉가 유행한 후 동탁은 소제를 폐하여 홍농왕으로 강등하였고 뒤이어 왕과 어머니 하태후를 짐살하고 헌제를 세워 정권을 장악하였다. 동탁과 그 병사들은 낙양에 입성하자 귀족의 저택을 차례로 습격하고 부녀와 금품을 약탈하였고 영제의 능묘를 파헤쳐 매장품을 훔쳤으며, 주민의 머리를 베어 수레채에 매달고 개선하는 등 온갖 포학을 다하였다. 동탁과 그 군단의 수많은 극악무도한 행위는 『후한서』「동탁전」에 자세히 기록되어 있다. 그리고 원소에게 쫓겨 장안으로 천도를 강행한 동탁은 낙양을 떠날 때 성 밖 100리에 이르는 곳까

탁이 도망하네. 감사를 표시하고 동탁이 도망하네. 수레와 기병을 정돈하고 동탁이 도망하네. 출격 직전 동탁이 도망하네. 조정과 이별하고 동탁이 도망하네. 서문을 나와 동탁이 도망하네. 궁전을 올려다보고 동탁이 도망하네. 도읍을 바라보고 동탁이 도망하네. 밤낮없이 동탁이 도망하네. 마음이 상하여 동탁이 도망하네."

지 불태워 낙양은 재와 먼지가 되었다.

사람들이 〈동도의 노래〉에서 기대한 것처럼 동탁을 낙양에서 몰아내는 데는 성공하였다. 그러나 이처럼 비참한 사태를 예측한 것은 아니었다. 초토화된 낙양의 유민들은 이제 이 '동도'를 낙양으로부터의 '도망'이 아니라 동탁이 이 세상으로부터 '도망'하는 것을 희망한다는 새로운 의미를 갖고 불러 동탁에 대한 원한을 해소하려고 하였다.

동탁을 저주하는 동요

헌제가 즉위한 직후에 불렸다는 다음의 동요는 이처럼 잔학한 동탁을 저주하고 죽음을 선고하는 것으로 매우 유명하다.

> 千里草, 何青青.　　파릇파릇 무성한 천리의 풀인데도
> 十日卜, 不得生.　　점은 "이제 곧 시든다"고 알리고 있네.[12]

– 『속한서』「오행지 1」

이 동요에는 '동탁'이라는 두 글자가 숨겨져 있다. '천리초千里草'에 '동董' 자를, '십일복十日卜'에 '탁卓' 자를 교묘히 숨기고 있다. '초草(艹)'의 아래에 '천千'과 '리里'를 겹쳐서 쓰면 '동董' 자가, '십十', '일日', '복卜'을 '복卜' 자부터 순서대로 써 가면 '탁卓' 자가 된다. 그리고 "이처럼 파릇파릇 무성한 천리의 풀도 그렇게 오래 살 수는 없다"고 노래하면서 그 이면에서 "동탁이여, 조만간 너를 반드시 파멸시킬 것이다"라고 선고한다.

12 자구 그대로 해석하면 다음과 같다. "천리의 풀, 어찌 저리 파릇파릇한가? 십 일의 점은 오래 살 수 없다고 하네."

낙양을 불태우고 헌제를 옹립하여 장안에 들어간 동탁은 장안에서도 갖은 포학을 다하였다. 도적은 끊이지 않고 백주에도 당당하게 약탈이 행해졌으며 사람이 사람을 먹고 백골이 산더미처럼 쌓여 도처에 악취가 풍겼다. 동탁이 후한왕조에 초래한 참혹한 피해는 "한왕조가 시작된 이래 이만큼 참혹한 피해는 없다"(『속한서』「오행지 5」)고 말할 정도였다.

그런데 후한 말기에 할거한 군웅의 하나로 여포(?~198년)라는 무장이 있었다. 몽골 출신의 여포는 마술과 궁술에 뛰어나 '비장飛將'이라 불렸다. 이 '비장'이라는 이름은 일찍이 전한 무제 시기의 명장 이광李廣을 북방 이민족인 흉노가 '한의 비장군飛將軍'으로 부르며 두려워했던 것에서 시작되었다. 여포는 그 이광에 견줄 만큼 발군의 무용을 자랑했다. 또한 여포는 적토마라는 명마를 탔다. 세간에 "사람 중에 여포 있고 말 중에는 적토가 있다"라는 말이 있을 정도로 그 이름이 널리 알려져 있었다.(『삼국지·위서魏書』「여포전」 배송지주裴松之注)

낙양에 입성한 동탁은 여포를 자기편으로 끌어들이고 매우 총애하여 부자의 연을 맺을 만큼 여포에게 두터운 신뢰를 보냈다. 그러나 천성이 격렬하고 성미가 급한 동탁이 하찮은 일로 여포를 때린 일 때문에 여포는 동탁을 원망하게 되었다. 게다가 여포는 동탁의 시녀와 밀통하고 있었다. 여포는 동탁을 암살하려고 하였다. 그러자 누군가가 '여呂'라는 글자를 쓴 천을 등에 붙이고 "포布야, 포布야!" 노래하며 길거리를 걸어 다녔다. 그것은 "여포가 너를 살해하려고 한다"는 동탁에게 보내는 메시지였지만, 그 뜻을 알아차리지 못한 동탁은 헌제 초평初平 3년(192) 여포에게 참살되었다.

묘하게도 두 수의 '동요'를 빌려 표현된 소망은 이루어졌다. 여포가 동탁을 죽인 것을 안 사람들은 동탁의 죽음을 축하하고 만세를 불렀다. 길에 뛰어나와 노래하는 자도 있었고 춤추는 자도 있었다. 도처에서 술잔

치가 열렸으며 축하 분위기 일색이었다. 그것만으로 끝나지 않았다. 사람들은 동탁의 삼족三族(부모·처자·형제자매)을 몰살하고 불을 질렀으며 동탁의 시신을 며칠이나 거리에 방치하여 여러 해 동안 쌓였던 원한을 해소하였다.

동탁의 최후가 무참할수록 이 두 수의 동요는 그 효과가 배가되고 사람들의 원한도 시원하게 해소된다. 게다가 장례일에는 폭풍우와 번개가 쳐서 동탁의 묘를 때렸고 폭우로 인해 물이 밀어닥쳐 관이 떠내려갔다고 한다. 폭풍우도 번개도 홍수도 마치 하늘이 만민의 분노에 호응하여 보낸 것 같았다. 동요의 '예언'은 적중했다.

공손찬公孫瓚을 원망하는 동요

헌제가 즉위하고 곧 동탁의 죽음을 바라는 동요가 불렸고 동요가 예언한 대로 동탁이 조회朝會에 참석하러 가다가 여포에게 살해되자 그다음으로 동요의 비판 대상이 된 것은 강력한 세력이 되어 원소와 대립한 공손찬(?~199년)이었다.

공손찬도 후한 말 군웅의 하나다. 유주幽州(지금의 하북성河北省·요녕성遼寧省)를 본거지로 삼아 수많은 무훈을 세웠다. 특히 공손찬을 유명하게 한 것은 그가 북방 유목민 중 활의 명수 수십 인을 선발하여 스스로 '백마의종白馬義從'이라고 이름 지은 기병단을 조직하여 오환烏桓(동방 이민족)이 "백마를 보면 도망쳐라"라고 말할 정도로 두려움의 대상이 된 것이다.

한편 원소는 하진에게 협력하여 환관을 주멸한 후 유주에서 인망 있던 유우劉虞를 옹립하려고 하였다. 유우는 그 사람됨은 물론이거니와 정치적 능력에서도 정평이 나 있었다. 그런데 원소와 격전을 벌이던 공손찬이 원소에 타격을 주려고 유우를 처형하였다. 유우의 처형을 알게 된 사람들은 온갖 말로 공손찬을 비난하였다. 유우를 존경하고 흠모한 나머지, 그를 따라 죽은 자도 적지 않았다.

> 燕南垂, 趙北際, 연의 남쪽 끝, 조의 북쪽 끝,
> 中央不合大如礪, 그 한가운데는 좁지만[13]
> 唯有此中可避世. 도망칠 수 있는 곳은 이곳뿐이네.

– 『후한서』「공손찬전」

동요 중의 '연'은 유주의 계薊(북경의 남서쪽), '조'는 기주冀州(하북성)이고 '한가운데'는 그 중간 지점에 해당하는 '역易', 즉 역경易京을 가리킨다. 역경은 지리적으로 연과 조의 중간에 있어 전한 시기에는 유주에, 후한 시기에는 기주에 속하였다. 이 역사적 사실에 입각하면 주경계의 작은 역경은 무엇을 암시하는 것일까?

이 동요는 공손찬이 유우를 처형하기 이전부터 항간에서 불리고 있었다. 이것을 들은 공손찬은 동요가 자신에게 역경 땅으로 달아나라고 알려 주고 있다고 생각하고 일단 역경으로 가서 당분간 사태를 조용히 지켜보기로 하였다. 그러나 건안建安 3년(198) 원소는 군을 거느리고 공손찬을 공격하여 역경성을 함락시켰다. 대패한 공손찬은 처자와 누이들을 죽이고 스스로 불을 질러 자살하였다.

이처럼 이 동요는 공손찬에게 살해당한 유우를 애도하는 동시에, 역경은 현세의 혼란에서 벗어날 수 있는 평온한 땅이라고 노래하며 "너는 이곳에서 진정으로 세상을 피할 수 있다. 즉, 죽는다"라고 선고한 셈이다.

13 자구 그대로 해석하면 다음과 같다. "중앙의 합쳐지지 않는 곳, 크기가 마치 숫돌과 같네."

혹은 이 동요는 공손찬의 죽음을 예견한 것이라기보다 공손찬에게 원한을 품은 자들이 공손찬을 역경으로 유인하기 위해 불렀던 것이라고 생각할 수도 있다.

유표劉表를 조소하는 동요

그 무렵 형주荊州(호북성湖北省)에서는 다른 동요가 유행하고 있었다.

> 八九年間始欲衰, 8년부터 9년 사이에 쇠퇴하기 시작하여
> 至十三年無孑遺. 13년에는 살아남은 사람도 없게 될 것이다.

- 『속한서』「오행지 1」

이 동요도 후한 말기 군웅의 하나인 유표(?~208년)를 노래한 동요다. 유표는 원래 전한 경제景帝의 후예로서, 젊은 시절에는 청류파 장검·범방 등과 깊은 친교를 맺고 자유분방한 청년으로 성장하였다. 영제 중평 원년(184)에 당금黨禁이 해제되자 헌제가 즉위한 초평 원년(190)에 형주 자사刺史(주의 장관)로 부임하였다. 그리고 동탁 토벌 시에는 군대를 모아 참가하였고 동탁이 살해되어 삼족이 몰살된 후에는 진남장군鎭南將軍·형주목荊州牧에 임명되었다.

이 형주 지역은 후한 말기의 혼란에도 전화를 입지 않았다. 그 때문에 유표가 형주목으로 부임하였을 때 백성은 전보다도 더욱 풍요로운 생활을 즐기고 있었다. 그런데 유표의 처가 사망한 이후로 형주는 차츰 쇠퇴하기 시작하였고, 건안 13년(208) 유표는 등에 난 악성 종기, 즉 등창을 앓다 죽었다. 그 후 형주 백성은 기주로 옮겨지게 되었고 이전에 그토록 풍

요로웠던 형주에 유표의 유족은 한 사람도 남지 않게 되었다.

이상은 사마표의 해석이다. 그러나 이 동요의 '8, 9년간'과 '13년'에는 더욱 구체적인 의미가 있다. 『후한서』「유표전」의 다수의 기록이 그것을 뒷받침한다. 유표는 관대하고 견식 있어 보이는 외견과는 반대로, 실은 매우 시의심猜疑心이 강하고 우유부단하며 결단력 없는 소심한 사람이었다. 조조와 원소가 관도官度(하남성)에서 대치하고 있을 때 원소는 십만의 군대를 거느린 유표에게 구원을 요청하였다. 유표는 원소의 요청을 받아들여 놓고서도 조금도 움직이려 하지 않았다.

이럭저럭하는 동안 이번에는 조조로부터 요청이 왔다. 그러나 유표는 마치 '목각인형'처럼 반응하지 않았고 그저 경과를 주시할 뿐, 원소에게도 조조에게도 응하려고 하지 않았다. 부하가 "이대로는 양자에게 원한을 사서 반드시 장래에 화근이 될 것입니다. 저는 조조에게 귀부하는 것이 상책이라고 생각합니다"라고 설득하였다. 그러자 그 부하를 조조의 첩자라고 믿고 참살하려고 하였다.[14]

시의심이 강하고 소심한 사람인 유표에게는 상황을 냉정하게 판단할 능력이 부족했고 부하의 진언에 귀를 기울일 지성과 용기도 없었다. 과연 부하가 두려워한 대로 조조에게 원군을 보내지 않았기 때문에 건안 9년(204) 조조는 형주를 공격하였다. 동요의 "8, 9년간 쇠퇴하기 시작한다"는 것은 바로 이 사실을 가리키며, 우유부단하고 의심이 많아 머뭇거리며 허울만 그럴듯한 유표에게 밝은 장래는 없다는 뜻이 된다.

또한 유표에게는 기琦와 종琮이라는 두 아들이 있었다. 유표는 기의 용모가 자신을 닮아 기를 매우 사랑하였다. 그런데 유표의 후처는 달랐다.

14 조조에게 협조할 것을 간언한 유표의 신하는 한숭(韓嵩)이다. 『후한서』「유표전」에 따르면 한숭의 간언을 들은 유표는 한숭을 조조의 첩자로 여겨 참살하고자 하였으나 한숭의 현명함을 안 유표 처의 만류로 처형하지 않았다.

그녀는 자신의 조카딸과 결혼한 종을 마음에 들어 하여 기를 좋아할 수 없었고 사사건건 유표에게 기의 일을 힐책하였다. 후처의 말을 믿은 유표는 건안 13년(208) 병상에서 적자 유기를 강하江夏(호북성)로 쫓아 보내고 작은아들 유종을 후계자로 지명하였다.

마침 조조가 유표를 토벌하려고 재차 형주로 군대를 보냈다. 그러나 8월 조조군이 도착하기 전 유표가 죽었다. 뒤를 이은 유종은 형주를 조조에게 바치며 항복하였고, 조조는 그를 청주青州(산동성) 자사에 임명하였다. 한편 아버지가 위독하다는 소식을 듣고 급히 달려온 유기는 유표의 임종을 보지 못한 채 동생 유종이 뒤를 이었다는 것을 알고 격노했다. 유기는 조조군이 침공하자 유비劉備를 따랐고, 유비가 적벽전赤壁戰에서 조조군에 승리하자 형주목에 임명되었으나 이듬해 병사하였다. 이에 형주에는 유표의 '혈유孑遺(살아남은 사람)'는 한 사람도 없게 되었다. "13년에 이르러 살아남은 사람이 없다"는 것은 바로 이것을 말한다.

즉 동요는 "지금은 세력이 있는 유표도 건안 8·9년에는 쇠퇴하기 시작하고 건안 13년이 되면 유씨는 한 사람도 남지 않게 될 것이다"라고 유표의 가련한 말로를 예언한 것이 되었다.

이상과 같이 후한 말기의 동요는 후한왕조를 비판하는 것에서 차츰 군웅을 비난하거나 조소하는 것으로 변화해 갔다. 후한왕조를 단념하기는 했으나 할거하는 군웅도 신뢰할 수 없었던 지식인들은 동요를 최소한의 자기주장의 장으로 삼아 그 속에 비판의 칼날(메시지)을 담았다.

동요는 어느 시대에나 비판 정신의 결정체다. 그래서 동요는 언제나 만들어진다. 다만 중국 동요는 현실 사회의 부정을 적발하거나 부패를 폭로하는 기능만 있는 것이 아니라 동탁을 저주하는 동요에서 볼 수 있는 것처럼 언어유희의 요소가 두드러지고 유머와 위트가 풍부한 것이 특징이다.

현실을 응시하고 장래를 예측하는 것은 지식인의 책무다. 직면하는 불합리와 혼란의 원인을 추적할 때에 다다르는 현실 비판, 그리고 그 결과로서 탄생하는 "마땅히 이래야 한다"는 이상과 "이렇게 되기를 바란다"는 희망적 관측이 기대한 대로 현실이 되면 그 이상과 희망은 '예언'으로서 실감된다. 그리고 사회와 체제를 비판하는 무기로 정착한 동요는 뒤이어 새롭게 전개된다. 즉 동요는 형혹熒惑(화성)의 정령精靈인 동자가 지상에 내려와 부르는 '예언의 노래'가 된다.

제8장

화성火星의 사자가 부르는 동요

전개기

국가 점성술

동요와 형혹(화성)의 정령 이야기를 하기 전에 고대 중국의 천문학에 관하여 대략적으로 살펴보자. 자연과학이 발달한 지금은 일식과 월식이 어떻게 발생하는지, 다음 일식과 월식은 지구상 어느 지점에서 몇 시 몇 분부터 관측할 수 있는지까지도 알 수 있다. 지금 우리들에게 일식이나 월식은 신비한 현상일지는 몰라도 결코 위협적인 것은 아니다.

그러나 고대인에게 이러한 천문현상은 사람의 지식을 뛰어넘는 불가사의였다. 사계의 순환, 한난寒暖의 조화조차 하늘의 적절한 배분이라고 생각한 고대인에게 일식이나 월식 혹은 혜성과 유성의 출현은 신비였을 뿐 아니라 엄청난 위협이기도 하였다. 그러나 천체의 운행을 관측하는 이들이라면 아무리 예측할 수 없는 일식과 월식이라도, 또한 갑자기 천공을 스쳐 지나가 사람들을 불안에 빠뜨리는 혜성과 유성이라도 공포스럽다는 이유로 수수방관하고 있을 수만은 없었다. 그들은 전문가로서 납득할 수 있는 설명을 바랐다.

기원전 12, 13세기 은왕조, 아직 수렵·채집 생활이 중심이었던 이 무렵의 갑골문에도 풍우와 같은 기후의 기록이 단편적으로 보인다. 그러나 이때는 아직 천문 관측에는 이르지 않았다. 천체를 관측하고 기록하게 된 것은 주왕조에 들어서부터다. 경서의 하나인 『상서尙書』에는 요임금이 천문에 정통한 희화羲和(희씨와 화씨)를 천문관에 임명하여 태양·달·별을 관측하게 하고 역법을 제정하도록 명하였다고 되어 있다.(「요전堯典」) 이 역법은 농경을 위해 제작되었던 것인데, 이로써 주왕조에서는 이미 천문 관측이 행해지고 있었음을 알 수 있다.

또한 『주역周易』은 천지의 끝없이 다양한 변화로부터 길흉을 설명하는 점술서지만, 그것은 천문 관측에 의해 얻어진 변화의 법칙에 기반하여 쓰였다. 일월성신日月星辰의 운행을 관측하는 것은 사계의 변천을 헤아리기 위해서고 천문 관측에 의해 보다 객관적인 자연 법칙을 획득하려는, 원시적이지만 과학적 정신의 발로라고 할 수 있다. 관측자가 주관을 버리고 객관성을 추구하려고 할 때 변화의 본질적인 법칙을 발견하게 된다. 그 기록이 축적되어 과학적인 천문학으로 발전해 간 것이다.

한편 천문 관측에서 갖가지 점술이 전개된 것은 중국 천문학의 특색이다. 고대인이 자연의 법칙을 알려고 했을 때 수많은 공포를 경험했을 것임은 어렵지 않게 상상할 수 있다. 천문을 관측하여 길흉을 점치는 행위는 예측을 초월한 이변과, 법칙에 반하는 현상을 목격하고 그때 생긴 공포에서 벗어나려는 의지의 발로이자, 불안 해소에 일조하기 위해 발생한 것으로 보아도 크게 틀리지 않을 것이다.

물론 이것은 중국에만 국한되지는 않는다. 바빌론의 점토판과 고대 그리스·인도의 점성술 등을 통해서도 고대인이 천체의 신비에 맞설 때 느꼈던 공포가 보편적이었음을 알 수 있다. 그러나 중국의 점은 실로 다종다양하며 게다가 오늘날까지 전해지는 것은 특별히 언급할 만한 가치가 있을 것 같다.

『주례周禮』에는 보장씨保章氏·풍상씨馮相氏·복사卜師 등, 천체 관측 전문가의 이름이 보인다. 그들은 일월성신의 운행 속에서 화복을 판별하고 인간 세계의 여러 가지 일의 길흉을 점치며 그 점에서 미래를 예견하는 일을 담당한 특수 기술자였다. 그들은 일식과 월식, 행성의 회합 등과 같은 천문 현상만으로 천하의 화복을 점친 것은 아니었다. 구름과 바람, 무지개 혹은 태양 주위에 나타나는 햇무리의 모습 등으로 천하의 길흉, 작물의 풍작·흉작, 수해와 한발 등을 점쳤다.

『사기』「천관서天官書」에는 전국 시대에 활약한 점성술사의 이름이 등장한다. 그들은 천문학에 대한 전문적 지식을 기반으로 점성술을 행하였다. 그중에서 위魏의 석신石申이 저술한 『석씨점石氏占』과 제齊의 감공甘公이 저술한 『감씨점甘氏占』은 구담실달瞿曇悉達 등이 황제의 명을 받아 편찬한 『대당개원점경大唐開元占經』에 허다하게 인용되어 오늘날까지 전해진다. 또한 한대에는 『천문기상잡점天文氣象雜占』과 『오성점五星占』(모두 호북성 장사長沙의 마왕퇴馬王堆 3호 한묘漢墓에서 비단에 쓰인 상태로 출토) 등의 점술서도 만들어진 것처럼 고대 중국의 천문학과 점술은 시대를 초월하여 수용되고 있었음을 알 수 있다. 그것은 당시 천문 현상이 현실 정치의 반영이라는 생각하에 위정자에게 길흉을 살펴 정치를 반성하고 점의 결과가 흉으로 나오면 근신하고 정치를 바로 하는 것이 요구되었기 때문이다.

이것이야말로 중국의 점이 서양의 점성술Horoscope과 다른 점이다. 서양의 점성술이 주로 개인의 운명을 점쳐 예견하기 위한 것이었던 데 반해, 중국의 점은 국가와 왕조를 위해 탄생한 국가 점성술Judicial Astrology로서 발전한 것이다.

다섯 행성

고대 중국의 천체 관측자가 특히 주목한 것은 다섯 행성(목성·화성·토성·금성·수성)의 운행이었다. 그에 대한 관심은 전국 시대부터 한대에 걸친 점성 기록에 현저하게 나타나 있다. 『석씨점』과 『감씨점』 혹은 『오성점』이나 한대 화상석에는 다섯 행성의 관측과 그와 관련된 점이 매우 상세히 기록되어 있어, 이미 고대 중국인의 다섯 행성에 대한 관심이 예사롭지 않았음을 알 수 있다.

옛날에는 다섯 행성 중 목성을 세성歲星, 화성을 형혹, 토성을 전성塡星, 금성을 태백太白, 수성을 진성辰星으로도 불렀다. 목성은 그 운행이 다른 행성에 비해 안정되어 있고 거의 12년이 걸려 하늘을 일주하기 때문에 천공天空을 12등분하여 목성이 머무르는 위치의 별자리 이름으로 그 해[年]를 기록하였다(세성기년법歲星紀年法). 이것이 목성이 세성으로 불리는 이유다. 그 때문에 별을 관측하여 길흉을 추단하는 점성占星에서는 세성이 위치하는 곳은 나무[木]가 머물러, 지상에서는 초목이 번성하고 오곡이 풍요로워진다고 보았다. 목성을 길성吉星으로 인식한 것은 로마 신화에서 주피터가 신들의 왕으로서 하늘을 지배하는 천공신이었던 것과 통하는 점이 있다.

점성에 있어서 세성과 가장 대조적인 행성이 형혹이다. 형혹은 오행의 불[火]에 배당되기 때문에 반란과 전쟁, 기근과 질병, 죽음 등 재화災禍를 초래하는 불길한 행성으로 간주된다. 고대 중국의 이러한 화성관은 묘하게도 서양에서 마르스가 로마 신화의 군신軍神이고 고대 인도에서는 한발과 충해, 역병과 기근, 전쟁 등의 불행을 가져온다고 생각되었던 것과 통한다.

또한 전성은 흙[土]으로부터 연상하여 영토 상실을, 태백은 금속[金]에서 무기를 연상하여 전쟁을, 진성은 물[水]에 해당되기 때문에 대기근을 예고한다. 그리고 길성으로 간주되는 세성조차 그 마땅한 위치에 있지 않은 경우에는 큰 화를 불러온다고 생각되어, 고대 중국에서 다섯 행성은 길점보다 흉점에서 그 특징이 분명해진다.

그중에서도 특히 두드러진 것이 형혹이다. 형혹이 다른 행성에 비해 주목되는 것은 지상에서 육안으로도 뚜렷이 보이는 그 붉음 때문이다. 그 섬뜩함이 화성을 다섯 행성 중에서도 특수한 행성, 기분 나쁜 행성이라는 인상을 갖게 했을 것이다. 그러나 보다 큰 원인은 화성을 '천문학의 골칫거리'라고 말하는 것처럼 형혹은 운행이 불규칙하고 천체 관측 시 예기치 않은 움직임을 보이기 때문이다. 이러한 이유에서 형혹은 신비성을 부여받고 시대가 지남에 따라 불길한 행성이라는 이미지로 정착한다.

형혹(화성)

형혹이 인간 사회에 영향을 미친다고 여긴 기록 중에서 비교적 오래된 것으로서 춘추 시대 송宋 경공景公의 일화가 있다.

> 송 경공 37년(기원전 480) 초나라 혜왕惠王이 진陳을 멸하였다. 이때 형혹이 하늘 28수宿의 심성心星과 겹쳐진 채 움직이지 않았다. 심성은 지상의 송나라에 해당한다. 그것이 송의 영토에 재화災禍가 닥칠 징조라고 우려한 경공은 천문관인 자위子韋에게 무슨 방법이 없는지 의논하였다. 자위는 "재화를 재상에게 옮길 수 있습니다"라고 말하였다. 경공은 "재상은 나의 수족이기 때문에 안 된다"고 말하였다. "그럼 백성에게 옮기십시오"라고 하자 "군주는 백성이 있어야 군주다"라고 말하였다. "그럼 한 해의 수확으로 옮길까요?"라고 하자 "흉작이 되면 백성이 고통스럽다. 나는 백성을 위한 군주이고 싶다"고 하며 어떤 것도 희생하는 것을 거부했다. 그러자 자위는 "하늘은 지상의 일을 잘 살피고, 지상의 선의를 들을 것입니다. 지금 군께서 군주로서 훌륭한 일을 세 번이나 말씀하셨습니다. 하늘은 군의 훌륭한 말씀[善言]을 듣고 형혹을 이동시켜 줄 것입니다"라고 하였다. 형혹을 관측하여 보자 과연 삼도三度 이동하였다.
>
> -『사기』「송미자세가宋微子世家」

하늘이 송 경공의 백성을 생각하는 훌륭한 말[善言]과 선의에 감동해 형혹의 궤도를 수정하여 송의 위치에서 이동시켰다는 것이다. 이 이야기는 『사기』만이 아니라 전국 시대 말부터 한대 문헌 이곳저곳에 보인다. 각각 다소의 윤색은 있지만 스토리에 큰 차이는 없다.

또한 『사기』「진시황본기」에는 시황제 36년(기원전 211)에 형혹이 심수心宿

에 머무른 채 이동하지 않았다고 되어 있다.

> 36년 형혹이 심성에 머문 채 움직이지 않았다. 또한 동군東郡에 운석이 떨어지고 누군가 그 돌에 "시황제가 죽고 국토가 분열될 것이다"라고 새겼다. 시황제는 용의자를 수색하게 했지만 찾아내지 못했다. 그래서 주변 주민을 죽이고 그 돌을 태워 녹였다.

언뜻 보면 사마천은 형혹의 비정상적인 운행을 시황제의 죽음을 예고—"시황제가 죽고 국토가 분열될 것이다"—하는 전조라고 생각하여 기록한 것처럼 보인다. 그러나 운석에 새겨진 문구와 형혹의 비정상적인 운행 기록이 반드시 관련지어 쓰인 것은 아니다. 적어도 형혹의 비정상적인 운행이 시황제의 죽음을 예견하였다고 분명히 말한 것은 아니다. 그러나 형혹은 다섯 행성 중에서도 특히 불길한 행성으로 인식되었고, 전한 시대에는 형혹에 대한 소박한 공포가 거의 정착되어 있었다.

형혹에 대한 두려움은 머지않아 그 신비화를 촉진하였고 형혹은 하늘의 뜻을 알리는 행성으로 변모하여 갔다. 형혹의 비정상적인 운행은 바로 현실 정치에 대한 응징이고 인간계에 내린 하늘의 경고이며 질책이었으며, 형혹이 움직이지 않거나 역행하거나 하면 가까운 장래에 반드시 좋지 않은 일이 일어날 전조라고 하는 형혹관이 생겼고, 형혹의 예언화가 진행되게 되었다.

재이설災異說

『상서』에는 '홍범구주洪範九疇'라는 아홉 개의 정치 대법大法이 기록되어 있는데, 그 여덟 번째가 여러 가지 징조를 의미하는 '서징庶徵'이다. 이것은 천자의 정치는 자연현상과 서로 조응한다는 의미로서, 그 징조에는 상서로운 징조인 휴징休徵과 불길한 재앙의 징조인 구징咎徵이 있다.

지상의 정치가 잘 행해지면 하늘은 알맞은 때에 비를 내리고 바람을 일으키며 한란寒暖을 안정시켜 오곡의 풍요를 가져온다. 이것이 휴징이다. 반대로 구징은 지상의 정치가 바르지 않으면 기후 불순을 초래하여 흉작이 되고 백성을 고통스럽게 한다. 이처럼 고대 중국인은 하늘을 의지가 있는 존재로 간주하고 천(자연)과 인(인간사) 사이에는 깊은 상관 관계가 있다고 생각하였다. 이를 천인상관사상天人相關思想이라 부른다.

전한 무제 시기 동중서는 유교를 국가의 통일 원리로 삼아 군주권 강화를 도모하고 전제국가 확립을 제언提言하였다. 일반적으로 '현량대책賢良對策'이라 불리는 건의인데, 이로써 한제국은 유교를 국교로 삼았고 이후 2천 년에 걸쳐 유교는 그 지위를 계속 유지하였다.

동중서는 유교를 지배 원리로 삼아 천자의 권위를 절대화하고 천자를 중심으로 하는 전제국가 체제를 확립하려고 하였다. 그러나 진의 시황제처럼 천자의 권력이 지나치게 강대해지면 전제군주의 횡포를 부르고 결국 왕조를 와해시킬지도 모른다고 생각했다. 그것을 우려한 동중서는 자연과 인간사가 감응한다는 중국 고유의 자연관인 천인상관사상을 토대로 군주권을 억제하는 이론을 확립하였다. 이를 재이설이라 한다.

동중서는 『춘추공양전春秋公羊傳』의 해설을 토대로 재이설을 설명하였다. 『공양전』은 공자가 『춘추』를 어떠한 이념과 의도를 가지고 저술했는지를 해명하려 한 것으로서 『좌전左傳』, 『곡량전穀梁傳』과 함께 '춘추삼전'이라 한다.

『춘추』 은공隱公 3년(기원전 720) 2월에 일식의 기록이 보인다. 『공양전』은 "이 일식은 심상치 않은 이변이기 때문에 공자께서 특별히 기록하셨다"

고 한다. 또한 은공 5년(기원전 718) 9월에는 벼의 싹을 먹는 해충인 명충螟蟲의 해가 발생한 기록이 있다. 그에 대해 『공양전』은 "심상치 않은 재해가 발생하였기 때문에 공자께서 특별히 기록하셨다"고 해설하고 있다. 이러한 재해 이변에서 천의 의지를 본 동중서는 그의 저서 『춘추번로春秋繁露』에서 다음과 같이 재이설을 정의한다.

> 자연계에 좀처럼 없는 변고를 '이異'라 한다. 그중 규모가 작은 것을 '재災'라 한다. 자연계에서는 '재'가 먼저 찾아오고 '이'는 나중에 나타난다. '재'는 인간계에 대한 하늘의 견책이며, '이'는 하늘의 위협이다. 만일 하늘이 '재'를 내려 통치자를 견책함에도 통치자가 알아차리지 못하면 하늘은 뒤이어 '이'를 드러내어 위협한다. 『시경詩經』에 "하늘의 위세威勢를 두려워한다"고 한 것은 바로 이것을 말한다. 무릇 재해와 이변은 모두 국가의 실정失政에서 생겨난 것이다. 국가에 실정의 조짐이 싹트면 하늘은 재해를 내려 그 나라에 견책하고 경고한다. 하늘이 경고하였는데도 하늘의 뜻을 이해하려 하지 않는 경우 하늘은 '괴이怪異'를 보여 그 나라를 위협하고 경고한다. 그럼에도 불구하고 잘못을 고치려 하지 않으면 엄벌을 내려 나라를 멸망시킨다.
>
> – 『춘추번로』「필인차지必仁且知」

동중서는 『춘추』에 기록된 재이의 기록은 바로 하늘의 심판이라고 해석하고 "통치자가 하늘의 의지에 반하는 행위를 하면 하늘은 우선 재해를 내려 경고하고 질책한다. 만일 실정을 고치지 않고 도의에 어긋나는 행위를 그치지 않으면 하늘은 뒤이어 이변을 내려 위협하고, 그래도 회개하지 않는 경우 하늘은 결국 그 나라를 멸망시킨다"고 단정하였다.

재이를 인간 사회에 작용하는 하늘의 의지이자 하늘이 현실정치를 심판하기 위해 보이는 것이라 생각하는 재이설에 따라 자연계의 재해 이변은 현실정치가 바르게 행해지고 있는지를 알려 주는 척도가 되었다.

형혹의 신비화

재이설이 사상계를 석권한 전한 말부터 후한 이후 형혹의 신비화는 급속히 진행되었다. 예를 들면 앞에서 본 시황제 36년 형혹의 기록을 반고는 다음과 같이 설명한다.

> 시황제 때 형혹이 심수에 머무르고 닭의 피처럼 새빨갛게 빛났는데, 그 빛이 천시성天市星(심수와 방수房宿의 동북쪽에 위치한 별자리)의 빛이 비추는 곳까지 물들였다. 시황제가 죽은 후 시황제의 적자와 서자가 서로 죽였고 이세황제二世皇帝가 즉위했으나 육친을 살해하고 장상將相을 살육하였다.
>
> –『한서』「천문지天文志」

사마천은 형혹의 비정상적인 운행을 기록하는 데 그치고 형혹과 시황제 죽음의 연관성은 언급하지 않았지만, 반고는 형혹의 비정상적인 운행을 기록하며 "닭의 피처럼 새빨갛게 빛났"다는 등 과장하여 설명하고 마치 그것이 시황제의 죽음, 적자 부소扶蘇와 막내 호해胡亥의 대립, 호해가 이세황제가 되어 진제국이 멸망할 것을 예고한 것처럼 해설한다.*

또한『한서』는 고조 시기부터 성제 시기까지 관찰된 형혹의 운행을

* [원주] 시황제의 죽음과 진 멸망에 관련된 '예언'에 대해서는 구시다 히사하루, 앞의 책 제6장 제2절~제4절에 상세히 나와 있다.

꼼꼼히 기록하고 형혹이 비정상적인 운행을 한 후에 일어난 정치적 사건을 빠짐없이 열거하면서, 그 사건들은 하늘이 형혹의 이변을 일으켜 인간계를 경고하고 질책하기 위한 것들이었다고 해설하였다.

형혹의 신비화가 현실정치에 막대한 영향을 주었던 단적인 예는 제5장에 등장한 전한 말의 승상 적방진이 자살로 몰린 일일 것이다. 성제 수화綏和 2년(기원전 7) 형혹이 심수에 머물러 움직이지 않았다. 성제는 불안에 사로잡혔다. "형혹만이 아니다. 최근 불길한 유성, 행성의 역행과 비정상적인 운행이 자주 관찰되고 있다. 실제로 하천과 우물, 샘이 범람하고 수해와 산사태가 발생하고 있다. 선제인 원제 시기 이미 동요(〈우물물의 노래〉)가 불려 재해를 예고하지 않았는가. 그리고 이번엔 형혹의 이상. 이것은 혹 불길하게도 나의 죽음이 다가오고 있는 징조는 아닐까?" 성제는 적방진에게 명령서인 책冊을 보냈다.

> 그대가 승상이 되고 십 년간 수해와 산사태 등의 자연재해가 빈발하였고 그 때문에 역병이 만연하고 익사한 자도 적지 않았다. 굶주린 백성은 길가에 흘러넘치고 도적이 횡행하고 선량한 백성이 살해되어 인심은 어지럽고 사회는 혼란하며 흉악 범죄가 끊이지 않는다. 그럼에도 불구하고 조금 풍작이라고 알려지면 곧 세금을 올리거나 소금과 술을 전매하기도 하고, 그런가 했더니 전매를 금하고 1개월도 안 되어 또다시 전매를 실시하려고 한다. 이는 백성의 생활을 완전히 무시하는 처사다. 그대는 승상으로서 정치적 책임을 지라.
>
> -『한서』「적방진전」

적방진은 책을 받고 그날로 자살하였다. 승상이 거듭되는 재해 이변의 책임을 지고 자살하게 된 것은 당시 사회에서 형혹의 신비성이 얼마나 강하게 인식되고 있었는지를 말해 준다.

그리고 『후한서』에는 제기帝紀와 열전列傳에 형혹의 기록이 매우 많아졌을 뿐 아니라, 형혹이 역행하거나 멈춘다거나 하는 이상 현상은 인간계의 바르지 않은 정치에 반응하는 것이고 하늘은 반드시 징벌로서 재화를 일으킨다고 하는 형혹의 예언성이 강조된다.

> 근래 형혹이 궤도에서 벗어나 이리저리 운행하거나 동일한 곳을 빙글빙글 돌기도 합니다. 이처럼 형혹이 이상한 운행을 하는 것은 위로부터 아래까지 위정자가 바르지 않기 때문입니다. 하늘은 주상께서 자신을 탓하고 덕을 쌓아 정치를 바르게 이끄실 것을 요구하고 있습니다.
>
> -『후한서』「낭의전郎顗傳」

> 형혹은 벌성罰星입니다. 그 형혹이 이상한 운행을 하는 것은 천자께는 참으로 흉한 일입니다. 또한 형혹이 방수房宿와 심수心宿에 멈춘 것은 후사가 생기지 않는 것을 의미합니다. 앞서 연희延熹 7년(164)에 형혹이 역행하고 그 40일 후에 등황후가 주살되었습니다. 게다가 그해 겨울은 이상 한파로 들새와 들짐승이 동사하였고 대나무와 측백나무조차 추위로 시들어버렸습니다. 대나무와 측백나무가 시들면 3년 이내에 천자의 몸에 똑같은 일이 일어난다고 들었습니다. 또한 봄부터 여름에 걸쳐서는 서리와 우박이 계속 내렸고 비가 오면 천둥이 쳤습니다. 주상께서는 이러한 하늘의 뜻을 진지하게 받아들여 주십시오.
>
> -『후한서』「양해전襄楷傳」

앞의 기사는 순제順帝 양가陽嘉 2년(133) 정월, 거듭되는 재해 이변을 우려하여 대응에 고심하고 있던 순제가 낭의를 불러 점치게 한 것이다. 뒤의 기사는 환제 연희 9년(166) 환관이 전횡하여 정치가 문란하고 재해 이변이 끊이지 않았던 것 때문에 양해가 환제에게 상소한 것이다. 낭의와 양해는 천문과 점술의 전문가였다. 모두 형혹의 이상 현상을 현실정치에 대한 하늘의 징계라고 설명하며 천자 이하 위정자의 반성을 촉구하고 있다. 이로써 형혹은 벌성으로서 지상의 정치를 감시하는 지위를 얻고 현실정치에 영향력을 갖게 되었다.

형혹과 동요

다섯 행성 중에서 특히 전조를 나타내는 특성을 부여받아 신비화된 형혹은 다음에는 의인화되고 동요와 결합하여 체제 비판 무기로서의 기능을 급속히 발전시킨다. 신비의 형혹이 동요와 결부된 비교적 이른 기록은 후한의 왕충이 쓴 『논형』에 보인다.

> 인간계에 길흉이 나타나기 전에 반드시 요상妖祥(괴이한 현상)이 나타난다.…(중략)…그것은 사람의 형태로 나타나기도 하고, 사람의 소리로 나타나는 것도 있다. 천지간의 요괴는 여러 가지로서 언어에서도 소리에서도 문서에서도 볼 수 있다. 사람의 형태가 되어 나타난 것이 무녀巫女다. 무녀가 하는 말은 무언가가 의도하고 말하게 한 것이 아니라 자연스럽게 나온 것이다. 그것은 동요와 같다. 동요는 입이 저절로 노래하여 나온 것, 무녀의 말은 무녀의 생각이 저절로 나온 것이다.…(중략)…세간의 사람들은 "동요는 형혹의 정령이 동자에게 노래하게 한 것이다"라고 말하는데, 그것은 지당한 것이다. 형혹은 화성이고 화성은 유독한 빛이 있기 때문에 형혹이 심성에 머물러 이동하지 않을 때는 그 나라에 재화가 발생한다. 형혹은

흐릿하여 분명하지 않기 때문에 요괴의 현상은 눈으로 볼 수 있는 것도 있지만 볼 수 없는 것도 있다.…(중략)…'불[火]'은 오행(나무·불·흙·금속·물)의 두 번째에 배당되고, 오사五事(모양[貌]·말[言]·시각[視]·청각[聽]·사고[思])의 두 번째인 '말'에 대응한다. '말'도 '불'도 양陽에 속하므로 동요와 시가는 요언妖言(불가사의한 말)이 되는 것이다.…(중략)…동자는 양이기 때문에 요언은 동자로부터 생긴 것이다.

–『논형』「정귀訂鬼」

형혹은 화성, 불도 동자도 말도 음양에서는 양으로 분류된다. 따라서 동요는 입에서 자연히 나온 것, 동요의 요언은 동자에게서 나온 것이라고 한다.

왕충이라면 당시 신비적인 사고방식을 모조리 '허망虛妄'이라고 단정한, 한대 합리주의 사상가로 이름 높은 이다. 그리고 앞에서 본 송 경공의 훌륭한 말[善言]이 형혹을 이동시켰다는 설화를 '엉터리'라고 무시하였다.(「무형無形」) 그 왕충조차 "동요는 형혹의 정령이 동자에게 노래하게 한 것"이라고 말하고, 다른 곳에서는 "동요는 동자의 입에서 나온 것이지만 동자가 만든 것은 아니고 양기陽氣(형혹의 기)가 초래한 것이다"(「기요紀妖」)라고도 말한 것처럼 형혹의 신비성과 동요의 예언성을 용인하고 있다. 후한 말 당시 동요를 형혹의 정령이 부린 조화라고 보는 형혹관은 이미 널리 받아들여지고 있었다.

이미 『한서』에 "포학한 군주 밑에서 형벌을 두려워한 신하가 입을 다물면 그 갖가지 원한은 가요가 되어 나타난다. 그것을 시요詩妖라 한다"(「오행지 중의 상」)고 되어 있는 것처럼 한대에 신비성을 부여받은 가요는 체제를 비판하는 무기로 정착하였다. 그러나 그 동요가 형혹과 결합하여 신비성이 한층 더 강화되면 그 이후의 동요는 미래에 일어날 일을 예언하는 신비의 미래기未來記로 인식된다.

그리고 본래 비판 정신의 발로인 동시에 사람들의 희망과 기대를 담은 동요는 "형혹의 정령이 지상에 내려와 동자가 되고 그 동자들은 노래하고 춤춘다"(『진서』「천문지 중」), "형혹의 정령이 동자를 현혹하여 노래하고 춤추게 한다"(『사기정의史記正義』에서 인용한 『천관점天官占』), "형혹의 이상 운행은 동요의 요언妖言이 되어 나타나고 그 후에 하늘이 재화를 내린다"(『위서魏書』「최호전崔浩傳」) 등으로 말해지는 것처럼 위진 시기 무렵에 형혹과 동요는 완전히 일체화하였다.

일단 "형혹의 정령은 동자다"라는 설이 만들어지면 형혹과 동요가 결부되는 것은 필연이었다. 그리하여 동요는 형혹의 정령이 동자가 되어 지상에 강림하여 부르는, 하늘의 의지를 대변하는 예언의 노래로서 정착해 갔던 것이다.

또한 동요와는 관계없이 형혹의 의인화도 진행되었다. "형혹이 금성과 모이는 현상은 신왕조 탄생의 징조다"(『삼국지·위서』「무제기」에서 인용한 장번張璠의 『한기漢紀』), "형혹이 남두南斗에 멈추고 이동하지 않는 현상은 바로 벼락출세하는 자가 출현할 징조다"(『삼국지·위서』「왕릉전王淩傳」) 등으로 언급되어 결국 '형혹은 법의 사자'(『진서』「천문지 중」)라고 보는 형혹의 의인화가 확정되었다.

형혹은 다섯 행성 중에서 홀로 의인화된 '예언자'로 변모하고 동요와 결합함으로써, 불안하고 불길한 행성이라는 태고의 이미지를 완전히 탈피해 하늘이 지상의 정치에 감응하여 이변을 알리는 것으로 다시 태어났다.

형혹의 정령의 강림

이상과 같이 동요란 형혹에서 내려온 동자의 예언, 예언이란 하늘의 견책, 그 하늘의 소리를 형혹의 정령이 지상의 동자를 통해서 널리 퍼지게 한다는 사고가 정착하였는데, 삼국 시대에 그 전형이라고 할 수 있는 동요가 만들어졌다.

오吳의 손휴孫休(재위 258~264년, 제3대 경제景帝) 영안永安 3년(260), 예닐곱 살의 남자아이가 형혹에서 내려와 "삼공三公이 사마司馬에게 돌아간다"고 아이들에게 알리고 다시 하늘로 올라갔다. 삼공, 즉 위·오·촉 삼국은 모두 사마씨(진晉)에게 귀속될 것이라는 뜻이다.

> 오나라 손휴 영안 3년 3월 이상한 남자아이가 나타났다. 키는 4척 남짓(약 1미터), 나이는 예닐곱 살로 푸른 옷을 입고 있었다. 갑자기 아이들의 무리에 끼여 놀기 시작했다. 아이들은 모르는 아이였기 때문에 "너, 난데없이 나타났는데 어느 집 아이니?"라고 저마다 물었다. 그러자 "모두 즐거운 듯이 놀고 있어서 왔어"라고 답하였다. 자세히 보니 눈이 형형하게 빛나며 사람을 쏘아보는 것 같았다. 아이들은 두려워져 한 번 더 같은 것을 물었다. 그러자 "내가 무서워? 사실 나는 인간이 아냐. 화성의 정령이야. 너희들에게 알릴 것이 있어서 온 거야. 삼공이 사마에게 돌아간다"라고 말하였다. 아이들은 깜짝 놀라서 근처에 있는 어른에게 알리러 뛰어갔다. 소식을 들은 어른들이 달려와 그 남자아이를 주시하자 그 아이는 "나, 이제 간다"고 말하고 곧 몸을 휙 돌려 뛰어올랐다. 올려다보니 길고 가느다란 하얀 비단이 하늘로 올라가는 것이 보였다. 연이어 달려온 어른들의 눈에도 한 필의 하얗게 누인 명주실로 짠 비단이 하늘 높이 날아 올라가는 것이 보였고 얼마 안 있어 시야에서 사라져 버렸다. 당시는 오의 정치

가 가혹했기 때문에 일부러 관청에 보고하는 자도 없었고 그래서 이 사건은 표면화되지 않았다. 그런데 그로부터 4년 후 우선 촉이 멸망하였고 6년 후에는 뒤이어 위의 제위帝位가 폐지되었고 21년이 지나서는 오가 평정되었다. 중원은 사마씨가 쟁취했다. 이것이야말로 그 화성에서 온 남자아이가 말한 "삼공이 사마에게 돌아간다"는 것이다.

-『수신기搜神記』 권제8

『진서』 및 『송서』에서는 "삼공이 사마에게 돌아간다"를 "삼공이 제거되어 사마에게 가네"라고 하였으나 의미는 동일하다. 어느 책에도 동요라고는 하지 않지만, 두 책이 이것을 '시요詩妖'로 채록하고 있다는 것은 역사 기록에서는 동요와 동등하게 취급되고 있음을 의미한다. 즉 형혹에서 내려온 동자가 하늘의 소리를 알리는 예언을 지상의 동자를 통해 동요로 부르게 한다는 사고방식은 당시 꽤 깊이 스며들어 있었다고 말할 수 있을 것이다.

『삼국지·오서』「육개전陸凱傳」에 기록된 다음의 동요는 바로 형혹의 요妖가 일으킨 하늘의 견책이라 하여 제4대 황제 손호孫皓(재위 264~280년, 손권의 손자)의 무도함을 간언하기 위해 이용되었고 설득력 있는 상소문이 되었다.

손휴 사후 23세로 오정공烏程公에서 즉위한 손호는 소심한 자 특유의 난폭하고 집념이 강한 성격으로 제위에 오르자마자 교만해지고 여색과 술에 탐닉하였다. 또한 손휴의 네 명의 아들을 연금하고 후에 두 아들을 살해하였다. 손호를 추천한 사람들도 실망의 기색을 감출 수 없었다.

감로甘露 원년(265) 손호는 건업建業(지금의 남경南京)에서 무창武昌(지금의 무한武漢)으로 천도하였다. 양주揚州(장강 하류)의 백성은 도읍에 물자를 바치기 위해 일부러 장강을 거슬러 올라가야 해 손호의 실정과 폭정에 분노하였다. 조부 손권 시기부터 공신인 육개는 손호의 혼란스런 정책 때문에 백성이 얼마나 고통스러워하는지 이해하고, 즉시 가혹한 정치를 그만두고 관용의 통치로 바꾸도록 상소하였다. 그리고 육개 자신이 들었던 동요를 거론하며 무창으로 천도한 잘못을 간하였다.

> 寧飮建業水, 건업의 물을 마시고 살지라도,
> 不食武昌魚; 무창의 물고기는 먹지 않겠네.
> 寧還建業死, 건업으로 돌아가 죽을지라도
> 不止武昌居. 무창에서만은 살지 않겠네.

육개는 말하였다. "동요는 형혹이 요를 만들어 낸 것입니다. 즉, 하늘의 뜻으로부터 나온 것입니다. 그 동요가 무창으로 천도한 일은 죽음을 의미한다고 말하고 있습니다. 하늘은 백성의 고통을 알고 있기 때문에 하늘의 뜻(동요의 진의)은 명백합니다. 주상이 하늘의 뜻을 이해하지 않아 재화가 닥치고 천하를 잃을까 두려워할 뿐입니다."

그러나 동요가 노래한 '하늘의 뜻'에서 아무것도 배우지 못하고 백성의 고통을 무시한 손호는 이듬해 12월 도읍을 건업으로 되돌렸음에도 불구하고 천기天紀 4년(280) 결국 4대 58년으로 오를 멸망시켰다. 육개가 가장 두려워한 '천하를 잃는' 것이 현실이 되었다. 이 동요는 거기까지 예언하지는 않았지만, 오의 도읍이 무창에서 건업으로 되돌아온 것은 동요에 담긴 백성의 희망이 이루어진 것이다. 그리고 하늘이 동요라는 형혹의 요로 손호를 견책했음에도 불구하고 뉘우치지 않았기 때문에 하늘은 결국 그 나라를 멸망시켰다. 바로 동중서의 재이설이 살아 숨 쉬고 있음이다.

이처럼 후한 멸망 후의 동요는 하늘의 뜻을 알리기 위해 파견된 형혹의 정령이 동자가 되고 그 동자가 지상에 내려와 노래한 것으로, 하늘이 형혹의 이변異變을 통해 견책하는 노래로 정착하였다. 일단 형혹이 의인화되면 형혹 이외의 네 행성도 의인화되는 것이 자연스러운 흐름일 것이다.

> 다섯 행성이 이상한 운행을 하면 다섯 행성의 정령이 지상에 내려와 사람으로 화化한다. 세성은 그 정령이 내려와 고귀한 신하가 되고 형혹의 정령은 동자가 되어 노래하며 장난친다. 전성은 노인이나 부녀가 되고 태백은 혈기왕성한 남자가 되어 숲과 산기슭에 나타나며 진성은 부인이 된다. 그리고 각각의 방법으로 지상의 길흉을 알린다.
>
> – 『진서』「천문지 중」

이처럼 다섯 행성은 모두 의인화되었다. 이것은 형혹의 의인화가 얼마나 영향력을 발휘했는지를 말해 주고 있다. 그러나 역사에 등장하여 활약한 것은 형혹의 동자뿐이다. 그만큼 고대 중국에서 동요가 현실사회를 비판하는 무기로 받아들여지고 있었던 것이다. 동요는 고대 점성술을 받아들이고 형혹과 결합하여 그 예언성에 박차를 가했다. 신비한 힘을 얻은 동요는 더욱더 과격해지고 보다 날선 비판의 칼날로 권력자와 권력기구에 충격을 주었다.

금지할 수 없는 동요

일찍이 동중서는 재이설을 이용하여 군주권을 억제하고 재이를 근거로 군주에게 반성을 촉구하였지만, 재이설은 통치자와 권력자에게 받아들여져 차츰 미래에 대한 예언으로 변모하였고 권력의 정당화와 권위 부여에 이용되었다.

전한 말 우물에서 나온 하얀 돌에 붉은 글씨로 "안한공安漢公 망莽에게 고하노니 황제가 되라"는 글귀가 쓰여 있었다고 한다. 왕망이 황제가 되는 것을 예언한 이 문서를 '부명符命'이라 한다. 또한 전한 말 애제 시기 하하량夏賀良이라는 인물이 "유수가 군대를 거느리고 부도덕한 무리를 타도하고 화왕火王(한왕漢王)이 될 것이다"라는 '적복부赤伏符'를 가져왔고 왕망 말년에는 광무제가 "한의 명운命運은 중도에 쇠한 후 다시 천명을 받게 될 것이다"라는 '적정赤精의 참讖'을 입수했다고 한다. 이를 '도참圖讖'이라 하는데, 후한에서는 이런 종류의 참위서讖緯書가 횡행하였고 재이설은 그 본래의 사명—재이를 빌려 전제군주를 감시한다는 사명—을 완전히 상실하였다.

그러나 권력의 횡포에 대항하는 지식인은 동요라는, 형태를 바꾼 '예언'을 유행시키는 것으로 체제와 맞섰다. 권력 기구가 자기 정당화에 이용한 '예언'을 바로 역이용하는 방법으로 동요를 노래하였다. 그리고 동요는 형혹과 합체하여, 하늘이 보낸 형혹의 정령을 매개로 재이설이 담당하던 현실 정치 비판을 대신했다고 할 수 있다.

동요는 문자가 아니라 노래하는 시점에 소멸하는 말로 유포된다. 사람에게서 사람으로 말로 이어져 불리는 동요는 그 책임을 추궁할 수 없기 때문에 더욱더 날선 칼날로 권력 기구를 내려치고 충격을 줄 수 있었다. 동요 속에 담긴 정치·사회 비판은 권력 기구에는 바로 반역 행위였기 때문에 통치자로부터 기피되었다. 동요가 '시요詩妖'라고 불린 까닭이다.

그리고 일단 동요가 권력의 횡포를 규탄하는 수단으로 받아들여지고 권력 기구에 있어서 기피해야 할 것으로 정착하면 동요는 더 이상 형혹의 정령으로 신비화될 필요가 없다. 일부러 형혹을 빌려 하늘의 신탁인 듯이 말하지 않아도 신랄한 '예언'을 담은 동요를 만들어 유포시키면 그것으로 충분히 효과가 있었다.

『진서』「오행지」에는 엄청나게 많은 동요가 '시요'로 열거되어 있다. 앞에서 본 것처럼 『진서』「천문지 중」에서는 "동요는 형혹의 정이 동자가 되어 노래한 것"이라고 설명하고 있지만, 여기서는 동요를 형혹의 정령이 부린 조화라고는 하지 않는다. 동요는 형혹의 정령이 노래하는 예언이라는 동요관이 널리 받아들여지고 있었기 때문일 것이다. 그래서 다만 "아이들이 돌연 길에서 노래하기 시작했다", "아이들이 길에서 만나면 두 손을 들고 노래하기 시작한다", "동요가 불린 당시에는 누구도 그 의미를 알지 못했다", "그 노래는 매우 아름답고 그 의미는 실로 미묘하다" 등등, 넌지시 동요의 신비성을 지적하면 되었다. 그리고 "결국 동요가 말한 대로 되었다", "마치 시詩의 요괴 같다"라고 동요의 선견지명을 말하는 것만으로 충분하였다.

동요는 형혹과 결합하여 신비성을 얻었다. 신비성은 동요에 활력을 부여하고 비판 정신을 길렀다. 신비의 힘을 얻고 과격한 비판을 두려워하지 않게 된 동요는 이제 형혹을 떠나 홀로 걸었고 야유와 빈정거림, 풍자가 더해져 현실사회의 불합리와 모순을 통렬하게 비판하는 효과적인 방법으로 정착하였으며, 현대 중국에서도 끊이지 않고 계속해서 불리고 있다.

칠언율시 〈원소元宵〉

1991년 3월 20일 중국공산당기관지 「인민일보」 해외판에 〈원소〉라는 칠언율시가 게재되었다. 작자는 미국 유학 중인 주해홍朱海洪이라는 중국인이다.

東風拂面催桃李	동풍이 얼굴을 스치고 지나며 복숭아꽃과 자두나무꽃을 재촉하네.
鷂鷹舒翅展鵬程	솔개는 날개를 펼치고 머나먼 길을 떠나는구나.
玉盤照海下熱淚	달은 바다를 비추고 뜨거운 눈물이 흐르네.
游子登臺思故城	나그네는 대에 올라 고성을 생각하누나.
休負平生報國志	저버리지 않으리라 평생보국의 뜻.
人民育我勝萬金	인민이 나를 기른 것은 만금보다도 더하니
憤起急追振華夏	분발하여 맹렬히 쫓아서 화하를 진동시키리라.
且待神州遍地春	잠시 기다리자, 신주 곳곳에 봄이 오기를.

봄바람이 얼굴을 쓰다듬듯이 불어 복숭아나무와 자두나무에 빨리 꽃을 피우라고 재촉한다. 솔개는 힘의 정도를 알지 못하고 날개를 펼쳐 붕새가 나는 거리를 날려고 했다(그러나 할 수 없었다). 나그네(나)는 천문대에 올랐다. 그러자 아름다운 달이 바다를 비추고 있다. 보고 있으니 고국이 생각나 눈물이 흘렀다. 그러나 어느 때에도 보국의 뜻을 버리지 않을 것이다. 인민이 나를 길러 준 은혜는 만금보다도 크기 때문이다. 자, 분기하여 중국에 공헌하고 중국 전역에 봄이 찾아오기를 좀 더 기다리자.

4월 2일 싱가폴 신문 「연합조보聯合早報」는 작자 주해홍과 로스앤젤레스에서 나눈 담화를 발표하였다. 그에 따르면 이 시는 미국 유학 중인 중국인 학생 여러 명의 합작품으로서, 시 서두에 "원소절(음력 1월 15일) 밤, 그리피스천문대에 올라 고향을 그리워하는 마음에 사로잡혀 시를 지어 스스로를 격려하였다"라고 되어 있는 것처럼 멀리 이국땅에서 모국인 중국을 생각하는 망향의 시다.

그러나 그것은 단순히 표면상의 의미에 불과하다. 1989년 봄에 시작된 중국의 민주화운동이 6월 4일 상상을 초월하는 처참한 결말을 맞았을 때 운동에 참가할 수 없었던 미국의 중국인들은 비탄에 잠겨 중국을 생각하며 눈물 흘렸다. 그들은 비분의 눈물을 억누르고 중국의 모범적 청년을 가장한 채 유머를 넣어 탄압에 항의하는 시를 지은 것이다.

시에서 '동풍'은 민주화를, '복숭아나무와 자두나무[桃李]'는 학생과 지식인을, '솔개[鵓鷹]'는 민주화운동에 참가한 많은 사람들을, '머나먼 길[鵬程]'은 민주화 실현의 은유다. 즉 "1989년 봄, 자유와 민주화의 바람이 많은 학생과 지식인을 환기시키고 운동에 참가한 많은 사람들은 미력하나마 이 운동으로 민주화를 실현할 수 있다고 믿었다. 그러나 그것은 참혹한 결과로 끝이 났다. 조국을 떠나 있는 중국인들은 봄의 달을 보면서도 그때의 천안문 고성이 생각나 눈물이 넘쳐흐른다. 진정한 의미에서 보국의 뜻을 버리지 않을 것이다. 왜냐하면 인민이 우리들을 길러 준 것은 만금보다 크기 때문이다. 그러므로 분기하여 중국을 구하자. 머지않아 중국도 민주화되어 봄이 찾아올 것이다"가 된다. 멀리 조국을 떠난 동포가 중국 국내의 양식 있는 학생과 지식인, 북경시민에게 보내는 열렬한 메시지인 것이다.

용의주도하게도 시의 굵은 글씨 부분을 오른쪽에서 왼쪽으로 읽으면 "이붕하대 평민분李鵬下臺 平民憤(이붕이여, 지금 곧 퇴진하라. 우리들은 모두 분노하고 있다)"이라는 슬로건이 되어, 당시 총리 이붕에 대한 증오를 교묘히 숨기고 있음을 알 수 있다. 더하여 이것은 본질에서 벗어난 것일지도 모르지만, 아마 가명일 '주해홍'도 6·4*에 천안문에서 학생과 시민이 흘린 피의 바다를 상기시킨다.

역사상 동요가 그랬던 것처럼 이 〈원소〉도 현실을 바꾸지는 못했다. 그러나 당 기관지에 게재되었다는 사실은 중국 역사서에 기록된 것과 동일한 의미를 갖는다. 그리고 「인민일보」가 〈원소〉 게재 후에 전혀 코멘트

* [원주] 1989년 봄에 시작된 중국 민주화운동의 종결을 의미하는 소위 천안문 사건이 있었던 6월 4일. 중국에서는 '천안문 사건'보다 이 '6·4'라는 호칭이 일반적이다.

하지 않고 이붕도 "하찮은 일이다"라고 정신적 동요를 숨겼던 것은 일찍이 여태후가 주허후 유장이 부른 〈경전의 노래〉를 듣고 침묵을 지킬 수밖에 없었던 것처럼 이 시가 야기한 충격의 크기를 말해 준다.

또한 이 시가 엄격한 검열을 빠져나가 공산당 기관지 「인민일보」에 게재되었던 것은 편집자가 역사적인 동요에 대한 지식이 없어 시의 내면의 의미를 꿰뚫어 보지 못했기 때문일지도 모른다. 그러나 완전히 반대의 경우도 생각해 볼 수 있다. 편집자는 이 시의 진의를 알지만 모르는 체하고 게재하여 거기에 자신의 희망을 표현하였다고. 과거의 인물을 비판하는 것은 어떨지 몰라도 아직 살아 있는 권력자를 비난하고 공격하는 것이 얼마나 어려운지 역사가 가르쳐 주고 있기 때문이다.

1998년 2월, 전해에 제출한 학위 청구 논문 「중국 고대의 '요謠'의 사상사적 연구」로 오사카대학에서 문학박사 학위를 받았다. 그리고 1999년 12월 과학 연구비 보조금 '연구성과 촉진비'를 받았고, 『중국 고대의 '요'와 '예언'』이라는 제목으로 창문사創文社 '동양학총서'의 한 권을 내게 되는 영예를 누렸다.

이 책은 바로 『중국 고대의 '요'와 '예언'』이 출판되고 얼마 후 누군가로부터 "동요만으로 대중서를 내 보는 것은 어떨까?" 하는 권유를 받은 것이 계기가 되어 만들어졌다. 이번에 대수관서점大修館書店의 후의로 겨우 실현되었지만 필자의 태만으로 인해 지연되고 지연되어, 퍼뜩 깨닫고 보니 10년이 경과되었다.

10년 전 '예언' 연구의 대상을 동요로부터 천변지이天變地異—혜성이나 유성 등의 천문이변과 지진이나 수해 등의 재해—로 확대하였고 또 마침 오사카부립대학으로 옮긴 지 얼마 안 되었으며, 『유교儒教의 지혜』와 『한시漢詩의 지혜』를 먼저 집필하고 있던 차이기도 해서 전문서를 대중서로 고쳐 쓰는 작업은 뒷전이 되어 버렸다. 아마도 "이미 원고가 갖춰진 것이니까 언제든 가능할 것이다"라는 자만심이 있었던 것임에 틀림없다. 그러다가 모모야마가쿠잉桃山學院대학으로 가는 것이 결정되었다. 처음으로 사립대학에서 근무하게 되어 날마다 당황하고 우왕좌왕하던 중에 눈 깜짝할 사이에 수년이 흘러가 버렸다.

마침 그 즈음, 교토京都대학 대학원 문학연구과의 이케다 슈조池田秀三 선생으로부터 2008년도 집중 강의를 의뢰받았다. '한대 재이사상의 전개-정치적 무기로서의 예언'이라는 테마로 강의 노트를 작성하면서, 중국 철학사를 전공하는 대학원생 대상의 이 강의를 최소한 동요와 예언의 재미만이라도 현재 근무하는 학교의 학부생에게도 전할 수는 없을까 하는 생각이 들었다. 그러자 10년 전에 안고 있었던 "동요와 예언을 대중서로 만들고 싶다"는 생각이 끓어올랐다.

그 집중 강의가 계기가 되어 대중서로 고쳐 쓰는 작업에 몰두하기 시작하였다. 그러나 막상 시작해 보니 그것은 상상 이상으로 어려웠다. '국제화'라는 이름하에 영어교육에 편중한 결과일까, 한자는커녕 일본어도 위태로운 대학생이 대량 생산되는 현재, 중국학을 전공으로 하지 않는 대학생들에게 한자를 가르치는 것도 아닌 한자의 세계가 가진 재미를 어떻게 전달할지 시행착오의 연속이었다. 이러한 사정도 있어 이 책은 가능한 한 한자 원문을 쓰지 않고 평이한 일본어로 작성하였다. 그러나 노래나 동요만은 조금이라도 원문의 느낌을 살리려고 훈독訓讀을 병기하였다.•

10년에 걸쳐 마침내 이 책이 완성되어 대수관서점의 '아시아BOOKS'의 하나로 세상에 나올 수 있었던 것은 전적으로 편집1부의 요시무라 미치吉村未知 씨의 노력 덕분이다. 번번이 중단되어 약속 날짜를 훨씬 지났음에도 언제나 끈기 있게 지켜봐 주었다. 그리고 나의 생각을 헤아려 가능한 한 쉬운 문장으로 표현할 수 있도록 많은 아이디어와 조언을 주었을 뿐 아니라 원전과 대조하여 체크도 해 주었다. 진심으로 감사를 드린다.

2009년 10월

구시다 히사하루串田久治

• 번역본에서는 일본어의 훈독 대신 원문을 싣고, 일본어 해석이 원문과 차이가 있는 경우 원문 그대로의 해석을 덧붙여 독자들의 이해를 돕고자 하였다.

한대 외척 관계도漢代外戚關係圖

인명은 기본적으로 본문에 등장하는 이들을 거론하였고, 그 밖에는 생략하거나 '남', '여'로 표시하였다.

제3장 (전한 초기)

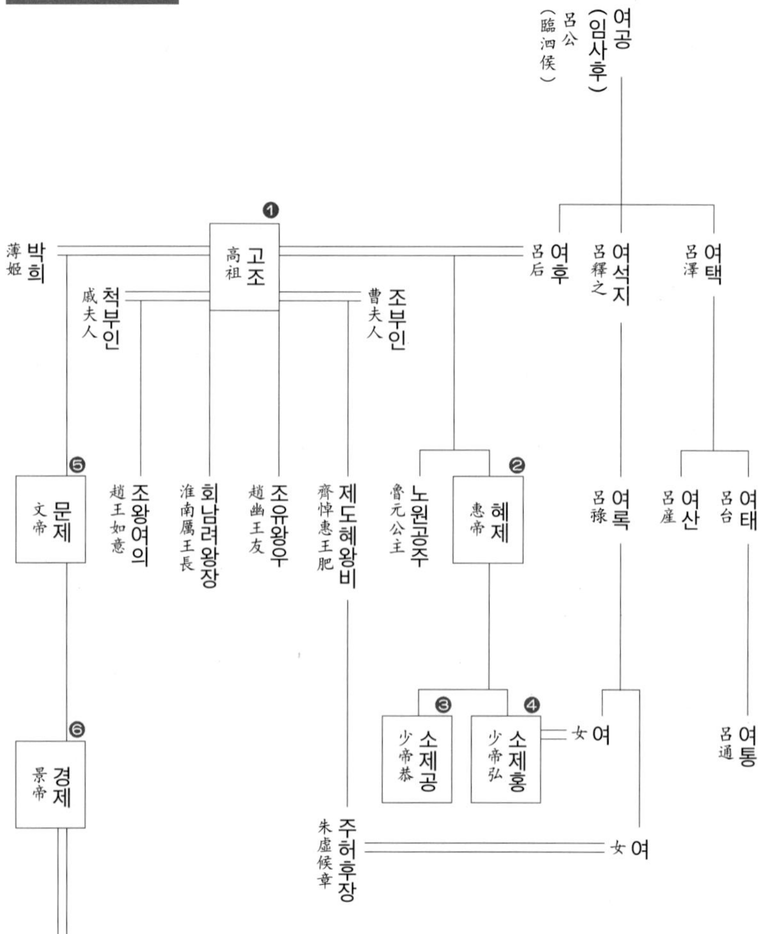

제4·5장 (전한 중기·후기)

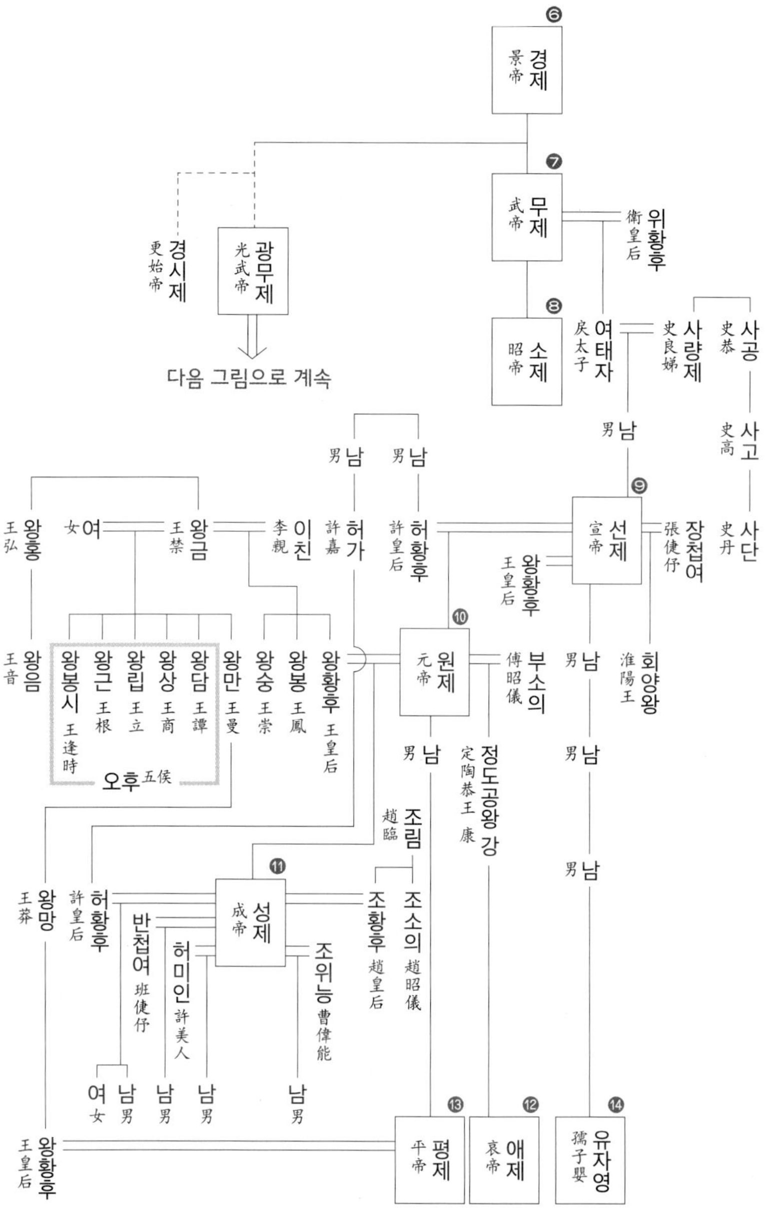

경제 景帝
무제 武帝
위황후 衛皇后
소제 昭帝
여태자 戾太子
사량제 史良娣
사공 史恭
사고 史高
사단 史丹
광무제 光武帝
경시제 更始帝
다음 그림으로 계속
남 男
선제 宣帝
장첩여 張倢伃
왕황후 王皇后
허황후 許皇后
허가 許嘉
이친 李親
왕금 王禁
여 女
왕홍 王弘
왕음 王音
왕봉시 王逢時
왕근 王根
왕립 王立
왕상 王商
왕담 王譚
오후 五侯
왕만 王曼
왕숭 王崇
왕봉 王鳳
왕황후 王皇后
원제 元帝
부소의 傅昭儀
회양왕 淮陽王
정도공왕 강 定陶恭王 康
조림 趙臨
성제 成帝
허황후 許皇后
반첩여 班倢伃
허미인 許美人
조위능 曹偉能
조황후 趙皇后
조소의 趙昭儀
왕망 王莽
여 女
남 男
평제 平帝
애제 哀帝
유자영 孺子嬰
왕황후 王皇后

제6·7장 (후한)

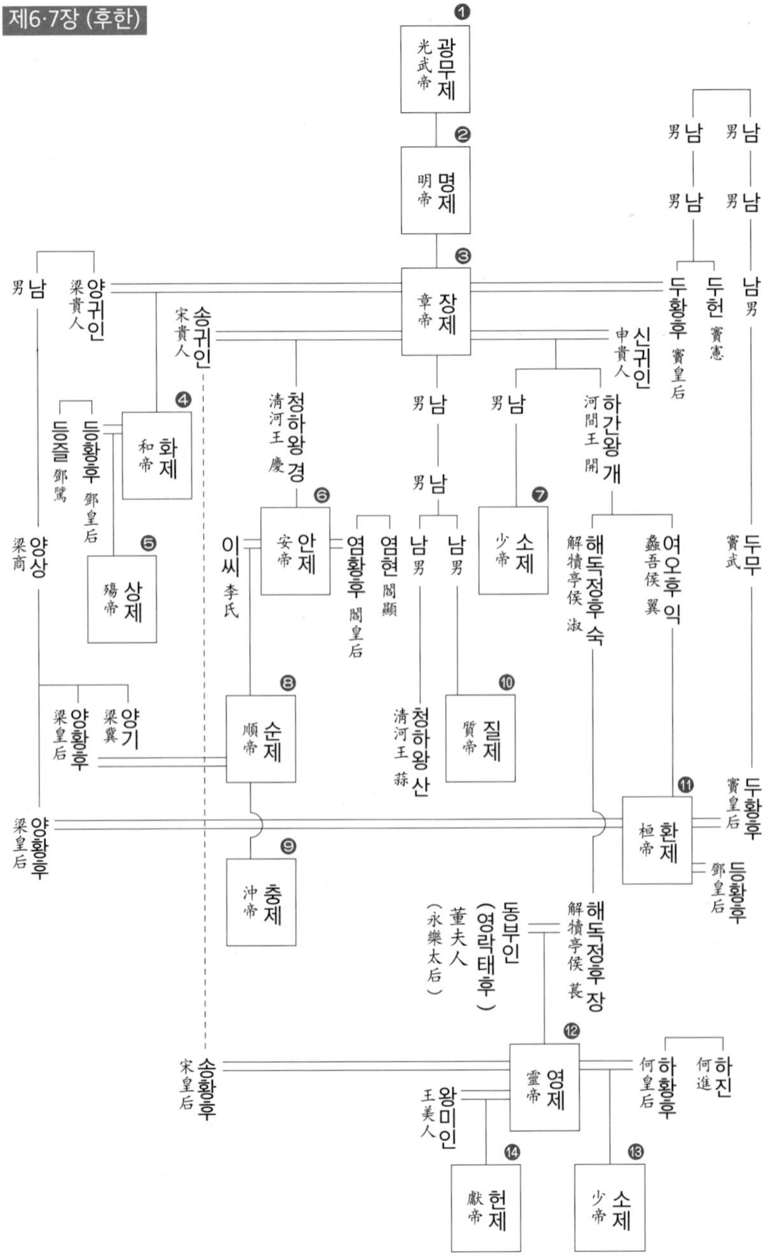

❶ 광무제 光武帝
❷ 명제 明帝
❸ 장제 章帝
남 男
양귀인 梁貴人
송귀인 宋貴人
청하왕 경 清河王 慶
남 男
남 男
하간왕 개 河間王 開
신귀인 申貴人
두황후 竇皇后
두헌 竇憲
남 男
남 男
남 男
남 男
남 男
❹ 화제 和帝
등황후 鄧皇后
등즐 鄧騭
남 男
양상 梁商
❺ 상제 殤帝
❻ 안제 安帝
이씨 李氏
염황후 閻皇后
염현 閻顯
남 男
남 男
❼ 소제 少帝
해독정후 숙 解犢亭侯 淑
여오후 익 蠡吾侯 翼
두무 竇武
양황후 梁皇后
양기 梁冀
❽ 순제 順帝
청하왕 산 清河王 蒜
❿ 질제 質帝
⓫ 환제 桓帝
두황후 竇皇后
등황후 鄧皇后
양황후 梁皇后
❾ 충제 沖帝
동부인 (영락태후) 董夫人 (永樂太后)
해독정후 장 解犢亭侯 萇
⓬ 영제 靈帝
송황후 宋皇后
왕미인 王美人
하황후 何皇后
하진 何進
⓮ 헌제 獻帝
⓭ 소제 少帝

등장인물 관계도

전한 시기 前漢時期

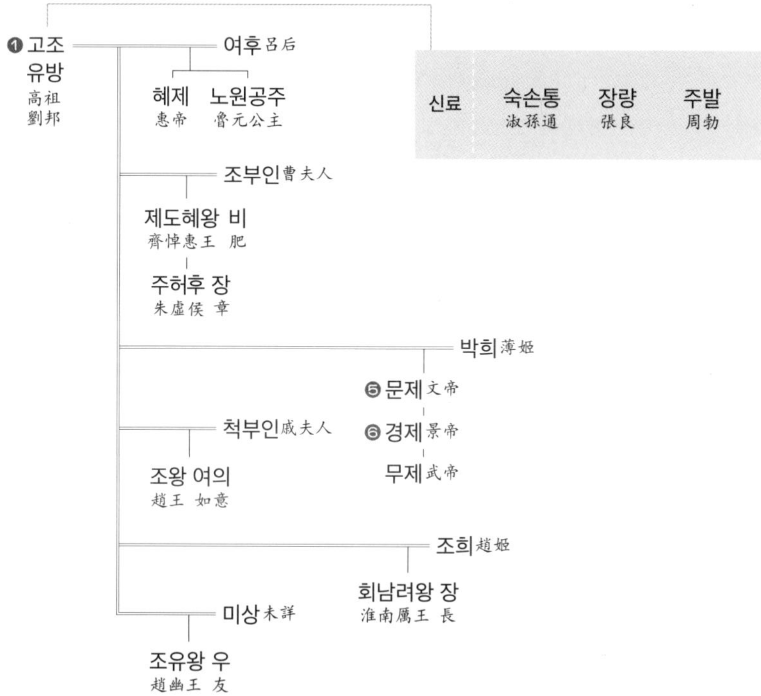

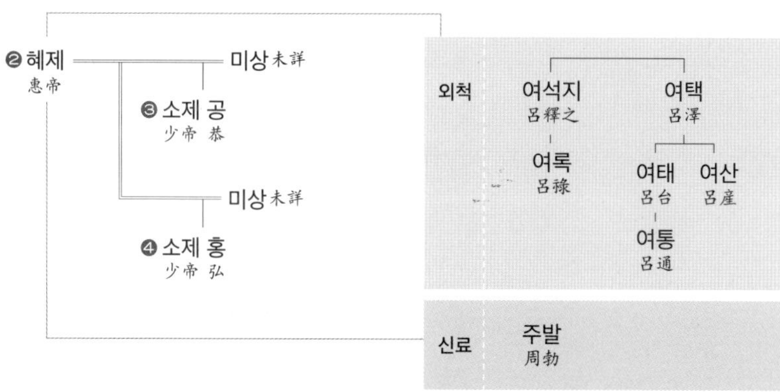

- ❼무제 武帝 ═ 위황후 衛皇后
  - 여태자 戾太子
    - 사황손 史皇孫
      - 선제 宣帝
- ❼무제 武帝 ═ 조첩여 趙倢伃
  - ❽소제 昭帝

신료: 강충 江充, 곽광 霍光, 동중서 董仲舒

- ❾선제 宣帝 ═ 허황후 許皇后
  - 원제 元帝
- ❾선제 宣帝 ═ 장첩여 張倢伃
  - 회양왕 淮陽王

신료: 곽광 霍光

- ❿원제 元帝 ═ 왕황후 王皇后
  - 성제 成帝
- ❿원제 元帝 ═ 부소의 傅昭儀
  - 정도공왕 강 定陶恭王 康
    - 애제 哀帝

신료: 소망지 蕭望之, 유향 劉向, 주감 周堪, 장맹 張猛, 경방 京房, 뇌량 牢梁, 오록충종 五鹿充宗, 이가 伊嘉, 진순 陳順

환관: 홍공 弘恭, 석현 石顯

⑪ 성제 成帝
- 허황후 許皇后
- 조황후 趙皇后
- 조소의 趙昭儀
- 반첩여 班倢伃
- 허미인 許美人
- 조위능 曹偉能

외척: 왕봉 王鳳, 왕숭 王崇, 왕담 王譚, 왕만 王曼 – 왕망 王莽, 왕상 王商, 왕립 王立, 왕음 王音, 왕근 王根, 왕봉시 王逢時

신료: 유향 劉向, 사단 史丹, 적방진 翟方進, 장방 張放

⑫ 애제 哀帝

신료: 공광 孔光

⑬ 평제 平帝

외척: 왕망 王莽

⑭ 유자영 孺子嬰

외척: 왕망 王莽

왕망 王莽

군웅: 경시제(유현) 更始帝(劉玄), 외효 隗囂, 공손술 公孫述, 적의 翟義, 번숭 樊崇

후한 시기 後漢時期

❶ 광무제 光武帝 ═ 음황후 陰皇后
- ❷ 명제 明帝
  - 장제 章帝

❸ 장제 章帝 ═ 두황후 竇皇后

외척 두헌 竇憲

- ═ 양귀인 梁貴人
  - 화제 和帝
- ═ 송귀인 宋貴人
  - 청하왕 경 淸河王 慶
    - 안제 安帝
- ═ 신귀인 申貴人
  - 하간왕 개 河間王 開
    - 여오후 익 蠡吾侯 翼
      - 환제 桓帝
    - 해독정후 숙 解犢亭侯 淑
      - 해독정후 장 解犢亭侯 萇
        - 영제 靈帝
  - 제북혜왕 수 濟北惠王 壽
    - ❼ 소제 少帝

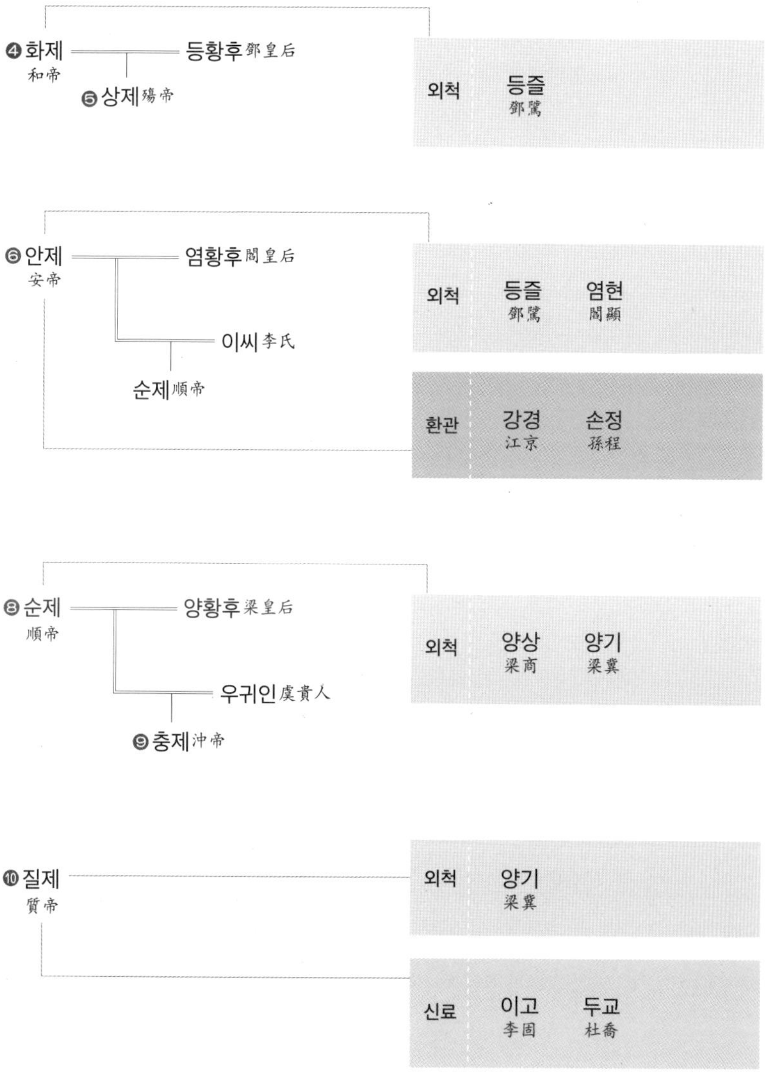

❹화제 和帝
등황후 鄧皇后
❺상제 殤帝
외척
등즐 鄧騭
❻안제 安帝
염황후 閻皇后
이씨 李氏
순제 順帝
외척
등즐 鄧騭
염현 閻顯
환관
강경 江京
손정 孫程
❽순제 順帝
양황후 梁皇后
우귀인 虞貴人
❾충제 沖帝
외척
양상 梁商
양기 梁冀
❿질제 質帝
외척
양기 梁冀
신료
이고 李固
두교 杜喬

⑪ 환제 桓帝

- 두황후 竇皇后
- 등황후 鄧皇后
- 양황후 梁皇后

외척	양기 梁冀	두무 竇武		
신료	이고 李固	두교 杜喬	호광 胡廣	단경 段熲
	황보규 黃甫規	주복 周福	방식 房植	이응 李膺
	진번 陳蕃	왕창 王暢	성진 成瑨	종자 宗資
	잠질 岑晊	범방 范滂	두밀 杜密	
환관	정숙 丁肅	단초 單超	서황 徐璜	구원 具瑗
	좌관 左悺	당형 唐衡		

⑫ 영제 靈帝

- 하황후 何皇后
  - ⑬ 소제 少帝
- 송황후 宋皇后
- 왕미인 王美人
  - 헌제 獻帝

외척	하진 何進				
신료	진번 陳蕃	이응 李膺	두밀 杜密	장검 張儉	
	범방 范滂	주우 朱寓	유숙 劉儵	유합 劉郃	
환관	조절 曹節	후람 侯覽	왕보 王甫	장양 張讓	단규 段珪

⑭ 헌제 獻帝

신료

유우 劉虞

군웅

원소 袁紹 동탁 董卓 여포 呂布 조조 曹操

공손찬 公孫瓚 유표 劉表 유종 劉琮 유기 劉琦 유비 劉備

주요 등장인물

제1장

공자孔子, 기원전 551~기원전 479

춘추 시기春秋時期 노魯나라 출신. 이름은 구丘, 자字는 중니仲尼. 어려서 가난했으며 젊어서 관직에 나가 중도재中都宰가 되었다 하나 분명하지 않다. 노정공魯定公 시기 벼슬이 사구司寇에 이르나 권력을 장악하고 있던 삼환三桓(맹손씨孟孫氏 · 숙손씨叔孫氏 · 계손씨季孫氏)과 불화하여 노나라를 떠나 제후국諸侯國을 떠돌게 된다. 끝내 정치적으로 성공하지 못하고 말년에 고향으로 돌아와 제자를 양성하며 『시詩』, 『서書』 등의 고대 문헌을 정리하여 중국 고대 문화 발전에 초석을 놓았다.

진문공晉文公, 재위 기원전 636~기원전 628

진나라 헌공獻公의 아들로 이름은 중이重耳. 아버지와 계모의 박해를 피해 여러 제후국을 떠돌며 망명 생활을 하다 19년 만에 고국으로 돌아와 진의 군주가 되었다. 학문을 좋아하고 겸허하게 사士와 교류하여 주변에 뛰어난 인재가 많았던 것으로 유명하다. 문무文武를 겸비하였으며, 제齊나라 환공桓公의 뒤를 이어 2대 패자霸者가 되어 초楚의 중원 진출을 저지하였다.

자산子産, 약 기원전 580~기원전 522

희교姬僑, 자산은 자字다. 주周 왕실과 동성同姓으로 정鄭나라 목공穆公의 손자다. 흔히 정자산으로 불린다. 공자와 동시대 사람이며, 공자가 매우 존경했던 인물로 알려져 있다. 기원전 543년부터 기원전 522년까지 정나라 집정執政(재상)이 되어 정치를 담당하였다. 뛰어난 정치가인 동시에 사상가였다고 알려져 있다.

제2장

요堯

성은 이기伊祁, 이름은 방훈放勳. 전설상의 임금으로 중국인들이 가장 위대하게 생각하는 다섯 임금, 즉 오제五帝 중 한 사람이다. 도덕과 어짊으로 백성을 다스려 형벌이 있어도 쓰이지 않았고 감옥에는 죄수가 없었다는 태평성대의 구현자로 알려져 있다. 특히 자신의 아들에게 제위를 물리지 않고 현능賢能한 인물로 평가받던 순舜에게 선양禪讓하여 후대인들에게 성군聖君으로 칭송받는다.

순舜

요임금과 더불어 오제 중 한 사람이다. 성은 요姚, 이름은 중화重華, 자는 도군都君으로 알려져 있다. 요임금으로부터 선양을 받아 천하를 다스렸다. 국호는 유우有虞. 맹인인 아버지와 악랄한 계모에게 효성을 다했던 일화가 유명하다. 말년에 요임금과 동일하게 아들에게 양위讓位하지 않고 황하의 범람을 막아 치수治水에 성공했던 우禹임금에게 선양하였다.

포사褒姒

주周나라 유왕幽王의 두 번째 왕후王后며, 태자 백복伯服의 생모. 화살과 화살통을 만들어 파는 부부가 주워 포나라 사람에게 바쳐 포사라 불리게 되었다. 천성이 웃는 것을 좋아하지 않아 주유왕이 포사를 웃게 하려고 거짓 봉화를 올려 제후들을 부르니 그 허둥대는 모습을 보고 웃었다고 한다. 이후 주유왕은 포사를 위해 수차례 거짓 봉화를 올렸고, 결국 견융犬戎이 쳐들어 왔을 때는 아무도 도와주지 않아 주의 수도가 견융에 의해 점령되는 사건이 발생하였다. 이를 계기로 주는 수도 호경鎬京을 버리고, 동쪽의 낙읍洛邑으로 천도하게 된다. 이와 같은 주의 동천東遷은 흔히 춘추 시대春秋時代의 시작으로 여겨진다.

주유왕周幽王, 재위 기원전 781~기원전 771

성은 희姬, 이름은 궁생宮涅. 주나라 선왕宣王의 아들로 서주西周(수도가 호경이었던 시기)의 마지막 왕이다. 포사에게 반하여 국정을 게을리하고 유흥과 주색에 탐닉하다 제후들에게 외면당하였다. 끝내 견융에게 수도를 점령당하고 피살되었다.

진헌공晉獻公, 재위 기원전 676~기원전 651

성은 희姬, 이름은 궤저詭諸. 그의 부친이 융적戎狄의 수령인 궤저를 사로잡은 후 지은 이름이다. 춘추 시기 진의 군주로 진문공 중이의 아버지다. 주변의 여러 융적들을 격파하고 진을 강국의 대열에 올려놓은 인물로, 기록에 의하면 "병합한 나라가 열일곱이며, 복속한 나라가 삼십팔 개국"이라 한다. 화친和親을 위해 주변 이적과 거듭 혼인한 결과, 어머니가 다른 아들들을 두었다. 말년에 어린 아들을 후계자로 삼기 위해 장성한 아들들을 살해하고 박해하였다.

노선공魯宣公, 재위 기원전 608~기원전 591

성은 희姬, 이름은 퇴俀. 춘추 시기 노나라의 20대 군주. 노나라 문공文公의 아들로 차비次妃였던 그의 어머니 경영敬嬴이 문공의 총애를 받았다. 즉위 전 대부大夫 양중襄仲을 사사로이 모셔 양중이 그를 국군으로 세우고 싶어 하였다. 결국 문공 사후 대부 양중이 적자를 살해하고 서자였던 선공을 제위에 오르게 하였다.

노소공魯昭公, 재위 기원전 542~기원전 510

성은 희姬, 이름은 조稠. 노나라 24대 군주. 노나라 양공襄公의 아들로 어머니는 제귀齊歸다. 기원전 542년 6월 양공이 사망하자 태자였던 희자야姬子野가 즉위하였으나, 같은 해 9월 자야가 사망하면서 노나라의 군주로 즉위하였다. 우둔한 성품을 가져 즉위에 반대하는 신하가 많았다. 기원전 517년 노나라에 내란이 발생하여 제齊나라와 진晉나라로 거듭 도망하였다. 기원전 510년 간후乾侯에서 사망하였다.

노정공魯定公, 재위 기원전 509~기원전 495

성은 희姬, 이름은 송宋. 춘추 시기 노나라의 25대 군주. 노나라 소공昭公의 동생으로 소공의 뒤를 이어 제위에 올랐다. 삼환의 정권 장악으로 인해 꼭두각시 군주에 불과하였다. 공자를 발탁하여 사구에 임명하였다.

초소왕楚昭王, 재위 기원전 516~기원전 489

성은 미芈, 씨는 웅熊, 이름은 진珍이다. 초나라 평왕平王의 아들로 열 살이 채 되지 않아 즉위하였다. 즉위 초 참언讒言을 일삼아 국가를 위험에 빠뜨렸던 간신 비무기費無忌를 제거하여 민심을 수습하였다. 초나라의 중흥을 위해 노력하였으나 계속되는 오吳나라의 공격에 수도를 옮기는 수모를 겪기도 하였다. 오나라가 진陳나라를 공격하자 구원을 하러 출정했다 도중에 사망하였다.

제3장

한고조 漢高祖, 재위 기원전 206~기원전 195

한나라 초대 황제. 성은 유劉이고 이름은 방邦이다. 초나라 패현沛縣(지금의 강소성江蘇省 서주徐州) 출신. 농민의 아들로 태어나 무뢰배無賴輩로 젊은 날을 보내다 진秦나라 말 진승陳勝과 오광吳廣이 난을 일으켰다는 소식을 듣고 무리를 이끌고 반란에 참여한다. 사정이 불리해지자 초 지역 반란의 맹주였던 항씨項氏에게 투신하였다. 기원전 206년 진나라 수도인 함양咸陽이 있는 관중關中에 제일 먼저 들어가 진왕 자영子嬰에게 항복을 받고 사실상의 관중왕이 된다. 이듬해인 기원전 205년 항우項羽에 의해 한왕漢王에 봉해지나, 항우가 의제義帝를 살해한 것을 빌미로 난을 일으킨 후 항우군을 격파한다. 기원전 202년 중국을 재통일하고 한의 황제가 되었다.

여후 呂后, 기원전 241~기원전 180

성은 여呂, 이름은 치雉, 자는 아후娥姁. 여후 또는 고후高后로 불린다. 현재 산동성山東省 출신이나 죄를 짓고 도망 다니던 무뢰 출신 아버지를 따라 유방의 고향인 패현으로 이주한다. 관상을 잘 봤던 아버지 여문呂文에 의해 유방에게 시집가 적처嫡妻가 된다. 한고조 사후 병약했던 아들 혜제惠帝를 대신하여 권력을 장악하였고, 혜제 사후에는 어린 황제를 세워 임조칭제臨朝稱制를 통해 사실상 황제 역할을 하였다. "유씨 아닌 자 왕이 될 수 없다"는 고조의 유언을 무시하고 여씨들을 왕으로 세워 이른바 '여후의 화禍'를 만들게 된다.

혜제 惠帝, 재위 기원전 195~기원전 188

한나라 2대 황제, 이름은 영盈. 한고조 유방과 여후의 적장자. 기원전 205년 일곱 살의 나이로 태자가 되었다. 유약한 기질로 인하여 태자에서 폐위될 뻔했지만 모친인 여후가 유후 장량의 계책을 이용하여 유명한 은둔자들인 상산사호商山四皓를 동원하면서 태자의 자리를 유지할 수 있었다. 기원전 195년 유방이 영포英布와 전쟁 중에 사망하면서 열일곱 살의 나이로 황제의 자리에 오른다. 즉위 후 세금 감면과 같은 어진 정치를 펼치나 유약한 심성과 무능함으로 인해 모친인 여후가 권력을 좌지우지한다. 여후가 척부인을 '인체人彘'로 만든 것을 본 후 정사를 멀리하고 술로 나날을 보내다 기원전 188년 스물넷의 나이로 사망한다. 시호는 효혜孝惠, 안릉安陵에 묻혔다.

노원공주 魯元公主, ?~기원전 187

한고조 유방과 여후 사이에 태어난 딸로 이름은 알려져 있지 않다. 조왕趙王 장오張敖에게 시집가 딸 장언張嫣을 낳았다. 혜제의 장황후張皇后가 바로 노원공주의 딸 장언이다.

여택 呂澤, ?~기원전 199

여공呂公 여문의 큰아들이자 여후의 오빠. 유방이 기의한 후 한의 장수로 공적을 세워 고조 6년(기원전 201) 주여후周呂侯에 책봉되었다. 이후 고조 8년에 사망하였다. 시호로 영무令武를 받았다. 여후 2년(기원전 186) 도무왕悼武王으로 추존되었다.

여석지 呂釋之, ? ~기원전 193

여후의 둘째 오빠. 유방이 천하를 평정하는 데 공을 세워 기원전 201년 건성후建成侯에 책봉되었다. 혜제 2년(기원전 193) 사망하여 아들 여측呂則이 계승하였다. 다음 해 여측이 죄를 지어 건성후국은 폐지되었다. 여후가 칭제稱制한 기원전 187년, 여석지의 다른 아들 여록呂祿을 건성후에 책봉하였다. 기원전 181년에는 여록이 조왕趙王이 되어 건성후국은 다시 폐지된다.

여태 呂台, ?~기원전 186

여후의 오빠 여택의 아들. 여후 칭제 시기에 역후酈侯로 책봉되고 제남국濟南國의 군주가 되었다. 기원전 187년 여왕呂王으로 책봉되어, 섬서陝西에서 동제남東濟南에 이르는 봉지封地에 여국呂國을 세웠다. 여후에 의해 여씨 중 가장 먼저 왕으로 책봉되었다. 기원전 186년 병사하였다. 시호는 숙肅이다.

여산 呂産, ? ~기원전 180

여택의 아들이며 여태의 동생. 기원전 199년에 전공을 인정받아 효후洨侯로 책봉되었다. 혜제 사후 여후가 칭제하며 여태, 여록과 함께 장군이 되어 남군南軍을 통령하였다. 기원전 187년 여후가 여씨들을 왕으로 삼을 때 여태가 여왕呂王이 되었는데, 여태 사망 후 기원전 182년 여산이 여왕이 되었다. 다음 해 양왕梁王이 되었으나 봉지封地로 가지 않고 조정에 남아 황제의 스승인 태부太傅가 되었다. 여후 사후 주허후朱虛侯에 의해 살해되었다.

여록 呂祿, ?~기원전 180

여석지의 아들. 기원전 187년 건성후에 책봉된 후, 기원전 181년에 조왕이 되었다. 다음 해 여후가 병이 깊어지자 여록을 상장군上將軍으로 삼아 북군北軍을 통솔하게 하고, 여산으로 하여금 남군을 통솔하게 하였다. 여후 사망 직전 여록의 딸이 소제少帝 홍弘의 황후가 되었다. 여후 사후 주발周勃과 주허후에 의해 살해되었다.

척부인 戚夫人, ?~기원전 194

진秦 말 정도定陶(지금의 산동성) 출신. 흔히 척희戚姬로도 불린다. 한고조 유방의 총애를 받던 후궁으로 유방 사후 여후에 의해 아들 조왕趙王 여의如意를 잃고, 자신은 손발이 잘리고 눈과 귀가 먼 채 돼지우리에 방치되어 사람돼지, 즉 '인체'로 불렸다. 현재 중국 북방에서는 척부인을 측신厠神(화장실의 신)으로 받들고 있다.

조왕 여의 趙王 如意, 기원전 208 ~기원전 194

한고조 유방의 셋째 아들. 유방이 총애하던 척부인의 아들이다. 기원전 200년 대왕代王에 책봉되었다가, 2년 뒤 조왕으로 옮겨 책봉되었다. 척부인을 총애하던 유방이 태자로 삼고자 하였으나 대신들과 여후의 반대로 무산된다. 여후에 의해 해를 입게 될 것을 걱정했던 유방이 신하 주창周昌을 조나라의 재상으로 삼아 척부인과 여의를 호위하게 하지만 유방 사후 여후에 의해 독살된다. 당시 나이는 15세. 시호는 은隱이다.

숙손통 叔孫通

진秦나라 설현薛縣(지금의 산동성) 출신. 진에서 박사관博士官을 지냈다. 진이 멸망한 후 귀의歸依할 곳을 찾다 기원전 205년 한고조 유방에게 귀부하였다. 한의 박사가 되었다. 유방이 황제가 된 후 황제의 위엄을 위해 궁정 의례를 제정하고 그 공으로 봉상奉常을 배수하였다. 고조 9년(기원전 198)에는 태자태부太子太傅가 되어 황태자(훗날 혜제)의 교육을 담당하였다. 혜제 즉위 후 종묘宗廟 의례 및 각종 의례를 제정하였다.

장량張良, 약 기원전 250~기원전 186

자는 자방子房, 영천潁川(지금의 하남성河南省) 출신. 진 말 한 초의 걸출한 전략가이자 정치가. 한신韓信, 소하蕭何와 더불어 한 초 '삼걸三傑'로 불린다. 본래 한韓나라 사람이나, 진에 의해 한이 멸망하자 한을 회복하고 진시황을 제거하고자 노력하였다. 반란의 와중에 유방에게 투신하여 뛰어난 지략을 발휘하였다. 그로 인해 지혜주머니 '지낭智囊'으로 불렸다. 유방이 천하를 통일한 후 유후留侯에 책봉되었다. 권력의 뜻을 버리고 중앙 정계에서 은퇴하여 편안한 말년을 보내다 사망하였다. 시호는 문성文成이다.

소제 공少帝 恭, 재위 기원전 188~기원전 184

한의 3대 황제. 혜제의 장황후張皇后에게 아이가 없자 여후가 미인美人이 낳은 아들을 황후의 아들이라 하여 태자로 삼아 혜제 사망 후 황제에 즉위시키니, 이가 곧 소제 공이다. 어린 황제의 등극으로 여후는 임조칭제에 의해 사실상의 황제로 군림한다. 소제는 커 가면서 황후가 자기 어머니가 아니며 친모가 살해되었다는 사실을 알게 된다. 그는 장성하면 친모를 살해한 자를 찾아 복수하겠노라고 은연중에 말하는데, 여후가 이 말을 듣고 그를 궁중 감옥에 유폐해 버렸다. 소제는 결국 궁중 감옥에서 죽음을 맞이하였다.

소제 홍少帝 弘, 재위 기원전 184~기원전 180

전한의 네 번째 황제. 혜제의 아들. 생모는 분명하지 않다. 기원전 187년 양성후襄成侯에 책봉되었다가 기원전 186년 상산왕常山王이 된다. 소제 공이 유폐된 후 여후의 명에 의해 제위를 계승하게 되었다. 기원전 180년 여후 사망 후 여씨 세력을 소탕한 공신집단에 의해 혜제의 친아들이 아니라고 부정되어 폐출廢黜당하였다. 문제文帝 즉위 후 처형당하였다.

조유왕 우 趙幽王 友, ?~기원전 181

한고조 유방의 여섯째 아들로 혜제와 문제의 이복동생이다. 기원전 196년 회양왕淮陽王으로 책봉되었다. 혜제 즉위 후 여후가 조왕 여의를 독살한 후 유우를 조왕으로 고쳐 책봉하였다. 유우의 처는 여후의 조카딸로 우가 다른 여인을 총애하자 유우가 반란을 계획하고 있다고 참소讒訴하였다. 이 일로 유우는 여후에 의해 감금당한다. 유폐된 채 음식마저 먹지 못해 아사餓死했으며 평민의 예禮로 장례가 치러졌다.

제도혜왕 비 齊悼惠王 肥, ?~기원전 189

한고조 유방의 장자. 장자이나 어머니 조씨曹氏와 유방이 정식 결혼을 하지 않아 서자庶子가 되어 태자로 책봉되지 못하였다. 기원전 201년 제왕으로 책봉되어 70여 개 성이 포함된 봉지를 받았으며, 식읍食邑은 3만 호戶에 이르렀다. 서자라 해도 장자인 까닭에 유방이 중시하여 공신 조참曹參을 제나라의 재상으로 삼아 유비를 보좌하게 하였다. 기원전 189년 사망하였다. 시호는 도혜다.

주허후 장 朱虛侯 章, 기원전 200~기원전 176

한고조 유방의 손자이며 제도혜왕齊悼惠王 유비劉肥의 둘째 아들. 여후 임조칭제 시기 주허후에 책봉되었다. 기원전 181년 여후가 주최한 연회의 담당자인 주리酒吏가 되어 여씨 타도의 노래를 부르고 술에 취해 연회를 무단으로 빠져나가던 여씨 일가를 처형한 일은 유명하다. 여후 사후 여씨 세력을 제거하는 과정에서 공을 세워 성양왕城陽王에 책봉되었다. 시호는 경景이다.

주발 周勃, ?~기원전 169

전한의 공신. 기원전 209년 유방과 함께 기의하여 군공軍功에 의해 장군에 배수되고 무위후武威侯가 되었다. 기원전 201년에는 강후絳侯가 되고 한신韓信을 토벌한 공으로 태위太尉가 되었다. 여후 사후 군대를 일으켜 여씨를 토벌하고 천하를 안정시켜, 유방이 생전에 했던 "유씨의 천하를 안정시킬 자는 반드시 주발일 것이다"라는 말이 허언이 아니었음을 증명하였다. 문제를 옹립하고 관직이 우승상右丞相에까지 이르렀으나 곧 그만두었다. 시호는 무武다.

제4장

한무제漢武帝, 재위 기원전 141~기원전 87

전한의 7대 황제. 이름은 철徹. 열여섯의 나이로 즉위하여 54년간 재위하였다. 할아버지와 아버지의 안정기인 문경지치文景之治의 뒤를 이어 강력한 황제권을 수립하였고, 한반도 북부에서 서역西域(지금의 위구르 자치구)에 이르는 대제국을 수립하였다. 동중서董仲舒의 건의에 따라 유학을 국가 통치 이념으로 삼았다. 말년에 강충江充의 간계에 속아 태자인 여태자戾太子를 처형하는 잘못을 저질렀다.

위자부衛子夫, ?~기원전 91

이름은 알려지지 않았고, 자부는 자다. 지금의 산서성山西省인 하동河東 출신으로 한무제의 두 번째 황후다. 건원建元 2년(기원전 139)에 입궁하여 다음 해 부인夫人이 되었다. 원삭元朔 원년(기원전 128)에 황후에 책립되었다. '무고巫蠱의 화禍'가 일어나고 자살하였다. 슬하에 1남 3녀를 두었는데, 그 아들이 여태자다. 시호는 사思로 황후로서는 처음으로 시호를 가졌다.

여태자戾太子, 기원전 128~기원전 91

이름은 거据, 어머니의 성을 따서 흔히 위태자衛太子로 불린다. 한무제의 큰아들이며 유일한 적자. 무제가 나이 스물 아홉에 첫 아들을 얻고 그 기쁨에 동방삭東方朔에게 〈황태자생부皇太子生賦〉라는 시를 짓게 하여 천하에 황자가 태어났음을 알린 일화가 유명하다. 이로 인해 생모 위자부는 부인에서 황후가 되었다. 일곱 살에 태자가 되었으나 정화征和 2년(기원전 91) 강충 등의 음모에 반발하여 강충을 살해하고 반란을 일으켰다. 무제가 보낸 군대에 투항하기를 거부하고 자살하였다.

강충江充, ?~기원전 91

본명은 제齊, 자는 차천次倩. 지금의 하북성河北省 출신이다. 흉노匈奴 정벌에 참여하였고 돌아와 직지수의사자直指繡衣使者가 되어 감찰 업무를 담당하였다. 무제 말년, 무제가 병이 들자 궁 안에 독기毒氣가 있다고 무제를 속이고 대대적인 숙청 작업을 진행하였다. 이때 원한이 있던 태자를 제거하기 위해 태자가 무제를 저주하여 죽이려 한다며, 태자

궁 전각 아래서 오동나무로 만든 나무 인형을 파낸다. 처벌을 두려워하며 군대를 일으킨 태자에 의해 살해되었다.

소제昭帝, 재위 기원전 87~기원전 74

전한의 8대 황제이며 한무제의 막내아들. 어릴 적 이름은 불릉弗陵. '무고의 화' 이후 성인 아들 중 태자를 책봉하지 않았던 무제가 죽기 전날 태자로 책봉하여 황제가 된다. 그러나 여덟 살의 어린 나이에 황제가 되어 친정親政이 불가능하였다. 이 때문에 무제가 유조遺詔를 내려 대장군大將軍 곽광霍光과 거기장군車騎將軍 김일제金日磾, 좌장군左將軍 상관걸上官桀, 어사대부御史大夫 상홍양桑弘羊 등을 보정대신輔政大臣으로 삼아 소제를 돕게 하였다. 재위에 있었던 13년 동안 곽광에게 권력을 위임하였다. 21세의 나이로 후사後嗣 없이 사망하였다.

곽광霍光, ?~기원전 68

자는 자맹子孟, 지금의 산서성 출신. 무제 시기 흉노 정벌에 큰 공을 세운 장군 곽거병霍去病의 이복동생이다. 소제의 황후 상관씨上官氏의 외조부며, 선제의 황후 곽성군霍成君의 아버지다. 무제에게 신임을 받아 봉거도위奉車徒尉가 되었고, 후원後元 2년(기원전 87)에는 대사마大司馬·대장군이 되었다. 김일제, 상관걸, 상홍양과 함께 무제의 유조를 받들어 보정대신이 되었다. 이후 다른 보정대신과의 권력 다툼에서 승리하여 단독 보정이 되어 정권을 장악한다. 소제 사후 창읍왕昌邑王을 황제로 옹립했으나 권력을 장악하려는 창읍왕과 대치하여 27일 만에 창읍왕을 폐출시키고 민간에 있던 선제宣帝를 옹립하였다. 시호는 선성宣成이다.

병길丙吉, ?~기원전 55

자는 소경少卿, 지금의 산동성 출신. 옥리獄吏 출신이나 법령에 밝아 법령을 총괄하는 부서인 정위廷尉의 감監이 되었다. 무제 시기 '무고의 화'가 발생했을 때 사건을 담당하였다. 당시 태어 난 지 몇 개월 되지 않은 선제를 불쌍히 여겨 구해 주었다. 이후 대장군 곽광의 장사長史가 되었다. 소제 사후 창읍왕이 황제가 되었다 27일 만에 축출되자 민간에 있던 선제를 옹립할 것을 건의하였다. 선제 즉위 후 태자태부와 어사대부御史大夫를 거쳐 승상丞相에까지 올랐다.

선제 宣帝, 재위 기원전 74~기원전 49

전한의 9대 황제. 이름은 순詢, 민간에서의 이름은 병이病已. 한무제의 증손이며 '무고의 화'로 처형된 여태자의 손자다. 무고의 화로 인해 강보에 싸인 채 하옥되었다 조모의 집안인 사씨史氏에게서 길러졌다. 원평元平 원년(기원전 74) 황제로 즉위한 창읍왕이 27일 만에 대장군 곽광에 의해 폐위되자, 뒤를 이어 황제가 되었다. 민가에서 궁중으로 들어와 황제가 되기 위해 먼저 양무후陽武侯로 책봉되었다가 제위에 올랐다. 그때 나이 열일곱 살이었다. 무제를 롤 모델로 삼아 한왕조의 치국治國의 도리를 '왕도王道'와 '패도霸道'에서 찾고자 하였다. 유술儒術만을 고집했던 아들 원제元帝를 왕조를 망칠 장본인으로 생각하며 시종 대립하였다. 전한 중흥中興의 군주이자 현군賢君으로 칭송된다.

허황후 許皇后, 기원전 88~기원전 71

허평군許平君. 지금의 산동성 출신. 전한 선제의 첫 번째 황후이자 원제의 생모. 원봉元鳳 5년(기원전 76) 선제가 아직 민간에 있을 때 선제와 혼인하였다. 원봉 6년(기원전 75) 원제를 출산하였고, 선제가 황제가 되면서 첩여婕妤가 되었으며, 같은 해 황후가 되었다. 본시本始 3년(기원전 71) 대장군 곽광의 부인이 여의女醫를 보내 독살하였다. 시호는 공애恭哀다.

원제 元帝, 재위 기원전 49~기원전 33

전한의 10대 황제. 이름은 석奭. 선제와 허황후 사이에서 태어났다. 원제가 태어나고 몇 개월 후 선제가 황제가 되었다. 2년 후 어머니 허황후가 곽광의 처 곽현霍顯에게 독살되었다. 곽광 사후 지절地節 3년(기원전 67) 황태자가 되었고, 황룡黃龍 원년(기원전 49) 선제 사망 후 스물일곱의 나이로 황제위에 올랐다. 유학에 조예가 깊었으나 아버지와는 달리 우유부단했던 황제로 기억된다.

왕태후 왕정군 王太后 王政君, 기원전 71~13

지금의 하북성 출신. 양평경후陽平頃侯 왕금王禁의 둘째 딸. 원제의 황후이자 성제成帝의 생모. 원후元后, 효원황태후孝元皇太后, 효원태황태후孝元太皇太后로 불린다. 한나라를 찬탈한 왕망王莽의 고모다. 원제 사후 성제成帝가 즉위하고 황태후가 된 왕정군의 도움으로 외척 왕씨들이 권력을 잡게 된다. 수화綏和 2년(기원전 7) 성제가 급사한 후 즉위한 애제哀帝의 외척에 의해 잠시 세력이 약화된다. 그러나 애제 사후 어린 평제平帝가 즉위하자 태황태후로서 조카 왕망을 대사마大司馬·보정에 임명하여 왕씨 전단專斷의 길을 다시 열었다. 왕망이 황제에 즉위한 후 신실문모태황태후新室文母太皇太后의 칭호를 주었다. 왕망의 찬탈에 반대했다고는 하지만 왕씨의 정권 농단의 근저였음은 부정할 수 없다.

회양왕 淮陽王, ?~기원전 28

이름은 흠欽, 선제의 아들이며 원제의 이복동생. 어머니는 장첩여張倢伃다. 원강元康 3년(기원전 63) 회양왕에 책봉되었다. 어머니 장첩여가 선제의 총애를 받았을 뿐 아니라 회양왕 역시 총명하였고 법률에 능통하여 선제에게 사랑을 받았다. 선제가 태자였던 원제를 대신하여 회양왕을 태자로 삼고자 하였으나 어머니 없이 성장한 태자를 가엾게 여겨 폐출하지 못하였다.

홍공 弘恭, ?~기원전 47

지금의 안휘성安徽省 출신. 청년 시기 부형腐刑(거세형)에 처해지고 중황문中黃門(환관의 관직 중 하나)이 되었다가 중상서中尙書에 올랐다. 선제가 황제권을 강화하기 위해 환관들을 기용하여 업무를 담당하게 하면서 중서령中書令이 되었다. 법령에 밝았으며 주청奏請에 뛰어났다고 한다. 원제 시기 환관의 정치 개입을 반대하던 소망지蕭望之 등을 모함하여 죽음으로 몰아넣었다.

석현 石顯, ?~기원전 32

자는 군방君房, 지금의 산동성 출신. 젊은 나이에 법을 어겨 부형에 처해졌다. 선제 시기 중서복야中書僕射가 되었고, 원제 시기 중서령이 되었다. 성격이 교활하고 음험하였으며 겉으로 교묘하게 꾸미기를 잘하였다고 한다. 홍공과 함께, 소망지 등을 모함하여 살해하였다. 무리를 모아 파당派黨을 짓고 사사로운 이익을 꾀하여 황제로부터 받은 상금과 여러 관리들에게 받은 뇌물이 일억 전에 달했다고 한다. 성제 시기 장신중태복長信中太僕(태후의 수레와 말을 관리하는 관직)이 되었다가 면직되었다. 고향으로 유배되던 중 병사하였다.

소망지 蕭望之, ?~기원전 47

자는 장천長倩, 전한의 첫 번째 상국相國(재상)이었던 소하蕭何의 6대손으로 알려져 있으나 확실하지 않다. 지금의 산동성 출신. 농가農家에서 태어났으나 학문에 힘써 학자들 사이에 명성이 높았다. 어사대부 위상魏相의 하부 관속으로 관계에 나갔다. 선제 시기 중용되어 선제에게 경전經典에 근거한 정치적 판단의 근거를 제공하였다. 대홍려大鴻臚, 어사대부를 지냈으며, 태자태부가 되었다. 선제 말년 전장군前將軍·광록훈光祿勳에 배수되었고, 유조에 따라 보정대신이 되었다. 원제 즉위 후 관내후關內侯에 책봉되었다. 환관의 정치 참여를 반대하며 홍공 등과 대립하다 모함을 받아 자살하였다.

주감周堪, ?~약 기원전 40년

자는 소경少卿, 지금의 산동성 출신. 『금문상서今文尙書』를 수학하고 선제 시기 경학經學 회의인 석거각石渠閣 회의(경전 해석에 관한 다양한 분파의 설을 조정하려고 했던 회의)에서 명성을 얻었다. 태자소부太子少傅가 되었다가 원제가 즉위하자 광록대부光祿大夫가 되고, 태부 소망지와 함께 상서尙書의 일을 담당하였다. 환관 홍공과 중서령 석현 등의 참언讒言으로 면직되었다. 나중에 다시 광록훈이 되었다가 하동태수河東太守로 좌천되었고, 광록대부에 다시 임명되었다. 석현의 제재를 받아 한을 품고 지내다 사망하였다.

유향劉向, 기원전 79~기원전 8

이름은 갱생更生, 자는 자정子政. 지금의 강소성江蘇省 출신. 경학가이자 목록학자. 초원왕楚元王 유교劉交의 4대손. 선제 시기 간대부諫大夫가 되었다가 원제 시기 종정宗正이 되었다. 환관의 득세가 종실과 조정을 위태롭게 한다며 홍공과 석현에 반대하여 하옥되었다가 석방되었다. 그러나 지속적으로 이들과 대립하다 결국 하옥되었고 서인庶人으로 강등되었다. 성제가 즉위한 후 광록대부에 임명되고 이름을 '향'으로 고쳤다. 관직은 중뢰교위中壘校尉에 이르렀다. 중국 최초의 도서 목록인 『별록別錄』을 지은 것으로 유명하다.

장맹張猛, ? ~기원전 40

자는 자유子游, 한무제 때 서역으로 여행하였던 장건張騫의 손자. 어려서 주감에게 수학하고 원제 시기 광록훈이 된 주감을 따라 태중대부太中大夫에 임용되었다. 석현과 홍공의 모함에 의해 괴리령槐里令으로 좌천되었다. 기원전 40년 원제에 의해 다시 급사중給事中에 임명되었다. 그러나 다시 석현 등의 모함을 받아 자결하였다.

경방京房, 기원전 77~기원전 37

본래 성은 이李, 자는 군명君明으로 하남성 출신. 양梁 출신의 초연수焦延壽에게서 『역易』을 배워 경씨역학京氏易學을 개창하였다. 초연수가 재이災異를 가지고 인사人事를 판단하는 것에 능한 관계로 경방 역시 재이를 통해 정치를 해석하는 것에 뛰어났다. 원제 시기 효렴孝廉에 천거되어 낭郞이 되었다. 석현 등을 탄핵했다가 위군태수魏郡太守로 좌천되었다. 얼마 안 있어 석현의 참소로 기시棄市의 형을 당하였다.

뇌량牢梁

원제 시기 중서복야가 되어 중서령 석현, 소부少府 오록충종五鹿充宗과 결탁하여 권력을 멋대로 휘둘렀다. 관위를 팔아 주변 사람들을 모두 고위직에 앉혔다. 성제가 즉위하여 석현이 실권하자 면직되었다. 어떻게 죽었는지는 알려져 있지 않다.

오록충종五鹿充宗

성은 오록이고 이름은 충종, 자는 군맹君孟이다. 오록(지금의 하북성河北省) 출신으로 그 땅 이름을 성으로 삼았다. 뛰어난 유학자로 홍성자弘成子에게 수학하고 『논어論語』와 『양구역梁丘易』의 전수자가 되었다. 원제에게 신임을 받아 상서령尙書令이 되었고, 이후 석현의 도움으로 구경九卿(전한 시기 중앙 관부의 장관)의 하나인 소부少府가 되었다. 석현, 뇌량 등과 결탁하여 측근을 모두 고위 관직에 앉혔다. 성제 즉위 후 석현이 실각하고 현도태수玄菟太守로 좌천되었다.

성제成帝, 재위 기원전 33~기원전 7

원제 유석과 원후 왕정군의 적자. 전한 11대 황제. 이름은 오驁, 자는 태손太孫. 경서經書를 좋아하고 신중한 성품의 소유자로 성장하였다. 그러나 재위에 오르며 주색酒色에 빠져 정사를 멀리하여, 외척 왕씨가 정치를 농단弄斷하는 빌미를 제공하였다. 말년에는 조비연趙飛燕·조합덕趙合德 자매에게 빠져 조비연을 황후로 조합덕을 소의昭儀로 삼고 방탕한 생활을 하였다. 허황후와의 사이에 1남 1녀를 두었으나 요절하고 반첩여班倢伃가 낳은 아들도 요절하였으며, 조씨 자매에게서도 아이가 없어 후사 없이 사망하였다. 정도공왕定陶恭王 강康의 아들 유흔劉欣이 뒤를 이어 황제가 되었다.

조비연趙飛燕

성제의 두 번째 황후. 본래는 장안의 관비官婢였다가 자라면서 일반 사가私家에 속하게 되었다고 한다. 가무를 배우며 '비연(나는 제비)'으로 불리게 되었다. 미행을 나온 성제의 눈에 띄어 궁으로 들어가 총애를 받게 되어 첩여가 되었다. 허황후 폐출 후 황후가 되었고, 동생 조합덕 역시 총애를 받아 소의가 되었다. 십수 년 성제의 총애를 받았으나 아이가 없었다. 성제 사후 애제가 즉위하고 황태후가 되었으나, 허미인許美人과 조궁曹宮의 아이를 살해한 죄상이 폭로되어 주살되었다. 동생 조합덕은 자살하였다.

정도공왕 강定陶恭王 康, ?~기원전 23

원제의 아들이자 성제의 이복동생. 어머니는 부소의傅昭儀, 아들은 애제 유흔이다. 영광永光 3년(기원전 41) 제양왕濟陽王에 책봉되었다 8년 후 산양왕山陽王이 되었고, 다시 8년 후 정도공왕이 되었다. 어려서부터 아버지 원제의 총애를 받았다. 자라면서 다재다능함을 보였는데 특히 음악에 뛰어났다. 원제가 부소의를 총애하고 다재다능한 정도공왕을 태자로 삼고자 하였으나 성제의 외척 왕씨들의 간섭으로 태자가 되지는 못하였다. 원제 사후 형이었던 성제가 즉위하고 나서 부친의 뜻에 따라 다른 제후왕과는 달리 후대 받았다. 양삭陽朔 2년(기원전 23) 사망하고 아들 유흔이 정도공왕의 왕위를 계승하였다. 수화 2년(기원전 7) 성제가 후사 없이 사망하자 유흔이 태자가 되고 황제가 되었으니 이가 애제다. 애제에 의해 공황제恭皇帝로 추존되었다.

사단史丹, ?~기원전 14

자는 군중君仲, 지금의 산동성 출신. 대사마·거기장군 사고史高의 아들. 부음父蔭(부친의 공적에 의해 관직에 나아가는 것)에 의해 중서자中庶子가 되어 관직에 나아갔다. 원제 즉위 후 부마도위시중駙馬都尉侍中이 되었고, 원제의 황태자(훗날 성제) 폐위 의지를 눈물로 막았다. 이로 인해 성제 즉위 후 장락위위長樂衛尉·우장군右將軍·관내후가 되었고, 이후 좌장군左將軍·광록대부가 되어 권력의 중추에 서게 된다. 또한 기원전 20년에는 무양후武陽侯에 책봉되고 식읍食邑이 1,100호에 이르는 등, 성제의 신임을 받았다. 사치스럽고 술과 음악을 좋아하였으며 처첩은 수십 명에 이르렀다고 한다.

경성후 왕봉敬成侯 王鳳, ?~기원전 22

자는 효경孝卿, 지금의 하북성 출신. 원후 왕정군의 동생이자 양평경후 왕금의 장자. 영광 2년(기원전 42) 아버지의 작을 계승하고 위위시중衛尉侍中이 되었다. 성제가 즉위한 후 대사마·대장군·영상서사領尚書事로서 보정이 되어 권력을 장악하였다. 기원전 32년 이복동생들인 왕담王譚·왕상王商·왕립王立·왕근王根·왕봉시王逢時를 한날 후侯로 책봉하여 세간에서 말하는 '다섯 제후[五侯]'를 출현시켰다. 이 외에도 왕씨 자제들을 여러 관직에 임명하여 사실상의 '왕씨 천하'를 만들어, 왕망의 정권 탈취 기반을 수립하였다. 기원전 22년 병사하였다.

장방 張放

선제 시기 대사마를 역임한 부평후富平侯 장안세張安世의 후예. 어머니는 선제의 딸인 경무공주敬武公主. 공주의 아들로서 용모가 수려할 뿐 아니라 성격도 활달하면서 민첩하여 성제의 총애를 받았다. 성제가 미행微行을 나갈 때마다 항상 함께하였던 것으로 유명하다.

유자영 孺子嬰, 5~25

평제平帝 사후 왕망에 의해 발탁되어 6년부터 8년까지 황태자 자리에 있었으나 황제가 되지는 못했다. 왕망이 그를 불러 '유자'라고 하여 '유자영'으로 불린다. 선제의 현손玄孫이며 광척후廣戚侯 유현劉顯이 아버지다. 다섯 살 때 왕망이 황제가 되며 폐위되어 정안공定安公이 되어 연금 당하였다. 타인과의 접촉이 허가되지 않은 채 성장하여 사물을 분별하지 못하고 말도 정확하게 못하는 바보로 성장하였다고 한다. 25년 평릉平陵 출신 방망方望이 유자영을 옹립해 칭제稱帝하자 경시제更始帝가 승상丞相 이송李松을 보내 방망을 격파하고, 유자영을 살해하였다.

왕망 王莽, 재위 9~23

자는 거군巨君, 신도애후新都哀侯 왕만王曼의 둘째 아들. 원후 왕정군의 조카. 신왕조新王朝(8~23)의 건국자. 일찍 아버지를 여의고 불우하게 성장하였으나 백부인 왕봉王鳳의 인정을 받아 왕정군에게 추천된다. 경녕竟寧 원년(기원전 33) 황문랑黃門郎이 되었고, 영시永始 원년(기원전 16)에는 신야후新野侯에 책봉되었다. 수화 원년(기원전 8)에는 대사마가 되었다. 성제 사후 애제가 즉위하며 잠시 정계에서 축출되었으나 어린 평제가 즉위하면서 대사마·보정으로서 정계에 복귀하였다. 안한공安漢公에 이어 안한왕이 되어 "유씨 아닌

자 왕이 될 수 없다"는 유방의 유지를 무력화하였다. 이후 다양한 부명符命을 이용하여 가황제假皇帝가 되고, 결국 초시初始 원년(8) 선양에 의해 한을 멸망시키고 신왕조를 건국하여 황제가 되었다.

제5장

경시제 유현更始帝 劉玄, ?~25

자는 성공聖公, 지금의 호북성湖北省 출신. 전한 황실의 후손. 23년 녹림군綠林軍(녹림산을 근거지로 봉기한 전한 말의 반란집단)에 의해 황제로 추대되었다. 연호를 '경시'라고 하여 역사상 '경시제'로 불린다. 신왕조를 멸망시키고 장안長安으로 들어가 천자가 되었다. 2년 후 적미군赤眉軍과 광무제光武帝 유수劉秀의 협공을 받아 정권이 붕괴되었다. 적미군에게 투항한 후 얼마 뒤 살해당하였다. 후에 광무제가 장안 부근 패릉霸陵에 장사지냈다.

외효隗囂, ?~33

자는 계맹季孟, 지금의 감숙성甘肅省 출신. 대족大族 출신으로 젊은 시절 주군州郡의 관리가 되었고, 무불통지無不通知로 일대에 명성이 자자하였다. 왕망의 국사國師였던 유흠劉歆이 명성을 듣고 국사國士로 발탁하였다. 왕망이 찬위簒位하자 고향으로 돌아왔다. 경시제가 칭제稱帝한 후 경시제에게 귀순하여, 우장군右將軍을 배수하였다. 건무建武 원년(25), 유수가 황제에 즉위하자 경시제에게 귀순을 권고하였지만, 받아들여지지 않아서 고향으로 돌아와 스스로 서주대장군西州大將軍을 칭하였다. 건무 9년(33) 병사하였다.

공손술公孫述 ?~36

자는 자양子陽, 지금의 섬서성陝西省 출신. 왕망 말년~후한 초의 지역 군웅 중 한 사람이다. 처음에는 부친의 공적으로 낭郞이 되었다가 청수현장淸水縣長에 보임補任되었다. 공손술 부임 후 간사한 일과 도적이 사라져 주위에 명성이 자자하였다. 왕망이 찬위한 후 촉군태수蜀郡太守가 되었다. 건무 원년(25) 촉 지역에서 황제를 칭하고 국호를 성成이라 하였다. 건무 12년(36), 후한 정부군의 공격을 받아 주멸되었다.

광무제 유수光武帝 劉秀, 재위 25~57

자는 문숙文叔, 시호는 광무. 전한 경제景帝의 서자 장사왕長沙王 유발劉發의 후예. 후한의 초대 황제. 왕망 찬위 후 군웅이 앞다투어 기의할 때 고향인 남양南陽(지금의 하남성)에서 형 유연劉縯과 더불어 용릉군舂陵軍을 조직하여 유씨 왕조의 부활을 기치로 기의하였다. 처음에는 경시 정권에 참여하여 하남성 곤양昆陽에서 왕망의 40여 만 대군을 격파한다. 이로 인해 유수의 세력이 확대되자 경시제는 유수의 형 유연을 살해하였다. 기회를 엿보던 유수는 지황地皇 4년(23) 신왕조가 멸망하자 하북 평정을 이유로 출정을 청하면서 경시제로부터 이탈하게 된다. 하북 세력의 도움으로 건무 원년(25) 낙양洛陽에서 제위에 올라 후한왕조를 건립한다. 즉위 후 촉의 공손술, 농서隴西의 외효, 하서河西의 두융竇融, 적미 집단을 진압하고, 건무 11년(36) 전국을 평정하였다.

적방진翟方進, ?~기원전 7

자는 자위子威, 여남汝南(지금의 하남성) 출신. 어려서 고아가 되었고 집안은 대대로 빈천하였다. 열두세 살 때 여남군 태수부太守府의 말단 관리가 되었다. 천성이 다소 우둔하여 주위로부터 번번이 질책을 듣고 사직한 후 장안長安으로 가 경술經術을 배웠다. 박사에게 『춘추春秋』를 배우고 읽기를 십수 차례 끝에 사책갑과射策甲科에 합격하여 낭이 되었고, 23세에 명경明經으로 발탁되어 의랑議郞이 되었다. 성제 시기 박사, 삭방태수朔方太守를 거쳐 어사대부가 되고 승상의 자리에 올랐다. 수화 2년(기원전 7) 천상의 변이變異를 이유로 성제에게 책임을 추궁당하고 자살하였다.

적의翟義, ?~7

자는 문중文仲, 적방진의 아들. 어려서 부음父蔭으로 낭이 된 후 스무 살에 남양도위南陽都尉가 되었다. 이후 하남태수河南太守·청주목青州牧을 거쳐 동군태수東郡太守가 되었다. 과단성이 있고 성품이 강직했다. 6년, 왕망이 '섭황제攝皇帝'를 칭하자 종실 유신劉信을 황제로 세우고 십여만의 군사로 왕망 타도를 위해 기의하였다. 왕망이 파견한 왕읍王邑·손건孫建 등에 의해 주멸 당하였다.

제6장

두황후竇皇后, ?~97

장덕두황후章德竇皇后. 부풍扶風(지금의 섬서성) 출신. 대사공大司空 두융의 증손녀. 후한 3대 황제인 장제章帝의 황후. 어머니는 광무제 유수의 장자 동해왕東海王 유강劉彊의 딸인 비양공주沘陽公主. 건초建初 2년(77) 언니와 함께 입궁하여, 이듬해 황후가 되었다. 조정에서 두씨의 세력이 막강했기에 황제의 총애를 독점하였다. 장화章和 2년(88) 장제 사후 화제和帝가 즉위하자 황태후가 되고 오빠 두헌竇憲을 보정으로 위촉하여 두씨 전정專政 시대를 열었다. 영원永元 9년(97) 사망한 후 장제의 경릉敬陵에 합장되었다.

두헌竇憲, ?~92

자는 백도伯度. 후한 개국공신 두융의 증손자이자 장덕두황후의 오빠. 화제가 즉위하고 두태후가 임조칭제를 통해 오빠인 두헌을 보정으로 위촉하였다. 두 차례에 걸친 북흉노 토벌에서 큰 공을 세우고 돌아와 대장군이 되었다. 조정의 크고 작은 일이 모두 두헌의 손에서 결정되었다고 한다. 인척을 모두 조정의 요직에 앉히며 권력을 독점하였다. 영원 4년(92) 환관과 결탁한 황제가 친위 쿠데타를 일으켜 대장군의 인수印綬를 거두고 관군후冠軍侯로 책봉하여 강제로 봉지로 가게 하였다. 이후 명을 받고 자살하였다

등황후鄧皇后, 81~121

화희등황후和熹鄧皇后. 이름은 수綏, 남양 출신. 후한 4대 황제인 화제의 황후. 후한 개국공신이었던 등우鄧禹의 손녀. 학문적 능력과 정치적 자질이 뛰어났던 것으로 알려져 있다. 열다섯 살에 입궁하여 스물둘에 황후로 책봉되었다. 원흥元興 원년(105) 스물일곱의 나이로 화제가 사망하고 어린 상제殤帝가 즉위하자 황태후로 임조칭제하여 오빠 등즐鄧騭을 보정으로 위촉하였다. 상제가 일 년여 만에 사망하자 금중禁中에서 등즐과 함께 어린 안제安帝를 즉위키시고 권력 독점을 연장하는 데 성공하였다. 등즐이 모친의 사망을 이유로 낙향한 원초元初 4년(117)부터는 사실상의 황제로 군림하였다. 건광建光 원년(121) 등태후 사망 이후 안제가 친정하게 되면서 모든 등씨에게 자살을 명하며 등씨 천하는 끝이 났다.

등즐鄧騭, ?~121

자는 소백昭伯. 화희등황후의 오빠. 처음에 대장군 두헌 막부幕府에 벽소辟召(인재 초빙)되었고, 누이의 입궁으로 낭중郞中이 되었다. 등수가 황후가 되자 세 차례 승진하여 호분중랑장虎賁中郞將이 되었다. 화제 사망 후 백 일 된 상제를 즉위시키고 보정으로 권력을 장악하였다. 상제 사망 후에는 등태후와 함께 어린 안제를 즉위시켰다. 다른 보정과는 달리 공정한 인사로 관료들과 지방 호족豪族들의 지지를 받았다. 원초 4년(117) 모친의 삼년상三年喪을 위해 낙향하여, 사실상의 권력은 등태후에게 돌아갔다. 등태후 사후 친정을 하게 된 안제에게 자살을 명 받아 식음을 전폐하여 자살하였다.

염황후閻皇后, ?~126

안사염황후安思閻皇后. 이름은 희姬, 지금의 하남성 출신. 후한 6대 황제인 안제의 황후. 재색을 겸비했던 것으로 알려져 있다. 원초 원년(114) 입궁한 후 안제에게 총애를 받아 귀인貴人이 되었고, 이듬해에는 황후로 책봉되었다. 시기심이 강해 안제와 궁인 이씨李氏 사이에서 황자 유보劉保가 태어나자 이씨를 살해하고, 태자가 된 유보를 폐위시켜 제음왕濟陰王으로 삼았다. 연광延光 4년(125) 화제가 죽자 장제의 손자 북향후北鄕侯 유의劉懿를 세웠다. 그리고 자신은 황태후로 임조칭제하고 오빠 염현閻顯을 보정으로 삼아 권력을 장악하였다. 그러나 유의가 이백여 일 만에 사망하자 다른 제후왕의 왕자들 중 새 황제를 세우고자 계획하였다. 이때 북향후 옹립에서 제외되었던 환관 손정孫程 등이 염씨 집단을 패퇴시키고 유보를 황제로 옹립하였다. 이 사건으로 염태후는 이궁離宮에 유폐된다. 연건永建 원년(126) 사망한 후 안제의 공릉恭陵에 합장되었다.

염현閻顯, ?~125

안사염황후의 오빠. 연광 4년(125) 3월 안제가 병사하고 어린 북향후 유의가 즉위하여 친정이 불가능하자 염황후가 황태후로 임조칭제하여 오빠 염현을 보정으로 위촉하여 권력을 장악한다. 그러나 그해 10월 북향후가 이백여 일 만에 사망하자 궁중의 문을 잠그고 비밀리에 발상發喪도 하지 않은 채 염태후와 모의하여 다시 어린 황제를 세우고자 하였다. 그러나 환관 손정 등에게 발각되어 살해당하였다. 손정 등은 태자에서 폐위당해 제음왕이 된 유보를 황제로 옹립하였다. 당시 순제順帝(유보) 옹립의 공을 세운 손정을 비롯한 19인이 후侯로 책봉되었다.

강경 江京, ?~125

안제 시기 환관. 안제의 즉위를 도운 공으로 도향후都鄕侯에 책봉되었다. 중상시中常侍 겸 대장추大長秋가 되어 안제의 유모 왕성王聖과 결탁, 조정에 영향력을 행사하였다. 한편 염씨와도 한통속이 되어 태자 유보를 제음왕으로 폐출시켰다. 안제 사후 북향후 유의를 옹립하였다. 유의 사망 후 순제를 옹립한 손정 등에게 피살되었다.

손정 孫程, ?~132

안제 시기 환관. 자는 치경稚卿, 탁군涿郡(지금의 하북성) 출신. 안제 시기 중황문中黃門·급사장락궁給事長樂宮을 지냈다. 외척 염씨와 환관 강경 등을 주멸하고 순제를 옹립한 공으로 의성후宜城侯에 봉해졌다. 양가陽嘉 원년(132) 봉거도위奉擧都尉를 배수하고 특진特進에 올랐다. 사망 후 양자인 수壽가 작을 계승하여 환관의 양자가 작을 세습하는 사례를 만들었다.

양상 梁商, ?~141

자는 백하伯夏, 안정安定(지금의 영하寧夏) 출신. 어려서 낭중이 되었다가 황문시랑黃門侍郞으로 옮겼다. 126년 부친의 작을 계승하여 승씨후乘氏侯가 되었다. 128년 딸과 누이가 궁으로 들어가며 시중侍中·둔기교위屯騎校尉가 되었다. 순제 양가陽嘉 원년(132)에 딸이 황후가 되고 누이가 귀인이 되면서 집금오執金吾가 되었다. 134년에는 대장군으로 보정대신이 되었다. 순제가 환관에 의해 옹립되고, 황제에 의해 보정이 지명되었기에 정치적으로 근신하고 인재를 발탁하는 데 힘썼다.

양기 梁冀, ?~159

자는 백탁伯卓 또는 백거伯車. 처음에 황문시랑으로 기가起家하여 시중, 호분중랑장, 보병교위步兵校尉, 집금오 등을 거쳤다. 영화永和 원년(136) 하남윤河南尹을 배수하였다. 성품이 폭력적이며 방자하였다고 한다. 아버지 양상이 병사한 후 대장군이 되고 승씨후를 계승하였다. 순제 시기 보정이 되어 권력을 장악하고 순제 사후에는 어린 충제沖帝를 세우고 보정을 지속하였다. 충제 사후 질제質帝를 세웠으나 질제가 조신朝臣들 앞에서 자신을 '발호장군跋扈將軍'이라며 비난하자 독살하였다. 열다섯 살의 환제桓帝를 세우고 조정을 마음대로 하였다. 당파를 이루어 관직을 독점하고 양씨 일가를 요직에 앉혔다.

후한 시기 양씨 집안에서는 황후 세 명과 귀인 여섯 명, 후 일곱 명, 대장군 두 명, 부마 세 명을 배출하였고, 그 밖에 고위직에 오른 사람이 57명에 이르렀다. 양태후와 양황후가 원가元嘉 2년(152)과 연희延熹 2년(159) 차례로 사망하자, 환관을 앞세운 환제가 쿠데타를 일으켰다. 환제의 공격을 받고 가족과 함께 자살하였다.

이고 李固, 94~147

자는 자견子堅, 한중漢中(지금의 섬서성) 출신. 후한 중기 명신이었던 이합李郃의 아들. 젊어서 고금에 박학한 것으로 명성을 얻었다. 대장군 양기의 명에 따라 종사중랑從事中郎으로 관직에 나왔다. 후에 형주자사荊州刺史·태산태수泰山太守가 되어 두 지역의 반란을 성공적으로 진압하였다. 조정에 들어와 장작대장將作大匠, 대사농大司農·태위를 역임하였다. 양기와 대치하며 환제 옹립을 반대하였다. 이후 양기에게 살해당하였다.

두교 杜喬, ?~147

자는 숙영叔榮, 하내河內(지금의 하남성) 출신. 효렴으로 천거되어 사도司徒 양진楊震 밑에서 관직 생활을 시작하였다. 남군태수南郡太守, 동해상東海相을 거쳐 조정으로 들어와 시중이 되었다. 한안漢安 원년(142) 광록대부가 되어 연주兗州를 살펴본 후 태산태수 이고의 공적을 최고로 평가하였고, 양기 일파의 죄상을 파헤쳐 탄핵하였다. 대사농과 대홍려를 역임하였다. 질제 사후 환제를 옹립하려는 양기와 대립하며 청하왕淸河王의 옹립을 주장하였다. 환제 즉위 후 양기의 정권 농단과 환관의 정치 참여에 반대하여 간언했다가 환관들의 참소로 인해 투옥되고, 옥에서 사망하였다.

호광 胡廣, 91~172

자는 백시伯始, 남군南郡(지금의 호남성湖南省) 출신. 처음에 효렴으로 추천되었고, 나중에 책시策試에서 일등을 하여 상서랑尙書郞을 배수하였다. 상서복야, 여남태수汝南太守, 대사농, 사도, 태위 등의 관직을 역임하였다. 박학다식하였으며 고금의 예술에도 통달하였던 것으로 알려져 있다. 안제부터 영제靈帝까지 여섯 황제를 모셨다. 양기의 정책에 부화뇌동하여 환제를 세우는 데 찬성하였고, 그 공으로 육양안락향후育陽安樂鄕侯에 책봉되었다. 겸손하고 공손하여 다른 사람과 대립하지 않았다고 한다.

환제桓帝, 재위 132~167

이름은 지志며, 자는 의意. 장제의 증손이자 하간왕河間王 유개劉開의 손자, 여오후蠡吾侯 유익劉翼의 아들. 후한의 11대 황제. 질제 사망 후 양태후와 양기에 의해 열다섯의 나이로 황제에 옹립되었다. 양태후가 임조칭제하며 양기를 보정으로 세워 권력을 독점하였다. 연희 2년(159) 단초單超를 비롯한 환관들과 모의하여 양씨들을 제거하였지만 이번에는 권력이 환관의 수중으로 들어갔다. 연희 9년(166) 조정의 대신들과 태학생太學生들이 환관의 정치 참여를 반대하고 공정한 선거를 요구하자, 대표 격인 이응李膺 등을 포함해 이백여 명을 체포하고 영구히 관직에 나올 수 없는 금고형禁錮刑에 처한다. 이른바 당고黨錮 사건이다. 불교와 도교에 심취하였고, 여색에 빠져 살았다고 알려져 있다.

단초單超, ?~160

후한 말 환관의 수뇌. 하남(지금의 하남성 낙양) 출신. 환제 초에 중상시가 되었다. 환관 서황徐璜, 구원具瑗, 당형唐衡 등과 모의하여 양기 등을 주멸하였다. 그 공으로 신풍후新豐侯에 책봉되었다. 식읍은 이만 호에 달하였다. 후에 거기장군을 배수하였으나 얼마 되지 않아 사망하였다.

서황徐璜, ?~164

후한의 환관. 하비下邳(지금의 강소성江蘇省) 출신. 환제 초 중상시가 되었다. 단초, 좌관左悺, 구원, 당형 등과 모의하여 양씨 집단을 주멸한 공으로, 같은 날 무원후武原侯에 책봉되었다. 세간에서 말하던 다섯 제후 중 한 사람이다.

구원具瑗

후한의 환관. 위군魏郡(지금의 하북성) 출신. 환제 시기 중상시가 되었다. 단초 등과 모의하여 양기를 주멸하고 그 공으로 동무양후東武陽侯에 책봉되었다. 다섯 제후 중 한 사람이다. 형제 친척이 모두 주군州郡의 자사, 태수가 되어 인민을 핍박하고 수탈하였다. 후에 사예교위司隷校尉 한연韓演의 탄핵으로 도향후都鄉侯로 강등되었다.

좌관左悺, ?~165

후한의 환관. 하남(지금의 하남성) 출신. 환제 시기 소황문사小黃門使가 되었다. 단초 등과 모의하여 양기를 주멸하고 중상시에 임명되고 채후蔡侯로 책봉되었다. 다섯 제후 중 한 사람이다. 사예교위 한연의 탄핵을 받고 자살하였다.

당형唐衡, ?~164

후한의 환관. 영천(지금의 하남성) 출신. 환제 시기 소황문이 되었다. 단초 등과 모의하여 양기를 주멸하고 그 공으로 여양후汝陽侯에 책봉되었다. 세간에서 말하는 다섯 제후 중 한 사람이다. 탐욕스럽고 사나운 성품의 소유자로 백성들을 핍박하고 수탈하였다. 연희 7년(164) 사망하였다. 거기장군에 추증追贈되었다.

단경段熲, ?~179

후한의 무장. 자는 기명紀明, 무위武威(지금의 감숙성) 출신. 황보규皇甫規, 장환張奐과 더불어 '양주삼명凉州三明'으로 불렸다. 어려서 말타기와 활쏘기를 배웠으며 문무文武의 지략을 모두 갖춘 것으로 알려져 있다. 십수 년 동안 변경에서 180차례가 넘는 전쟁을 치르며 4만 명 이상을 참살하며 끝내 서강西羌의 반란을 평정하였다. 그 공으로 신풍현후新豐縣侯가 되었다. 영제 시기 조정으로 들어와 환관과 결탁하여 태학생들을 체포하고 살해하는 데 앞장섰다. 관직은 태위에 이르렀다. 179년, 결탁했던 환관 왕보王甫의 죄상이 드러나 연루되어 옥에 갇히자 짐독鴆毒을 먹고 자살하였다.

황보규皇甫規, 104~174

후한의 무장. 자는 위명威明. 안정安定(지금의 감숙성) 출신. 집안이 대대로 무관을 지냈다. 태산태수 시절 숙손무기叔孫无忌의 반란을 진압하였다. 중랑장과 도료장군度遼將軍 등의 관직을 역임하였다. 강족羌族의 반란을 진압하는 데도 큰 공을 세웠다. 평생 동안 강직하고 청렴하였으며 환관들의 음해와 간계에도 두려움 없이 맞섰던 것으로 유명하다. 희평熹平 3년(174) 사망한 후 대사농으로 추증되었다.

두무竇武, ?~168

자는 유평游平, 부풍 출신. 후한 초 공신 중 한 사람인 안풍후安豊侯 두융의 현손. 유숙劉儵, 진번陳蕃 등과 함께 '삼군三君'으로 불렸다. 젊은 시절 경술經術과 덕행으로 명성을 얻었다. 연희 8년(165) 딸 두묘竇妙가 황후가 되자 낭중에서 월기교위越騎校尉가 되고, 괴리후

槐里侯에 봉해졌다. 이듬해 성문교위城門校尉가 되었다. 많은 명사를 발탁하여 관직에 나아가게 한 공으로 조정에서 내린 상금을 태학생들을 위해 내놓았다. 영제가 즉위하고 두태후가 임조칭제하여 두무를 보정으로 위촉하였다. 태부 진번과 환관 조절曹節, 왕보를 제거할 계획을 세우나 계획이 누설되어 오히려 공격을 받고 살해되었다.

영제靈帝, 재위 168~189

이름은 굉宏, 장제의 현손이며 해독정후解犢亭侯 유장劉萇의 아들이다. 영강永康 원년(167) 후사 없이 환제가 사망하자 외척 두씨에 의해 황제로 옹립되었다. 재위 이 년째 되는 해(169) 2차 당고가 발생하면서 환관에 의한 지식인 탄압이 자행되었다. 광화光和 7년(184)에는 황건黃巾의 난까지 발생하여 사회가 극도로 혼란해진다. 어머니 동태후董太后와 하황후何皇后의 암투, 보정 하진何進과 환관의 대립에 휘말려 살다 사망하였다.

영락태후永樂太后, 142~189

하간(지금의 하북성) 출신. 해독정후 유장의 처이자 영제의 생모. 화평和平 원년(150) 입궁하여 양태후를 모셨다. 양태후가 죽자 양기가 순장殉葬시키고자 했으나 거부하였다. 유장의 시녀로 하사된 후 총애를 받고 영제를 낳았다. 영제가 즉위한 후 매관매직으로 조정을 어지럽혔다. 두태후 사후 황태후가 되었으나 영제가 사망하고 나자 하황후에 의해 폐출되고 얼마 안 되어 죽임을 당하였다.

제7장

주복周福

자는 중진仲進. 감릉甘陵(지금의 산동성) 출신. 환제가 여오후 시절에 학문을 배운, 환제의 스승이다. 환제 즉위 후에 상서로 발탁되었다. 당시 같은 군 출신으로 하남윤이었던 방식房植이 명성을 얻고 있었는데, 방식을 제쳐 두고 주복이 상서로 발탁된 것과 관련하여 민간에서는 주복을 비난하는 동요가 유행하였다. 이 때문에 두 집안이 서로 헐뜯고 비방하게 되고 감릉 지역은 남북으로 당파를 이루어 대립하게 되었다.

방식房植

자는 백무伯武, 감릉 출신. 경학經學으로 명성을 얻었다. 순제 시기 대사농 이고의 추천으로 관계에 나와 하남윤이 되었다. 조정으로 들어와 광록훈이 되었다 영흥永興 원년(153) 사공司空으로 승진하였다. 그러나 영수永壽 원년(155)에 발생한 낙수洛水의 범람과 홍덕원鴻德苑의 붕괴에 책임을 지고 면직되었다. 당고가 발생하고 조정에서 당인을 탄압·체포하매 여러 차례 간언을 하였으나 받아들여지지 않자 고향을 떠나 강남 구숙산九籲山으로 유람 길에 올랐다.

이응李膺, 110~169

자는 원례元禮, 영천 출신. 처음에 효렴으로 천거되었고, 사도 호광에게도 초빙되었다. 청주자사靑州刺史를 역임하였다. 청주자사 시절 엄격함으로 인해 청주 휘하 군현郡縣의 장관들이 관직을 버리고 떠났다는 일화로 유명하다. 어양漁陽과 촉군의 태수를 역임하였다. 하남윤이 되었다가 모함으로 면관되기도 하였으나 곧 사예교위가 되었다. 환관의 정치 간섭과 선거 부실을 규탄하다 1차 당고가 발생하자(166) 체포되어 하옥되었다 면직되어 낙향하였다. 얼마 후 장락소부長樂少府로 복귀하였으나, 2차 당고 시(169)에 체포되어 옥에서 사망하였다.

진번陳蕃, ?~168

자는 중거仲擧, 여남 출신. 두무, 유숙과 함께 '삼군'으로 불렸다. 어려서부터 큰 뜻을 품고 호광에게서 학문을 배웠다. 효렴으로 천거되어 낭중, 예주별가종사豫州別駕從事, 의랑, 안락태수安樂太守 등을 역임하였다. 대장군 양기의 청탁을 거절하여 수무현령修武縣令으로 좌천되었다. 또 황제의 총애를 받고 있던 신하들의 죄상을 상소하여 예장태수豫章太守로 쫓겨 나가기도 하였다. 연희 8년(165) 태위가 되었으나 환관의 횡포에 대해 수차례 간언하다 다시 면직되었다. 영제가 즉위한 후 태부·영상서사가 되었으나 대장군 두무와 환관 척결을 모의하다 사전에 누설되어 죽임을 당하였다.

주진朱震

자는 백후伯厚, 진류陳留(지금의 하남성) 출신. 환제 때 주州의 종사從事를 지냈다. 제양태수濟陽太守 단광單匡과 그 형 중상시 단초의 죄를 탄핵하여 명성을 얻었다. 영제가 즉위하고 질현銍縣의 현령이 되었다. 친구 진번이 환관 조절曹節에게 해를 당하자 관직에서 물러나 진번의 시신을 수습하고 장례를 치러 주었다. 또한 진번의 아들 진일陳逸을 숨겨 주었는데, 이후 일이 발각되어 옥에 갇히고 고초를 겪었지만 발설하지 않아 진일은 무사할 수 있었다.

왕창 王暢, ?~169

자는 숙무叔茂, 산양군山陽郡(지금의 산동성) 출신. 무재武才로 천거되어 관계에 나왔다. 사예교위에 올랐으나 면직되고, 진번의 추천으로 남양태수南陽太守가 되었다. 남양은 광무제 유수의 고향으로 황실 귀척貴戚들이 다수 거주했던 곳으로, 이들이 지역에서 무단武斷하며 다투어 사치하여 문제가 심각하였다. 왕창은 이를 교정하고자 엄격한 법으로 이들을 다스리고, 항상 포의布衣를 입고 다녔다고 한다. 영제 초, 사공에 올랐으나, 몇 개월 뒤 지방에서 발생한 수재의 책임을 지고 면직되었다.

성진 成瑨, ?~166

자는 유평幼平, 홍농弘農(지금의 하남성) 출신. 어려서부터 학문을 좋아하고 인의仁義를 숭상하였다고 한다. 효렴으로 천거되어 낭중을 배수하고, 이후 남양태수가 되었다. 잠질岑晊의 명성을 듣고 초빙하여 공조功曹로 삼고 군의 일을 위임하였다. 당시 남양군에는 지역에서 무단하는 호걸豪傑들이 많았는데, 잠질이 통치를 한 후 군이 숙연해졌다고 한다. 환제의 유모 중관귀인中官貴人의 아들인 장자금張子禁이 권세를 믿고 법을 어기자 체포한 후 매질을 하여 죽음에 이르게 하였다. 이로 인해 성진은 하옥되고, 옥에서 사망하였다.

잠질 岑晊

자는 공효公孝, 남양 출신. 재주가 뛰어나 오경五經과 육예六藝에 통달하였다. 젊어서 태학에서 수학하였다. 남양태수로 부임한 성진이 그 능력을 알아보고 공조로 발탁하여 군정郡政을 위임하였다. 환제 유모의 아들인 장자금이 옥중에서 사망하는 사건으로 성진은 하옥되어 사망하고, 잠질은 산동지역으로 피신하였다. 사면을 받아 도주를 끝내고 삼공부三公府로부터 초빙되었으나 모두 거절하였다. 연희 9년(166) 1차 당고 사건이 터지자 다시 도주하였고, 강하산江夏山에서 사망하였다고 한다.

종자 宗資

자는 숙도叔都, 남양 출신. 효렴으로 천거되어 의랑이 되고 어사중승御史中丞에 보임되었다. 환제 연희 연간(158~166)에 여남태수가 되었다. 범방范滂을 발탁하여 공조로 삼아 군정을 위임하였다. 『맹씨역孟氏易』과 『구양상서歐陽尙書』에 뛰어났다.

범방 范滂, 137~169

자는 맹박孟博, 여남 출신. 효렴으로 천거되어 청조사淸詔使와 광록훈주사光祿勳主事를 역임하였다. 군현을 감찰하면서 불법을 저지른 관리를 색출하고 지역의 권세가를 탄핵하였다. 부패한 정치에 실망하여 사직하고 고향으로 돌아왔다. 이후 여남태수로 부임한 종자가 발탁하여 공조로 삼으니 엄정하게 군정을 처리하였다. 연희 9년(166) 당고 사건이 발생하여 하옥되었다. 석방되어 고향으로 돌아올 때 환영하기 위해 나온 사대부의 수레가 수천 대였다고 한다. 2차 당고 사건이 발생하자 스스로 투옥되어 서른셋의 나이로 옥중에서 사망하였다. '강하팔준江夏八俊'의 한 사람으로 불린다.

조절 曹節, ?~181

후한의 환관. 자는 한풍漢豊, 남양 출신. 가문은 대대로 2천 석 관리를 배출한 명문이다. 순제 시기 소황문이었다가 환제 시기 중상시·봉거도위奉車都尉로 승진하였다. 건녕建寧 원년(168) 영제를 옹립한 공으로 장안향후長安鄕侯에 책봉되었다. 같은 해 왕보 등과 함께 두무와 진번을 주살하고 장락위위가 되고, 육양후育陽侯로 개봉改封되었다. 특진, 대장추를 거쳐 광화 2년(179)에는 상서령이 되었다. 광화 4년(181) 사망 후 거기장군에 추증되었다. 십상시十常侍(영제 시기 조정을 장악하고 권력을 농단하던 열 명의 환관) 중 한 사람이다.

왕보 王甫, ?~179

후한의 환관. 영제 시기 황문령黃門令으로 조절 등과 함께 두무, 진번을 살해하고 중상시에 올랐다. 이후 조절과 발해왕渤海王 유리劉悝가 모반을 꾀한다고 모함하여 그를 주살하고, 그 공으로 관군후冠軍侯에 책봉되었다. 조정을 장악하고 자제子弟를 모두 고관에 임명하였다. 이후 양표楊彪 등이 그 죄상을 고발하여 하옥되어 옥중에서 죽었다.

두밀 杜密, ?~169

자는 주보周甫, 영천 출신. 사도 호광에게 발탁되어 대군태수代郡太守, 태산태수太山太守, 북해상北海相을 역임하였다. 환제 시기 상서령이 되었다가 하남윤으로 옮기고 다시 태복太僕이 되었다. 당고 사건으로 면직되었다. 당시 이응과 명성을 나란히 하여 세간에서 '이두李杜'라 불렸다. 영제가 즉위하고 진번이 보정이 되었을 때 다시 태복이 되었으나, 건녕 2년(169) 2차 당고 사건이 일어나고 투옥되자 옥에서 자살하였다. '팔준八俊'의 한 사람으로 칭해진다.

후람 侯覽, ?~172

후한의 환관. 지금의 산동 출신. 환제 연희 연간(158~166)에 관내후가 되고, 양기를 주멸한 공으로 고향후高鄕侯에 봉해졌다. 이후 장락태복長樂太僕이 되었다. 관직에 있는 동안 전횡專橫을 일삼고 탐욕과 방종이 극에 달해 관리와 백성의 재물과 부녀를 약탈하였다. 영제 초 독우督郵 장검張儉이 탄핵하는 글을 올리자 문장을 왜곡하여 장검과 이응, 두밀이 붕당朋黨을 결성하였다고 무고하여, 2차 당고 사건을 일으켰다. 희평 원년(172) 권력 독점과 교만과 사치를 이유로 탄핵을 받아 인수를 빼앗기자 자살하였다. 십상시의 한 사람이다.

장검 張儉, 115~198

자는 원절元節. 지금의 산동성 출신. 환제 시기 산양山陽 동부의 독우에 임명되어 환관 후람의 가족들의 불법 행위를 적발하여 체포하였는데, 이때 후람의 어머니가 사망하였다. 이로 인해 후람의 미움을 사 2차 당고 사건의 피해자가 된다. 후람은 장검을 비롯한 같은 군 출신 24명이 붕당을 결성하였다고 고발하여 당고 사건을 일으킨다. 이로 인해 장검은 도주하게 되었다. 금고형이 해제되고 고향으로 돌아왔다. 이후 대장군을 비롯하여 삼공이 그를 초빙하였고, 돈박敦朴으로 추천되어 소부가 되었다. 헌제 시기 기근이 들자 전 재산을 내어 백성을 구제하였다. 건안建安 원년(196) 위위衛尉가 되었으나 조조曹操가 권력을 독점하는 것을 보고 두문불출하다 건안 3년(198)에 집에서 사망하였다. '강하팔준'의 한 사람이다.

주우 朱寓, ?~169

패沛(지금의 강소성) 출신. 영제 시기 사예교위에 올랐다. 2차 당고 사건으로 투옥되어 옥중에서 사망하였다. 이응, 두밀 등과 함께 '팔준'의 한 사람으로 불린다.

유숙劉儵

하간왕河間王의 종실. 영강 원년(67) 환제가 후사 없이 병사하자 계승자를 물색하던 두무가 유숙에게 적합한 후계자를 묻는다. 이때 유숙은 해독정후 유장의 아들 유굉을 추천하게 되고, 두무와 두태후가 동의하여 유장이 황제로 옹립된다. 두무는 표表를 올려 유숙을 광록대부로 삼고 하간으로 가서 유굉을 영접하게 하니 이가 영제다.

유합劉郃, ?~179

하간왕의 종실. 유숙의 동생. 일찍이 제음태수濟陰太守, 대홍려를 역임하였다. 영제 광화 2년(179) 사도가 되었다. 영락소부永樂少府 진구陳球 등과 환관 장양張讓, 조절 등을 주살하려고 모의하였다. 그러나 사전에 누설되어 투옥되었고, 옥에서 사망하였다.

하진何進, ?~189

자는 수고遂高, 남양 출신이다. 하황후의 이복오빠로 하황후가 영제의 총애를 받으면서 정계에 입문하였다. 낭중, 영천태수, 시중을 역임하였다. 황건의 난 때에는 대장군이 되어 수도를 지켰다. 황건의 난을 진압한 공으로 신후愼侯에 책봉되었다. 영제 사후 하황후의 아들 유변劉辯(소제)을 옹립한 후 보정이 되어 권력을 장악하였다. 원소袁紹의 건의에 따라 지략이 있는 사대부들을 기용하였다. 원소와 함께 환관을 주살하려고 모의했으나 사전에 누설되어 장양 등에게 피살되었다.

원소袁紹, ?~202

자는 본초本初, 여남 출신. 4대에 걸쳐 다섯 명의 삼공을 배출한 명문 여남 원씨 집안 출신. 처음에 낭이 되고, 영제 때 시어사侍御史와 호분중랑장을 역임하였다. 영제 사후 대장군 하진과 모의하여 환관을 제거하려 하였지만 사전에 누설되어 오히려 하진이 살해되자 궁으로 들어가 환관 2천 명을 살해하였다. 그러나 뒤늦게 도착한 동탁董卓이 황제를 옹립하고 권력을 장악하자 반동탁연합군을 결성하여 맹주가 되어 동탁을 공격하였다. 얼마 안 되어 연합군이 와해되고 원소는 기주冀州(지금의 하북성과 하남 · 산서山西 · 요녕성遼寧省 일부를 포함)를 거점으로 청주靑州(지금의 산동성)와 병주幷州(지금의 산서성)를 차례로 장악하며 후한 말 최고의 군웅으로 부상하였다. 건안 4년(199) 유주幽州(지금의 요녕성)의 공손찬公孫瓚을 격파하며 최대의 세력을 구가하였다. 그러나 건안 5년(200) 관도官度(지금의 하남성)에서 조조에게 대패하였다. 2년 후 화병으로 사망하였다.

장양 張讓, ?~189

후한의 환관. 영천 출신. 소황문, 중상시 등의 관직을 역임하였다. 교만하고 방자하였으며 탐욕스러워 백성들의 가산을 강제로 약탈하였다. 영제가 지극히 총애하여 "장상시는 나의 아버지다"라고 말할 정도였다. 광희光熹 원년(189) 하진이 환관을 주멸하려는 계획을 세웠는데, 이를 미리 안 장양과 단규段珪 등이 하진을 먼저 살해하였다. 하진이 살해된 사실을 안 원소가 입궁하여 2천 명의 환관을 주살하자 도망하였으나 소평진小平津에 이르러 더 이상 도주할 방법이 없음을 알고 물에 빠져 자살하였다. 십상시의 한 사람이다.

단규 段珪, ?~189

후한의 환관. 영제 시기 중상시가 되었고, 후에 책봉되었다. 장양, 조충趙忠 등과 결탁하여 권력을 농단하였다. 광희 원년(189) 소제가 즉위하고 대장군 하진이 환관을 제거하려는 것을 미리 알아채고 하진을 살해하였다. 원소가 궁에 들어와 환관을 척살하자 장양과 함께 소제를 인질로 삼아 도주하였으나 소평진에서 하남중부연河南中部掾 민공閔貢에게 죽임을 당했다.

동탁 董卓, ?~192

후한 말의 양주凉州(지금의 감숙성) 군벌. 자는 중영仲穎. 영강 원년(167) 우림랑羽林郎이 되어 감숙 지역의 우림군을 통솔하였다. 얼마 후 군사마軍司馬가 되어 병주 강족의 반란을 진압하며 두각을 나타낸다. 이때의 공으로 낭중이 되고 곧이어 광무령廣武令, 서역술기교위西域戊已校尉를 거쳐 병주자사幷州刺史·하동태수河東太守가 된다. 광희 원년(189) 대장군 하진이 환관을 주멸하고자 동탁을 낙양으로 부르지만 오히려 역습을 당해 살해되는데, 이때 동탁은 낙양으로 입성하여 소제를 폐하고 헌제獻帝를 옹립한 후 보정이 되어 권력을 장악한다. 원소를 맹주로 하는 반동탁연합군이 조직되자 낙양을 불태우고 헌제를 데리고 장안으로 천도하였다. 얼마 후 양아들 부장 여포呂布에게 살해되었다.

조조 曹操, 155~220

자는 맹덕孟德. 일명 길리吉利라고도 불린다. 패국沛國(지금의 안휘성) 출신. 아버지 조숭曹嵩은 환관 조등曹騰의 수양아들이다. 본성은 하후夏侯씨다. 스무 살 때 효렴으로 천거되어 낭이 되었다가 돈구령頓丘令이 되었다. 기도위騎都尉가 되어 황건적 토벌에 공을 세우며

두각을 나타냈다. 동탁의 초빙을 거절하고 원소의 반동탁연합군에 들어가 동탁을 공격하였다. 동탁 사후 헌제를 맞이하며 화북의 강자로 등장하였다. 관도전투에서 원소에게 승리하며 화북을 평정한다. 건안 13년(208) 단독 승상이 되고 남하하여 손권孫權과 유비劉備의 연합군과 적벽赤壁에서 싸웠으나 대패했다. 위공魏公을 거쳐 위왕魏王이 되었으나 끝내 선양에 이르지는 못하고 사망하였다. 정치적 지략뿐 아니라 문학적으로도 뛰어난 능력을 가진 것으로 평가된다. 아들 조비曹丕가 위나라를 건국하며 황제가 된 후 무황제武皇帝로 추존되었다.

헌제 獻帝, 재위 189~220

후한의 마지막 황제. 이름은 협協. 영제의 둘째 아들. 소제와는 이복형제다. 동태후에게 길러져 '동후董侯'로 불렸다. 처음에 발해왕에 봉해졌다가 진류왕陳留王으로 고쳐 책봉되었다. 영한永漢 원년(189) 동탁이 소제를 폐하고 황제로 옹립하였다. 동탁 피살 후 장안을 빠져나와 조조에게 의탁하였다. 건안 25년(220) 3월에 조조가 병사하고, 그해 10월에 조비에게 선양하였다. 청룡靑龍 2년(234), 54세의 나이로 사망하였다. 선릉禪陵에 묻혔다.

여포 呂布, ?~199

자는 봉선奉先. 오원五原(지금의 내몽고 자치구) 출신. 처음에 병주자사 정원丁原의 부장이었으나 동탁에게 발탁되어 정원을 죽이고 동탁의 부장이 되었다. 활쏘기와 말타기에 능하여 비장飛將으로 불렸다. 동탁과 부자관계를 맺으며 심복이 되어 기도위, 중랑장을 역임하였다. 도정후都亭侯에 봉해졌다. 그러나 동탁과 사이가 소원해지자 초평初平 3년(192) 사도 왕윤王允과 결탁하여 동탁을 살해하였다. 동탁 살해 후 장안을 빠져나와 원술袁術, 원소에게로 차례로 귀부하였으나 원소가 죽이려 하자 다시 장막張邈, 유비에게로 피신하였다. 이후 조조에게 살해되었다.

공손찬 公孫瓚, ?~199

자는 백규伯珪, 지금의 하북성 출신. 귀족 출신이나 어머니의 출신이 미천하여 군의 말단 관리가 되었다. 용모가 준수하고 지략이 뛰어났으며 언변이 좋았다고 알려져 있다. 효렴에 천거되었고, 영제 시기 요동속국장사遼東屬國長史가 되었다. 초평 2년(191) 황건군을 진압한 공으로 분무장군奮武將軍이 되었고, 계후薊侯에 봉해졌다. 원소와 대치하면서 유우劉虞를 쳐서 유주를 근거지로 삼았다. 건안 4년(199) 원소에게 패하자 식솔들을 죽이고 자신도 자살하였다.

유우劉虞, ?~193

자는 백안伯安. 지금의 산동 출신. 광무제 유수의 아들 동해공왕東海恭王 유강劉强의 후예. 유주에 주둔하며 관대하고 인자한 정치를 펼쳐 백성들을 안무하였다. 회유와 포용 정책으로 지역의 유목민족들에게도 인심을 얻었다. 공손찬과 대립하다 결국 공손찬에게 피살되었다.

유표劉表, 142~208

자는 경승景升. 지금의 산동성 출신. 노공왕魯恭王 유여劉餘의 후예. 기골이 장대하고 순후한 성품으로 어린 시절부터 명성이 높았다. 대장군 하진의 초빙으로 대장군부의 연掾이 되었다가 북군중후北軍中候가 되었다. 초평 원년(190) 형주자사가 되어, 지역 호족의 협조와 도움으로 호북湖北과 호남湖南 지역을 장악하였다. 조조와 원소가 관도에서 대치하고 있을 때 원소의 원조 요청도, 조조의 원조 요청도 들어주지 않아 결국 조조의 공격을 받았다. 조조가 도착하기 전에 병사한다. 우유부단했다고 평가되지만, 중원이 혼란한 시기 남쪽으로 피난 온 지식인들의 후견인이 되어 형주 문화계를 꽃피웠다.

유기劉琦, ?~209

형주목荊州牧 유표의 장남. 아버지 유표가 계모 채씨蔡氏의 말을 듣고 싫어하였다. 아버지로부터 떨어져 강하태수江夏太守가 되었다. 건안 13년(208) 유표 사후 채씨의 계책으로 동생 유종劉琮이 형주목을 계승하였다. 이후 유종이 공격해 온 조조에게 항복하니, 그는 유비에게 투항하여 하구河口에 주둔하며 조조와 대치하였다. 적벽대전 이후 촉한蜀漢의 형주자사가 되었으나 곧 사망하였다.

유종劉琮

형주목 유표의 둘째 아들. 건안 13년(208) 유표가 병사하자 계모 채씨가 오빠 채모蔡瑁와 함께 모의하여 형주목으로 옹립하였다. 그해 9월 조조에게 항복하여 형주를 넘기고 청주자사를 배수한다. 후에 간의대부諫議大夫에 임명되었다

제8장

송경공 宋景公, 재위 기원전 515~기원전 469

이름은 두만頭曼. 송의 27대 군주. 기원전 487년 조曹나라가 송을 배신하고 진晉과 가까워지자 조나라를 공격하여 멸망시켰다. 기원전 480년 형혹熒惑이 송나라의 구역인 심수心宿에 머물러 있을 때 그 화를 재상과 백성에게 옮길 수 있다는 천문관의 말을 듣지 않았다. 그러자 형혹이 스스로 송의 영역에서 물러났다는 일화가 전해진다.

손호 孫皓, 재위 264~280

삼국 시기 오나라의 4번째 황제. 이름은 원종元宗 또는 호종皓宗. 손권의 손자. 태시泰始 원년(265) 서진西晉 왕조가 개국하자 9월부터 이듬해 12월까지 수도를 건업建業(지금의 남경南京)에서 무창武昌으로 이전하여 백성들의 원성을 샀다. 즉위 초에는 선정善政을 베풀었으나 점차 주색에 빠져 폭정을 자행하였다. 태강太康 원년(280) 서진이 침공하자 투항하여 귀명후歸命侯에 봉해졌고, 4년 뒤 낙양에서 사망하였다.

육개 陸凱, 189~269

삼국 시기 오나라의 대신. 자는 경풍敬風. 오군吳郡(지금의 강소성) 출신. 황무 연간(222~229) 영흥永興과 제기諸暨의 현장縣長으로 재직할 당시 치적治積이 뛰어나 건무도위建武都尉로 승진하였다. 이후 담이태수儋耳太守가 되어 지역의 반란을 성공적으로 진압하고 건무교위建武校尉가 되었다. 산월山越을 토벌한 공으로 파구독巴丘督과 편장군偏將軍이 되었으며, 도향후都鄕侯에 책봉되었다. 손호孫皓가 집권하자 진서대장군鎭西大將軍·도독파구都督巴丘·영형주목領荊州牧이 되었다. 성격이 강직하여 서슴지 않고 직언을 하여 손호가 꺼려하였다고 한다. 관직은 좌승상까지 올랐다.

역자 후기

2009년, 여름휴가 겸 도쿄에 있는 후배도 만날 겸 겸사겸사해서 일본을 찾았다. 자료를 찾는다는 핑계도 있었다. 사실 핑계만은 아닌 것이 당시 한대漢代 상서학尙書學이 신비주의적인 참위讖緯와 어떻게 결합하였는지와 관련하여 '이거다' 하는 논문을 찾고 있던 참이었다. 도쿄대에서 이것저것 논문을 찾고 복사를 한다고 분주하게 왔다 갔다 했지만 별 소득 없이 도서관을 나섰다. 더운 여름이었고 도심 한복판이었으나 해가 지자 기분 좋은 시원함이 느껴졌다. 늦은 저녁을 먹고 신주쿠의 대형 서점에 들렀다. 그리고 그곳에서 『왕조멸망의 예언가』를 만났다.

처음부터 역자의 눈길을 사로잡았다면 너무 상투적인 미화일까. 그러나 정말로 이 책은 한눈에 들어왔다. 그것은 아마도 역자의 개인적 경험 때문이리라. 2003년 「고대 중국의 이풍역속移風易俗」이란 제목으로 박사학위논문을 제출하였는데, 고대 중국인들이 바꾸려고 했던 풍속, 만들려고 했던 풍속을 통해 고대 중국인들의 정치적 이상을 확인할 수 있지 않을까 생각했었다. 그때, 후한 시기 기이한 현상으로 인식되던 '재이災異'에 대해 관심을 갖고 당시 사람들이 재이를 어떻게 인식하였는지를 분석했었다. 그런데 재이라고 분류된 것 안에는 '요謠'라고 하는 민간의 노래가 있었다. 사실 '노래'라고는 하지만 그것은 예언에 가까운 것이었고, 신기하게도 그 예언은 어김없이 적중하였다. 그러나 당시 역자의 관심이 민간의 '노래'에 있었던 것이 아니기에 그저 궁금하고 신기한 마음만 가진 채 이 문제는 점점 잊혀 갔다. 그로부터 7년이 지난 어느 날, 논문을 쓰던 그때처럼 한대 신비주의에 마음을 빼앗겼고, 우연히 들른 일본의 한 서점에서 운명처럼 『왕조멸망의 예언가』를 만났다. 일본어를 잘하지 못했음에도 선 채로 한참 동안 책을 읽었던 기억이 아직도 선명하다.

이 책은 저자의 박사학위논문을 일반 대중서로 고쳐 출판한 것으로, 중국 고대 민간에서 불렸던 동요를 통해 전한과 후한, 양한의 정치사를 흥미롭게 서술하고 있다. 즉, 이 책은 다른 역사책과는 달리 서민의 목소리를 통해 시대를 설명하고 있다. 정치라는 것이 통치와 지배만이 아니라 그것에 대한 복종·협력·저항 등의 사회적 활동을 총칭하는 것이기에 정치적 활동에는 지배자뿐 아니라 피지배자인 백성이 있어야 한다. 그러나 지금까지의 많은 역사가들은 지배자가 어떻게 행동했고, 왜 그렇게 했는지에 대해서만 주목했다. 또한 지배자들의 행동을 일반 백성과는 무관한 개인이나 집단의 욕망으로만 해석하는 경우도 많았다. 남겨진 사료에 한계가 있다는 점을 인정한다 해도 지금까지의 많은 역사 연구들이 사회의 다양한 측면을 보여 주지 못한 것이 사실이다. 그런 의미에서 민간의 목소리를 통해 고대 중국 왕조의 흥망사를 그린 『왕조멸망의 예언가』는 고대 중국의 역사가 엘리트의 역사가 아닌 인간 모두의 역사임을 알려 줄 것이라 생각한다.

그러나 『왕조멸망의 예언가』가 주목되는 가장 큰 이유는 역사 속의 이야기를 우리에게 들려준다는 점이다. 한왕조가 언제 건국되었고 어떤 사건이 발생했으며 언제 멸망했는지와 같은 정보를 단순히 나열하는 것이 아니라, 한제국의 역사 속에 살아 숨 쉬는 인간의 이야기를 전해 준다. 저자 특유의 쉬우면서도 유머러스한 표현을 통해 역사를 거쳐 간 인간의 생생한 모습을 전해 주기에 중국사를 전공하지 않은 독자들도 한제국의 역사를 이해하는 데 어려움이 없을 것이다. 그렇다고 이 책이 일반 독자들에게만 유효한 것은 아니다. 한제국은 중국의 고전 시대라 할 만큼 중요한 시대다. 중국인들은 한제국 시기를 자신들의 정체성이 수립된 시기로 생각한다. 따라서 전통 시기 중국을 공부하는 이들에게도 한제국은 결코 홀시할 수 없는 시기다. 한제국에 대한 상세한 이야기를 담고 있는 『왕조멸망의 예언가』는 중국사 전공자들이 중국 고대에 관한 정보를 얻는 데에도 더할 나위 없이 좋은 텍스트가 될 것이라고 생각한다.

능력도 없으면서 개인적인 욕심에 번역을 하겠다고 나섰고, 경북대학교출판부의 도움으로 여기까지 오게 되었다. 처음 하는 번역이라 실수 연발에 출판부 김용훈 실장님과 편집자인 장준이 선생님께 누를 많이 끼쳤다. 두 분의 도움으로 책이 다소나마 제 모습을 갖춘 것 같다. 책에서 보이는 오류는 모두 오롯이 번역자의 잘못이다. 이 자리를 빌려 한국어판 출판을 허락해 주신 저자 구시다 히사하루 선생님께 감사드린다. 특별히 한국 독자들을 위한 글까지 보내 주신 점, 다시 한 번 감사드린다. 번역을 마치고 독자의 이해를 돕기 위해 역자 주와 부록 〈등장인물 관계도〉와 〈주요 등장인물〉을 덧붙였는데, 다시 보니 사족 같아 부끄럽다. 모든 내용들이 부디 저자의 의도에서 벗어나지 않았기를 바랄 뿐이다. 끝으로 이 책이 나올 수 있도록 많은 도움을 준 후배 한경미에게 감사의 말을 전한다.

2015년 3월
홍승현

색인

ㅇ

저자 | 구시다 히사하루串田久治

1950년, 오사카(大阪) 출생
오사카대학 문학박사(중국철학 · 중국사회사상사)
오사카대학 조수助手, 에히메(愛媛)대학 조교수, 오사카부립대학 총합과학부 · 동 대학원 인간문화학연구과 교수 역임
현재 모모야 마가꾸잉(桃山學院)대학 문학부 교수 · 동 대학원 문학연구과 교수

저서: 『쓸모없는 것의 쓸모(無用の用)』(연문研文출판), 『유교의 지혜(儒教の知惠)』(중공신서中公新書), 『중국 고대의 요와 예언(中國古代の「謠」と「預言」)』(창문사創文社), 『천안문낙서天安門落書』(강담사현대신서講談社現代新書), 『한시의 지혜(漢詩の知惠)』(공저, 학연學硏) 등

역자 | 홍승현

서강대학교 문학박사(중국사회사 · 중국정치사상사)
한신대학교 학술연구교수, 한성대학교 연구교수, 서강대학교 대우교수 역임
현재 서강대학교, 한성대학교, 충북대학교 출강 중

저서: 『사대부와 중국 고대 사회-사대부의 등장과 정치적 각성에 대한 연구』(도서출판 혜안), 『중국과 주변-중국의 확대와 고대 중국인의 세계 인식』(도서출판 혜안), 『예의지국禮儀之國-고대 중국의 예제와 예학』(도서출판 혜안), 『한중관계 2000년』(공저, 소나무) 등

왕조 멸망의 예언가
동요를 통해 본 한제국 흥망사

찍은 날 2015년 4월 20일 **펴낸 날** 2015년 4월 30일
지은이 구시다 히사하루 **옮긴이** 홍승현 **펴낸이** 손동철 **펴낸 곳** 경북대학교출판부
출판등록 1973년 10월 10일 ㉣97호 **주소** 대구광역시 북구 대학로 80
전화 053-950-6741~3 **팩스** 053-953-4692 **이메일** press@knu.ac.kr
홈페이지 www.knupress.com **ISBN** 978-89-7180-422-3 93910

파본은 바꾸어 드립니다.
정가는 뒤표지에 있습니다.